中青年经济与管理学者文库

国家自然科学基金“状态依存性、管理层披露动机与市场解读研究”(71702123)、教育部人文社会科学基金“MD&A描述性信息披露的语调研究：状态依存性、动机与市场解读”（17YJC790095）项目资助。

管理层披露动机和质量研究：基于高管超额薪酬辩护的视角

刘建梅　著

中国财经出版传媒集团
中国财政经济出版社

图书在版编目（CIP）数据

管理层披露动机和质量研究：基于高管超额薪酬辩护的视角/刘建梅著. —北京：中国财政经济出版社，2019.7
（中青年经济与管理学者文库）
ISBN 978-7-5095-9022-5

Ⅰ.①管… Ⅱ.①刘… Ⅲ.①上市公司-管理人员-工资管理-研究-中国 Ⅳ.①F279.246

中国版本图书馆CIP数据核字（2019）第101882号

责任编辑：马 真　　　　责任校对：李 丽
封面设计：智点创意

中国财政经济出版社 出版
URL：http：//www.cfeph.cn
E-mail：cfeph@cfemg.cn

社址：北京市海淀区阜成路甲28号 邮政编码：100142
营销中心电话：010-88191537
天猫网店：中国财政经济出版社旗舰店
网址：https：//zgczjjcbs.tmall.com
北京财经印刷厂印刷 各地新华书店经销
880×1230毫米 32开 8.875印张 206 000字
2019年7月第1版 2019年7月北京第1次印刷
定价：45.00元
ISBN 978-7-5095-9022-5
（图书出现印装问题，本社负责调换）
本社质量投诉电话：010-88190744

策划人语

题记：一个人的精神成长史，取决于他的阅读史。只有阅读能最有效地培养精神生活习惯，而好的习惯又培养性格，性格决定人生。

——我们自豪，因为我们就是创造这精神产品的人。

选择了飞翔，总能看到蓝天；选择了远航，总能感受大海。人生不仅要作出选择，也要坚持住自己的选择。学会计、当编辑是我的意外选择。人说编辑是为人做嫁衣，可是这一选择我坚持了27年，苦在其中，乐在其中，也算是有声有色。每当我把一本本好书呈献给人们的时候，我觉得我是“富贵”的人：富，不是你身上的钱财，而是你心里的满足；贵，不是你地位的显赫，而是你被人需要的程度。

书海探寻，情怀永恒

我要说，做编辑我幸运，因为我不仅是第一个读者，可以对作品“品头论足”，也可以对作品“生杀予夺”；更重要的是，这是一个很高层次的平台，在多年与名家的交往和名著的“对话”中，深深地为他们的人格和才学所感动，被作品的精彩所吸引，这不仅使我“下笔如有神”，更使我的思想和灵魂也受到一次次洗礼和震撼，得到一次次升华。对于我的作者我的书，如数家珍，作者中不乏才学和为人同样过人的多位泰斗和“颜值高责任大”的众多才子佳人；策划的作品不仅立足专业还兼顾人文，也是情怀所在，专业加人文路才会更宽。

多年的体会是，作为一名编辑，起码要“三心二意”，即“责任心、细心、耐心”和“服务意识、创新意识”。要多策划一些有分量的拳头产品，用一个选题推动一个系统工程，用一个系统工程培养一个出版社品牌。给新入职编辑讲座时我做过一个比喻：编辑两项基本功，审稿——甚至要比博导审批学生论文还要全面、细致；选题策划——要像电影导演一样做“星探”，善于发现优秀作者和挖掘好的原创作品。记不得 27 年来我策划和编辑了多少书，组织和策划了一大批教材、业务培训用书、通俗读物、理论专著等，有的获得过国家、省部级各类奖项，有的以其填补空白、社会热点、风格新颖、开拓尝试等特点受到读者的欢迎。20 世纪 90 年代我开始自主策划选题，多年来每年都有新丛书问世。比如，21 世纪初内部控制研究在国内刚兴起时，策划了《现代内部控制丛书》，其中《企业内部控制管理操作手册》是我鼓励作者将自己饱含心血的经过长期钻研和实践并证明卓有成效的成果奉献付梓，使得更多的人能受益于此，这无疑是对我国内部控制理论探索和实践发展的一种贡献，内部控制选题至今还是热点。2013 年的《来去无尘——一位财政部长的生前事》所展现的吴波精神，与深入推进党风廉政建设相得益彰，得到中央领导同志的高度重视和重要批示。中央各大主流媒体纷纷连续报道，掀起了全社会学习吴波高尚情操的热潮。2014 年至今的前沿选题《财务云丛书》等也越来越受到业界认可。

想是问题，做是答案

众所周知，目前的图书出版业在行业竞争和纸质图书受到严重冲击的情况下，出版人无不感到莫大的危机。在这种背景下，策划一套专业图书是颇感困惑的一件事，风险更大。但即使这样我们也不能因噎废食、停滞不前，还要积极应对，继续发挥纸质图书的固有特质，挖掘出版内容和形式都精彩的原创作品，适应新形势下读者的更高需求。2017 年，我们接受新的挑战，开启新的征程，又策划《中青年经济与管理学者文库》《当代税收名家丛书》《中国税务律师系列丛书》《现代管理实务丛书》《高等院校应用型会计人才精细化培养系列教材》等，继续为扶持学术研究和总结最新成果，在高端研究与专业知识普及和应用之间搭建一座座有益的桥梁。

每一个时代的经济环境不同，理论研究和实务探索所需要解决的问题也有所差别。当前我国不仅处于经济结构调整和供给侧改革的攻坚期，同时也处于大数据和互联网突飞猛进的变革期，矛盾叠加，风险交汇，市场环境和组织模式不断演变发展、推陈出新，经济、管理、财税等领域的新理论、新思想、新方法、新工具也层出不穷。乱花渐欲迷人眼，击水三千浪几何？这些领域的研究人员被时代赋予了更艰巨的责任，也面临着更高、更多元的要求，我们不仅要具备更广阔的学术视野，而且要有更严谨的学术思维。

输在犹豫，赢在行动

《中青年经济与管理学者文库》的作者，都是我国经济与管理领域的中坚力量，也是未来的大家。他们中有些人潜心从事理论研究，有些人则深耕在实务一线，但无论现实身份如何，视野全都没有被拘泥在“象牙塔”内。他们从不同视角对市场经济的不同要素进行细致审视，然后汇聚于“财经版”这面旗帜之下，相互碰撞，彼此激荡，力求在市场经济转型升级的关键时期留下最新鲜的“中国印记”。

这些经济与管理领域的中青年学者，就是我国市场经济发展的潜力与优势，他们的研究成果，不仅将引领市场经济的各个组成环节向更科学、更先进的方向发展，而且将成为我国政府和企业在未来经济世界扮演更重要角色的支点与动力。祝愿这些中青年学者能攀上更高的学术之山，走向更远的研究之路，也期待宏观、中观、微观各个层面的市场参与者都能从这套文库中得到切实的启发与指引，在全面深化改革、增强发展活力的关键时期，发挥正能量和积极作用，为经济社会发展增添新的动力！

如果您认可，如果您有意愿，欢迎您和您的朋友加盟我们的作者队伍！在中国财经出版传媒集团的“旗舰”下，中国财政经济出版社这“老字号”，一定励精图治，谱写新的篇章。我们用“龙的精神，玉的品质”来助力您实现梦想！

策划人：樊清玉

邮箱：qingyuf@ sina. com

2017 年春

摘要

近年来，巨额高管薪酬、高管薪酬与公司业绩的背离以及高管与普通员工的过大薪酬差距，倍受政府、媒体和社会公众的关注。在中国，政府将收入分配制度改革提升到了前所未有的战略高度，且在薪酬制度方面颁布了许多法规，进行薪酬管制。各大媒体纷纷开始报道和抨击，社会公众也开始质疑、愤怒和谴责。在政府的管制、媒体的抨击以及公众的质疑下，获得过高薪酬的高管面对社会的公平性压力，有动机对其薪酬进行辩护，对自己的高薪酬提供合理化的理由。

虽然一些文献对高管薪酬辩护的途径进行了考察，但大多数研究都将重心放在了薪酬辩护的“程序正当性”，即通过社会公众比较认可的符合通行惯例的规则来制定经理人薪酬，比如雇佣外部专业的薪酬顾问或者选择薪酬标杆公司。鲜有学者从高管向外部公众展示自己的能力这一视角进行研究，而中国的文化长期以来对程序重视不足，比较关注结果正当性，向外部公众展示自己的能力这一途径具有直观的效果。根据管理者才能信号理论，管理层会进行信息披露从而对外释放自己能力的信号。有关战略的制定、执行、变革和评估信息不仅帮助信息使用者更好地了解企业发展目标和方向、公司的竞争优势，还能够帮助其了解管理者是如何管理各项影响公司成功的因素、如何预测经济环境的变化，从而相应地调整公司战略和计划。因此，既然信息披露能够帮助信息使用者了解管理层的才能，那么当高管拥有超额薪酬的时候，是否会披露更多的有关战略的信息呢？是否会操纵战略信息的语调呢？战略信息披露的动机是什么？此时战略信息披露是高管真实才能的展现，还是一种印象管理行为？

本书共分为八章。第一章是引言，首先介绍了本书的研究背景，提出了研究问题，介绍了研究意义；其次分析了本书的研究方法和研究思路；最后总结了主要的研究内容和可能的创新点。第二章是文献综述，首先对高管薪酬契约的最优契约理论、管理层权力理论以及高管薪酬辩护文献进行了回顾；然后从非财务信息披露的信息观和机会主义观对非财务信息披露的国内外文献进行了梳理；最后对公司治理中机构投资者、独立董事和股权制衡的相关文献进行了回顾，在此基础上根据现有文献的不足和我国新兴市场背景，提出了本书的研究方向。第三章是理论分析与研究假设，首先分析了在中国的制度背景下，高管获得了超额薪酬后，是否有动机披露能够表现自己才能的战略信息，以此向外界展示自己的才能，从而让投资者、监管者和公众认同其高薪酬，提高正当性，降低外界的质疑和愤怒。在分析了高管的薪酬辩护动机的基础上，进一步分析了高管超额薪酬与战略信息披露的关系以及公司的产权性质对超额薪酬与战略信息披露关系的影响；其次从机构投资者、独立董事比例与股权制衡的角度分析了公司治理对超额薪酬与战略信息披露关系的调节作用，以此来检验战略信息披露是否存在印象管理行为，以及机构投资者、独立董事比例与股权制衡等公司治理机制对这种通过印象管理为其薪酬进行辩护的行为的监督和治理作用。如果存在印象管理行为，那么机构投资者持股、独立董事与股权制衡机制可以发挥监督作用，抑制印象管理行为，此时机构投资者、独立董事与股权制衡机制具有显著的负向调节关系。而如果不存在印象管理行为，薪酬辩护是一种高管真实才能的展现，那么机构投资者、独立董事与股权制衡机制不具有显著的负向调节关系。第四章对高管超额薪酬与战略信息披露水平的关系进行了检验，且进一步检验了不同产权性质的公司超额薪酬与战略信息披露水平的关系是否存在差异。第五章对高管超额薪酬与战略信息披露语调的关系进行了检验，且进一步检验了不同产权性质的公司超额薪酬与战略信息披露异常正面语调的关系是否有差异。第六章和第七章分别检验了机构投资者、独立董事和股权制衡机制对超额薪酬与战略信息披露水平和语调的调节作用。第八章是本书的研究结论、政策建议以及研究不足和对未来的研究展望，此部分对前文的理论分析和研究结果进行了总结和归纳，提出了几点政策建议；然后根据现有研究指出了本书的研究不足，并就研究不足提出了未来可能的研究方向。

本书以2005—2016年深沪两市公司为样本，通过以上所述几个章节的分析和检验，主要得到了如下结论：

第一，高管有可能通过战略信息披露水平和语调对外进行才能展示，让信息受众提高对自己能力的评价，提高薪酬的正当性，从而达到薪酬辩护的目的。实证结果也表明，超额薪酬与战略信息披露水平和异常正面语调正相关，且在国有企业当中两者关系更强，这与我们的薪酬辩护假说一致。此外，我们还以2009年的“限薪令”为分界线，检验发现在2009年之后超额薪酬与战略信息披露关系更强，这可能是因为2009年的“限薪令”更为严格地对国有企业负责人薪酬管理进行了规范，进而使高管面临更大的辩护压力。

第二，机构投资者、独立董事和股权制衡等公司治理机制具有监督作用，能够抑制高管信息披露的机会主义行为。实证结果验证了用来进行薪酬辩护的战略信息披露存在印象管理行为，而机构投资者持股比例、独立董事比例和股权制衡度能够负向调节超额薪酬与战略信息披露的关系，降低印象管理行为。

国内外鲜有学者从高管薪酬辩护视角考察信息披露的动机，本书以此视角进行了研究，丰富了有关信息披露动机的文献，增强了我们对信息披露动机的理解。同时，本书检验了管理者才能信号假说在中国这个典型的新兴的发展中市场的适用性。在英美等比较发达的资本市场中，高管进行信息披露更多的是高管真实才能的体现，而在中国可能是高管的自利行为，高管有可能通过信息披露展现虚假的才能，进行印象管理，而非真实的管理者才能信号。

第一章　引言 …………………………………………（1）

第一节　问题的提出 ………………………………（1）

第二节　研究方法与研究思路 ………………………（5）

第三节　研究内容与创新点 …………………………（7）

第二章　文献综述 ……………………………………（12）

第一节　高管薪酬契约文献综述 ……………………（12）

第二节　非财务信息披露 ……………………………（29）

第三节　公司治理文献综述 …………………………（47）

第三章　理论分析与研究假设 ………………………（74）

第一节　高管超额薪酬与战略信息披露的理论分析和研究假设 ………………………………………（74）

第二节　公司治理、高管超额薪酬与战略信息披露的理论分析和研究假设 ……………………………（83）

第四章　超额薪酬与战略信息披露水平 …………………（92）
第一节　研究设计 ……………………………………（92）
第二节　实证结果与分析 ……………………………（99）
第三节　本章小结 ……………………………………（127）

第五章　超额薪酬与战略信息披露语调 …………………（129）
第一节　研究设计 ……………………………………（129）
第二节　实证结果与分析 ……………………………（137）
第三节　本章小结 ……………………………………（168）

第六章　公司治理、超额薪酬与战略信息披露水平 ……（170）
第一节　研究设计 ……………………………………（170）
第二节　实证结果与分析 ……………………………（172）
第三节　本章小结 ……………………………………（201）

第七章　公司治理、超额薪酬与战略信息披露语调 ……（203）
第一节　研究设计 ……………………………………（203）
第二节　实证结果与分析 ……………………………（205）
第三节　本章小结 ……………………………………（231）

第八章　研究结论、贡献与未来的研究方向 ……………（233）
第一节　研究结论与政策建议 ………………………（233）
第二节　研究局限与未来展望 ………………………（236）

参考文献 ……………………………………………………（238）

第一章 引 言

第一节 问题的提出

本章首先介绍了本书的研究背景，提出了本书的研究问题，总结了本书的研究意义；其次，在第二节分析了本书的研究方法，指出了研究思路；最后在第三节总览了本书的研究内容，提出了本书的可能创新之处。

一、研究背景

近年来，巨额高管薪酬、高管薪酬与公司业绩的背离，以及高管与普通员工的过大薪酬差距，倍受政府、媒体和社会公众的关注。例如在中国，政府将收入分配制度改革提升到了前所未有的战略高度，且在薪酬制度方面颁布了许多法规，进行薪酬管制。自 2003 年底以来，国资委及有关部门颁布大量法规，确定了国有企业高管薪酬与业绩挂钩的原则，并颁布了配套法规以规范国有企业高管的业绩考核。2009 年人社部、国资委等六部委制定的《关于进一步规范中央企业负责人薪酬管理的指导意见》从适用范围、规范薪酬管理的基本原则以及薪酬结构和水平、薪酬支付、补充保险和职务消费、监督管理、组织实施等方面，更为严格地对中央企业负责人薪酬管理进行了规范。2014 年，中共中央政治局又审议通过了《中央管理企业负责人薪酬制度改革方案》，以此来抑制央企高管获得畸高薪酬，缩小央企内部分配差距，使得央企高管人员薪酬增幅低于企业职工平均工资增幅。另外，各大媒体纷纷开始报道和抨击，社会公众也开始质疑、愤怒和谴责。

在政府的管制、媒体的抨击以及公众的质疑下，获得过高薪酬的高管面对社会的公平性压力，有动机对其薪酬进行辩护，为自己的高薪酬提供合理化的理由（Faulkender 和 Yang，2010；罗宏等，2014a；罗宏等，2014b；谢德仁等，2014；谢德仁等，2012）。虽然一些文献对高管薪酬辩护的途径进行了考察（Albuquerque，2009；Bebchuk et al.，2002；Bizjak et al.，2011；Crystal，1991；Faulkender 和 Yang，2010；谢德仁等，2012），但大多数研究都将重心放在了薪酬辩护的“程序正当性”，即通过社会公众比较认可的符合通行惯例的规则来制定经理人薪酬，比如雇佣外部专业的薪酬顾问或者选择薪酬标杆公司。国内外鲜有学者从高管向外部公众展示自己的能力这一视角进行研究，而中国的文化长期以来对程序重视不足，比较关注结果正当性，向外部公众展示自己的能力这一途径具有直观的效果。根据管理者才能信号理论，管理层会进行信息披露从而对外释放自己能力的信号（Baik et al.，2011；Trueman，1986）。Trueman（1986）认为，自愿披露的盈余预告能够表现高管的才能，而本书认为有关战略计划的信息同样具有管理者才能信号作用（Cornelli et al.，2013；Taylor，2013），这就为本书提供了一个可以研究信息披露动机的切入点。

二、研究问题

根据管理者才能信号假说，管理者会进行信息披露从而对外释放自己的才能信号（Baik et al.，2011；Trueman，1986），此时信息披露是提高人力资本价值的一种方式，具有信号作用。Trueman 在 1986 年的理论基础上提出了管理者才能信号假说，认为自愿披露的信息能够表现高管的才能。此后，Baik et al.（2011）对该理论进行了验证，验证得出高能力的高管更可能进行盈余预测，且预测的准确性也较高，因此盈余预测报告是对高管才能的一种体现，是对外发出的一种才能信号，而非机会主义行为。然而另有学者认为管理层的信息披露可能是一种机会主义行为，是为了迷惑市场和投资者而进行的一种策略性甚至虚假性的信息披露（Merkl－Davies，2011；程新生等，2012；孙蔓莉，2004），即管理者进行信息披露可能不是为了发出真实的才能信号，而是一种印象管理行为。那么在中国，相关信息的披露是高管真实的才能信号还是一种印象管理行为呢？本书聚焦于有关战略计划的信息披露，对信息披露的动机进行了研究。有关战略计划的信息披露能够帮助受众了解管理者的才能（Cornelli et al.，2013；Taylor，2013），战略的制定、执行、变革和评估信息不仅帮助信息使用者更好地了解企业发展目标和方向、公司的竞争优势，还能够帮助其了解管理者是如何管理各项影响公司成功的因素、如何预测经济环境的变化，从而相应地调整公司战略和计划。

既然有关战略的信息披露能够帮助信息使用者了解管理者的

才能，那么当高管拥有超额薪酬时，是否会披露更多和更乐观的能够展现高管（真实或者虚假）才能的战略信息为其薪酬做辩护呢？进一步说，这种辩护行为在不同的公司产权性质下是否有所不同呢？另外，此时用战略信息披露做辩护是高管真实才能的展现，还是一种印象管理行为？本书对此进行了研究。

首先，我们研究了在中国的制度背景下，高管获得超额薪酬后，是否有动机披露能够展现自己才能的战略信息，以此向外界展示自己的才能，从而让投资者、监管者和公众认同其高薪酬，提高正当性，降低外界的质疑和愤怒。

其次，我们研究了不同的公司产权性质下，超额薪酬与战略信息披露之间的关系是否有所不同。我们预期在国有企业当中，高管进行薪酬辩护的动机更强，此时超额薪酬与战略信息披露正相关性更强，这会进一步验证我们的薪酬辩护假说。

最后，为了检验用战略信息披露做辩护是高管真实才能的展现，还是一种印象管理行为，我们研究了超额薪酬与战略信息披露的关系是否会受到机构投资者持股比例、独立董事和股权制衡等公司治理因素的影响。机构投资者、独立董事和股权制衡具有监督作用，能够抑制高管信息披露的机会主义行为，如果机构投资者、独立董事和股权制衡能够负向调节战略信息披露与超额薪酬的正相关关系，表明高管在获得超额薪酬时披露较多的战略信息存在印象管理行为，而非一种高管真实才能的展现。

三、研究意义

（一）理论意义

本书的理论意义主要体现在：国内外鲜有学者从高管薪酬辩护视角考察信息披露的动机，本书以此视角进行了研究，丰富了有关信息披露动机的文献，增强了我们对信息披露动机的理解。同时，本书检验了管理者才能信号假说在中国这个典型的新兴的发展中市场的适用性。在英美等比较发达的资本市场中，高管进行信息披露更多的是高管才能的体现，而在中国可能是高管的自利行为，高管有可能通过信息披露展现虚假的才能，进行印象管理，而非真实的管理者才能信号。

（二）现实意义

本书在实务和政策层面的意义是：

首先，建议监管层了解管理层进行信息披露的动机，根据不同的情况制定和完善相应的信息披露准则，从而进一步加强对信息披露的监管，尤其是对如战略信息等非财务信息披露的规范，以期能引导管理层的行为，缩小印象管理的空间。

其次，监管层除了对高管薪酬体系进行监督，还要留意高管的薪酬辩护迷惑行为，不能因为表面上的合理化而放松了对高管薪酬的监管，从而导致更加严重的薪酬操纵行为。

再次，应该发展和完善职业经理人市场，减小信息的不对称，使得市场能够更加准确地把握职业经理人的才能，抑制高管的印象管理行为。

最后，本书的结论也提请信息使用者关注上市公司信息披露的质量，识别公司的印象管理行为，从而提高决策的准确性。

第二节 研究方法与研究思路

一、研究方法

本书的研究方法为规范和实证相结合。在问题的提出、文献梳理、理论分析与假说提出部分将采用归纳、演绎等规范研究方法。对理论假设的检验将采用实证研究方法，包括描述性统计、皮尔逊相关系数分析、多元回归分析等。

首先，本书分析了在高管获得超额薪酬后，外界的愤怒成本带来的薪酬辩护压力以及在我国新兴市场的特殊制度背景下，战略信息被用来做薪酬辩护的可能性，在此基础上提出我们的研究假设，然后通过构建模型寻找样本对我们的假设做出验证；其次，进一步分别考察公司产权性质与机构投资者、独立董事和股权制衡等公司治理机制对超额薪酬与战略信息披露之间关系的调节作用，在此基础上提出我们的假设，然后通过建立模型寻找样本对我们的假设做出验证；最后在上述文献综述、理论分析与假设验证的基础上总结本书的结论，提出政策建议，并提出了研究的不足和对未来的展望。

二、研究思路

本书试图从高管薪酬辩护视角探讨上市公司战略信息披露的动机。首先，我们研究了高管是否为了给自己的高薪酬做辩护而披露能够反映其才能的战略信息；其次，我们分析了超额薪酬与战略信息披露的关系是否会因公司产权性质不同而不同；最后，为了验证用来薪酬辩护的战略信息披露是否存在印象管理行为，我们检验了超额薪酬与战略信息披露的关系在机构投资者、独立董事和股权制衡等公司治理水平不同时而有所不同。

第三节 研究内容与创新点

一、研究内容

按照本书的研究思路，我们通过八章内容来展开研究，各个章节的主要内容如下所示：

第一章，引言。首先介绍了本书的研究背景，提出了本书的研究问题，总结了本书的研究意义；其次，概括了本书的研究方法，提出了本书的研究思路；最后，在此基础上，概括了本书的研究内容，提出了主要创新点。

第二章，文献综述。首先从高管的薪酬契约包括最优契约理论和管理层权力理论以及薪酬辩护途径等方面对国内外的文献进行了回顾和梳理；其次从信息观和机会主义观两个角度对非财务信息披露和有关公司治理的国内外文献进行了回顾和梳理，同时分析了我国新兴市场的背景和制度环境，找到现有文献的空白和不足，提出了本书的研究方向。

第三章，理论分析与研究假设。介绍了高管存在薪酬辩护动机；然后根据管理者才能信号假说分析了战略信息披露能够发出高管的才能信号，管理层可以利用战略信息来为其薪酬做辩护；最后结合战略信息披露的特性和中国的制度环境介绍了战略信息披露用来做薪酬辩护的可行性，在此基础上提出了相应的研究假设。本章还分析了公司的产权性质所带来的薪酬辩护动机大小的不同，然后分析了薪酬辩护动机大小对超额薪酬与战略信息披露关系的调节作用，提出了相应的研究假设。

另外，从机构投资者、独立董事与股权制衡的角度分析了公司治理对超额薪酬与战略信息披露关系的调节作用，以此来检验战略信息披露是否存在印象管理行为以及机构投资者、独立董事与股权制衡机制对这种通过印象管理为其薪酬做辩护的行为的监督和治理作用。本章在理论上分析了当公司的机构投资者持股比例较高、独立董事比例较高或者股权制衡度较高时，上市公司信息披露的机会主义行为会受到一定的抑制，并据此提出了相应的研究假设。

第四章在第三章理论分析的基础上，以 2005—2014 年深沪两市的 15169 个上市公司为样本对高管超额薪酬与战略信息披露水平关系进行了检验，且进一步检验了不同产权性质的公司超额薪酬与战略信息披露水平是否有差异。此外，我们还研究了相比 2009 年“限薪令”之前，“限薪令”之后超额薪酬与战略信息披露水平之间的关系是否更强。

第五章在第三章理论分析的基础上，以 2007—2016 年深沪两市的 10673 个上市公司为样本对高管超额薪酬与战略信息披露异常正面语调的关系进行了检验，且进一步检验了不同产权性质的公司超额薪酬与战略信息披露异常正面语调是否有差异。此外，我们还研究了相比 2009 年“限薪令”之前，“限薪令”之后超额薪酬与战略信息披露异常正面语调之间的关系是否更强。

第六章在第三章理论分析的基础上，以 2005—2014 年深沪两市的 15169 个上市公司为样本实证检验了机构投资者、独立董事和股权制衡对超额薪酬与战略信息披露水平关系的调节作用，同时也以此验证了印象管理行为的存在。为了进一步验证高管的薪酬辩护是一种战略信息的印象管理行为，排除真实才能信号的可能性，我们检验了超额薪酬较高且战略信息披露较高的公司未来业绩是否更差。如果适用管理者才能信号假说，超额薪酬较高且战略信息披露较高的公司中战略信息披露是高管高才能的展现，此时公司的未来业绩应该更高；而如果适用薪酬辩护假说，则战略信息披露是高管的一种虚假的信息披露，是一种印象管理行为，此时公司的未来业绩应该更差。

第七章在第三章理论分析的基础上，以 2007—2016 年深沪两市的 10673 个上市公司为样本实证检验了机构投资者、独立董事和股权制衡对超额薪酬与战略信息披露异常正语调关系的调节作用。

第八章，研究结论、政策建议、研究不足和未来的研究展望。此部分对前文的理论分析和研究结果进行了总结和归纳，提出了几点政策建议；然后根据现有研究指出了本书的研究不足，并就研究不足提出了未来可能的研究方向，希望日后我们能够克服不足，进行更加深入的研究。

本书的研究思路如图 1 - 1 所示。

二、创新点

第一，本书从高管薪酬辩护视角考察了信息披露的动机，丰富了有关信息披露动机的文献。现有学者认为有关信息披露的动机包括：资本市场交易假说、公司控制权争夺假说、股票薪酬假说、诉讼成本假说以及专有成本假说。而本书从一个较新的视角，即高管为自己的薪酬做辩护这一角度研究了信息披露的动机，认为高管为了给自己的超额薪酬做辩护会更多地披露反映其虚假才能的战略信息。这进一步拓展了有关信息披露动机的研究，增强了我们对信息披露动机的理解。

第二，本书对管理者才能信号假说在中国的适用性进行了验证。Baik et al. （2011） 认为信息披露是对高管才能的一种体现，而非一种机会主义行为。而本书发现在中国，经理人市场不完善，经理人信号动机不强，且在我国特殊的新兴市场制度背景

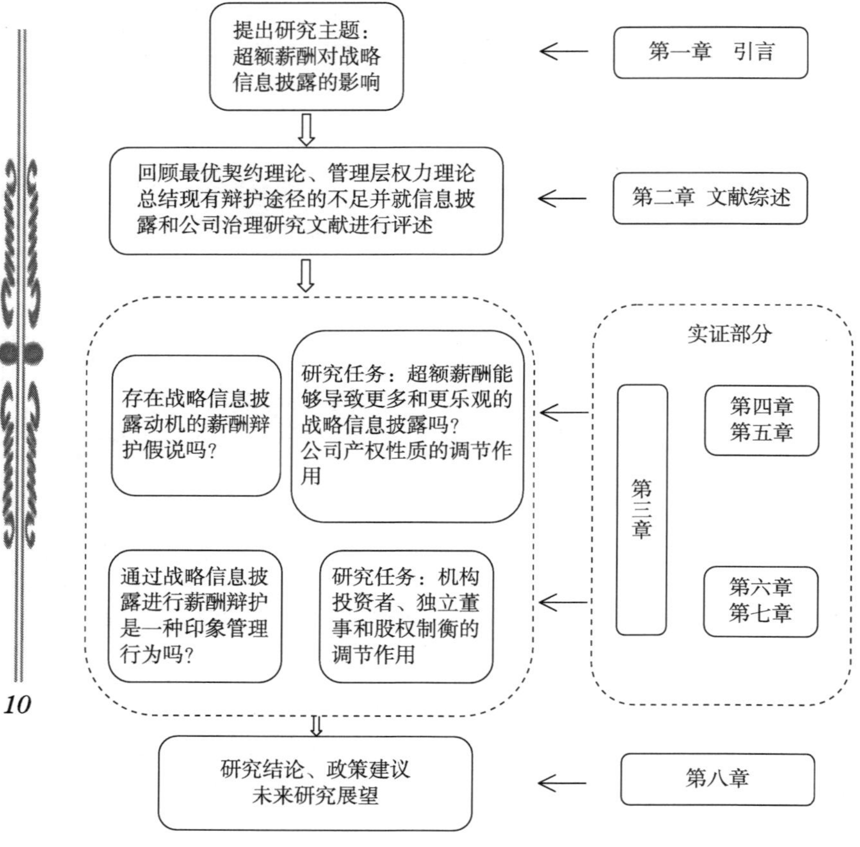

图 1－1　本书的研究思路

下，法律体系和监管体系还不完善，信息披露更可能是一种机会主义行为，更可能是控股股东和管理者出于自利而做出的策略性甚至虚假行为。管理者才能信号假说更可能适用于经理人市场和资本市场比较成熟的国家。

第三，现有文献从雇佣外部专业的薪酬顾问或者选择薪酬标杆公司等视角研究了薪酬辩护的途径，将重心放在了薪酬辩护的

“程序正当性”，即通过社会公众比较认可的符合通行惯例的规则来制定经理人薪酬，然而中国的文化长期以来对程序重视不足，比较关注结果正当性，本书拟从向外部公众展示自己的能力角度研究薪酬辩护的途径，这一途径具有直观的效果。

第四，采用计算机技术更加准确地度量非财务信息披露的质量。对于非财务信息的度量没有统一的标准，现有文献对于非财务信息披露的度量主要采用主观打分法或者直接采用一些非财务指标，两者均存在着一定的缺陷。主观打分法虽然具有较强的针对性，比如可以根据研究的内容选择相应的指标，但是在指标设置和权重赋值的时候，存在着较强的主观性，工作量大且不宜重复，这势必会影响到样本量。此方法一般样本量都比较小，一定程度上存在抽样误差，降低了研究结果的可靠性。另外，此方法还存在着一个比较重要的问题，即只注重信息披露的数量，没有考虑信息披露的质量和性质。而本书除了采用信息披露的水平度量外，还从信息披露的语调来度量非财务信息披露的质量，提高了研究结果的可靠性和可重复性。

文献综述

第一节　高管薪酬契约文献综述

一、最优契约理论

现代企业中两权分离导致了委托—代理问题的产生，经理人在获得一定的收益和控制权的同时，基于“经济人”假说，会追求更大的私人利益，如获得货币性私有收益、在职消费等。为了促使高管以股东价值最大化为目标经营企业，降低代理成本，股东需要对高管进行必要的激励。在设计薪酬激励契约时，股东需要根据高管的努力程度来确定高管薪酬。

最优契约理论认为有效的薪酬契约安排可以缓解代理问题，可以激励经理人以股东利益最大化为目标。由于信息不对称，掌握高管努力程度的交易成本太高，对高管进行监督的交易成本也很高。因此，需要一些可观测的替代性指标来反映高管的努力程度，例如将经理人薪酬与公司绩效挂钩可以使得经理人和股东利益趋于一致（Jensen 和 Meckling，1976；Jensen 和 Murphy，1990；Kaplan，1994；Firth et al.，2006；杨青等，2010）。现有文献主要对薪酬契约的有效性以及薪酬契约激励的有效性进行了研究。

（一）薪酬契约的有效性

委托—代理理论提供了制定个性化最优契约的方法，即公司实行按业绩来支付薪酬（Jensen 和 Murphhy，1990），而且毫无疑问的是这极大地促进了 20 世纪 90 年代以后期权薪酬模式的使用。Holmstrom 和 Milgrom（1987）设置了一个简易模型，最优的薪酬绩效敏感度 $b = 1/(1 + \beta\gamma\sigma^2)$，其中 γ 代表经理付出的努力程度，σ^2 代表公司业绩的波动。他们认为在高管薪酬的最优契约理论中，高管薪酬在一定程度上应该与公司绩效成某种程度的线性关系。这一模型由于贴近现实而具有强大的解释能力，成为高管薪酬设计理论的基石，也为代理理论的实证检验提供了便利条件。在 20 世纪末，大量的学者采用实证方法研究薪酬契约的有效性，主要围绕薪酬业绩敏感性展开了研究。如果高管的薪酬契约是有效的，那么高管的薪酬与公司绩效相关性应该较高。

国外现有学者对高管薪酬与公司绩效的相关性得出了不一致的结论。有的学者认为高管薪酬与公司业绩不相关，或者即使相关，相关性也不高。例如 Jensen 和 Murphy（1990）使用了1974—1986 年《福布斯》发布的管理层薪酬调查中列出的全部 2213 位首席执行官的薪酬数据来估计薪酬业绩敏感度，结果表明，股东财富的每 1000 美元的变化只引起了 3.25 美元 CEO 个人财富的变化，即经理薪酬业绩敏感性很弱。然而 Murphy（1985）认为之前文献的结果可能遗漏了重要变量，从而导致结果存在偏差，他在控制了重要的公司和CEO特定变量后发现高管薪酬与公司的股东回报和销售业绩的增长有很强的正相关关系。Hall和Liebman（1998）在更新了数据的情况下，采用了1980—1994年的样本，考虑了高管持有的股票和股票期权，得到的结论为薪酬业绩敏感性是Jensen和Murphy（1990）所得结果的4倍，且随着股权激励的实施，薪酬业绩敏感性呈现上升的趋势。Kaplan（1994）研究了在最大规模的日本和美国公司中，高管的变更对薪酬与公司业绩之间关系的影响。日本公司中，高管的薪酬与股票回报和现金流等因素有相关关系，高管变更能提高高管薪酬与公司盈余和股票回报的相关性，能较小幅度地提高高管薪酬与销售业绩的相关性。与美国公司相比不同的是，日本公司高管薪酬与低收益的敏感性较高，而与股票绩效的敏感性较低。Canarella和Gas Paryan（2008）对美国的"新经济"企业的1996—2002年的面板数据进行了检验，结果仍然显示出高管薪酬与企业业绩的强相关性。

国内学者对中国上市公司高管薪酬与公司绩效是否存在相关关系的研究也得到了不一致的结论。较早的运用中国数据的研究认为中国高管薪酬与公司绩效不存在显著的相关关系（李增泉，2000；魏刚，2000；胡铭，2003）。例如李增泉（2000）以1998年披露了高管薪酬和持股数据的公司为样本，研究了高管薪酬与公司业绩的关系，结果发现两者没有显著的相关性。其他的文献也得到了类似的结果（魏刚，2000；胡铭，2003）。虽然近几年来，有学者（Firth et al.，2006；Kato和Long，2006；Conyon和He，2008；宋德舜，2004；杜胜利和翟艳玲，2005；陈震和张鸣，2008；江伟，2008；张俊瑞等，2003）研究发现中国上市公司高管薪酬与公司的会计业绩存在显著的正相关关系，在薪酬计划中已经考虑了公司的会计业绩，但是薪酬业绩敏感性较低，并且没有一致的结论表明薪酬与市场业绩正相关。特别是对于国有企业而言，行政干预和政府部门的薪酬管制会影响到以业绩为基础的薪酬契约激励的效果（Kato 和 Long，2006；陈冬华等，2005；辛清泉等，2007）。

在高管薪酬与股东财富之间是否存在相关关系的研究中，肖继辉和彭文平（2004）以 2000 年和 2001 年深沪两市的 728 家上市公司为样本研究了上市公司总经理的薪酬业绩敏感性，结果发现中国上市公司总经理现金报酬与股票回报变化成负相关关系。沈艺峰和李培功（2010）以 2005—2009 年 6871 家上市公司为样本，研究发现中国国有企业高管薪酬存在非业绩付酬现象，存在明显的运气成分，高管薪酬对运气成分的敏感性要高于对公司业绩的敏感性。而 Kato 和 Lang（2006）以 1998—2002 年在中国上海和深圳证券交易所上市的公司为样本，第一次发现了高管现金薪酬与公司股东价值之间存在敏感性的中国证据。此外，他们还发现销售的增长与高管薪酬也成正相关的关系。虽然中国公司的高管并没有因为利润下降受到惩罚，也没有因为利润增长而得到奖励，但是他们却因为公司的负利润而受到惩罚。更重要的是，他们发现中国上市公司的股权结构对薪酬业绩敏感性有重要影响。中国上市公司的国有股能够弱化高管的薪酬业绩敏感性，这就减弱了解决代理问题的有效性。其他学者也研究认为企业的股权性质能够影响高管的薪酬契约。例如，Firth 等（2006）以 1998—2000 年深沪两市的上市公司为样本，研究了中国上市公司的 CEO 薪酬。中国的上市公司有控股股东，而控股股东类型的不同又会有不同的薪酬激励类型。研究发现，虽然在私有产权或国有企业控制的上市公司中，经理薪酬与会计盈余或者股东财富有相关关系，但在国有资产管理机构控股的上市公司中，没有证据表明公司采用了与业绩相关联的薪酬契约。刘慧龙等

（2010）以1999—2008年的上市公司为样本研究发现政治关联能够影响薪酬业绩敏感性，政治关联对高管薪酬业绩敏感性的影响又因股权性质不同而不同，在国有控股公司中，政治关联公司的高管薪酬业绩敏感性低于非政治关联公司；而在非国有控股公司中，情况正好相反。

此外，还有学者研究认为中国上市公司高管薪酬变化存在黏性特征，如方军雄（2009）以2001—2007年深沪两市的上市公司为样本，研究了高管的薪酬特征，研究表明虽然随着我国薪酬制度改革的深入，上市公司高管薪酬已经呈现出了与业绩相关的特性，然而，高管的薪酬变化存在黏性特征，业绩上升时薪酬的增加幅度显著高于业绩下降时薪酬的减少幅度，即薪酬业绩敏感性具有不对称的特性。Taylor（2013）建立模型来模拟代理人能够逐渐了解CEO的能力，且CEO和股东分享CEO能力变化所带来的剩余收益。研究发现CEO的薪酬对高管能力的好消息和坏消息的反应是不对称的，CEO薪酬水平在坏消息之后并没有下降，这表明向下的薪酬是具有刚性的；在CEO能力好消息时，薪酬水平得到了提高，大约获得了能力增长带来的剩余收益的一半。这表明CEO和公司的讨价还价能力大体相同。薪酬变化的这种不对称性在机构投资者占比较低的时候比较明显，这表明这可能是由较弱的公司治理导致的。

（二）薪酬激励的有效性

理论上管理层薪酬激励作为公司的一种内在机制，能够有效缓解代理问题。而薪酬激励能否有效发挥作用，带来有利的经济后果，现有学者主要从公司绩效（Haubrich，1994；Kubo，2005；李维安和李汉军，2006；唐清泉等，2008；吴文锋等，2008；吴联生等，2010；杨青等，2010）和投资效率（辛清泉等，2007）两方面进行了研究。

Haubrich（1994）研究表明对 CEO 的恰当激励能大大提高公司业绩。而 Kubo（2005）以日本 1993—1995 年的公司为样本，研究发现强化薪酬业绩敏感性并不能提高公司的业绩，且薪酬政策的变化和绩效也没有显著的正相关关系。吴联生等（2010）以中国 2005—2006 年 3335 个上市公司为样本研究了额外薪酬对公司业绩的影响。研究发现在非国有企业中，正向额外薪酬与公司业绩显著正相关，而在国有企业中，正向额外薪酬与公司业绩没有显著的相关性；在国有企业和非国有企业中，负向的额外薪酬与公司业绩均不存在显著的正相关关系。这表明，在国有企业中，薪酬激励不能起到预期的激励效果，管理层看中的是其政治晋升。杨青等（2010）基于 2005—2008 年在中国深圳和上海证券交易所上市的公司，研究了中国上市公司 CEO 的薪酬是否有激励作用，结果表明 CEO 薪酬激励与公司业绩正相关，即 CEO 薪酬能够发挥激励作用，提高公司的业绩。

辛清泉等（2007）基于中国国有企业薪酬管制的制度背景，以 2000—2004 年的上市公司为样本，检验了高管薪酬对公司投资过度和投资不足的治理作用。结果表明，当薪酬契约失效，即不能对高管的才能和工作努力程度进行补偿时，地方国企存在投资过度现象。

二、管理层权力理论

Bebchuk 和 Fried（2002）提出了高管薪酬契约的管理层权力理论。他们认为最优契约理论的实现至少应该满足如下三个前提条件：薪酬委员会的有效谈判、市场机制的有效约束和法律对股东权利的保护。

第一，薪酬委员会的有效谈判。虽然要求董事会具有独立性，但实际上有时候董事会的独立性名存实亡。Main 和 Johnson

(1993) 以英国数据研究了薪酬委员会的有效性，研究发现薪酬委员会的设立与高管薪酬业绩敏感性不具有相关性，对高管薪酬结构的优化没有起到应有的作用。Chhaochharia 和 Grinstein (2009) 发现，董事会对高管的监督力度越大，高管权力越小，高管薪酬水平越低。Brick 等 (2006) 研究了董事会与 CEO 薪酬之间的关系，发现 CEO 薪酬与董事会薪酬存在较高的相关性，这表明 CEO 与董事会成员之间可能存在着合谋现象，此时董事会独立性受到了严重影响，董事会不能有效地发挥监督作用。郑志刚等 (2012) 从董事会文化角度研究了经理人的超额薪酬，他们认为经理人的超额薪酬与任人唯亲的董事会文化有关系。如果董事会因为固有的一些文化而导致其与高管层合谋，只是“隔靴止痒”式的批评和弱化监管，不能发挥有效的治理作用，此时高管容易获得超额薪酬。首先，尽管名义上由股东选聘董事，然而管理层有时候可以决定或者至少可以影响独立董事的聘任，此时董事会的独立性则受到怀疑。Fracassi 和 Tate (2012) 从 CEO 通过外部网络关联所获得的权力角度研究了管理层权力与公司绩效之间的关系，发现权力较大的 CEO 更倾向于聘任与 CEO 有关联关系的董事。Core 等 (1999) 认为当董事会规模较大，外部董事大部分由 CEO 任命时，董事会将不能有效发挥作用，CEO 的薪酬会更高。其次，独立董事被任命后也会受到委员会内其他成员的影响，如果其他董事不想监督管理层，那么独立董事自己也很难发挥作用。最后，董事没有获得足够的激励去监督管理层，虽然持有股权激励的董事有上升的趋势，但实际上考虑到监督成本，董事实际上很难有足够的激励。

第二，市场机制约束的缺陷。首先，高管在经理市场被聘于另一家公司时，主要取决于以前公司的绩效，而非所攫取的租金。大公司高管薪酬往往只占公司价值很小的一部分，因为租金攫取而被解雇的可能性较低，因此高管基本上不可能因为害怕被解雇而不进行薪酬租金的攫取。Jensen 和 Murphy（1990）研究得出 CEO 因为薪酬攫取而被解雇的风险很低，股东价值降低 1000 美元，CEO 因为解雇而降低的财富仅为 0.3 美元。其次，至于控制权市场，高管由于索取高报酬而导致的被兼并风险上升非常有限。产品市场竞争是对管理层行为的一种外在约束，在竞争性市场中，无效行为会导致竞争劣势、利润下降以及业务萎缩，但是高管过度报酬只是从股东到高管的再分配，不会影响公司运营的效率（Bebchuk 和 Fried，2003）。

第三，法律对股东权利的保护。如果董事会不具有独立性或者没有足够的激励，市场也不能有效约束，股东可以通过法律诉讼否决薪酬契约或者通过投票权否决管理层的股票期权，从而制定最优契约。在理论上股东可以对股票期权安排进行投票或提出诉讼，例如，英国在 2002 年就通过相关提案；2006 年 5 月，公司法中规定股东可以对董事薪酬进行投票表决；2007 年 3 月，美国众议院也通过了针对股东对高管薪酬投票表决的 H. R. 1257 提案（Shareholder Vote on Executive Compensation Act）。然而尤其是在中国，法律保护较弱，关于股东对高管薪酬制定投票表决（say on Pay）的有效性，以及对公司绩效的激励将会有多大作用，实务界和学术界都存在较大争议（Bean，2009；Cai 和 Walkling，2011）。

然而在实际经营过程中，以上三个基本前提往往难以实现，不能有效阻止薪酬契约偏离于最优薪酬契约。近年来，不管是在美国还是在中国，高管薪酬迅速增长，大大超过了平均工资的增长速度。从 Tosi 等（2000）的分析来看，公司绩效仅能够解释高管总薪酬变动的不到 5%。高额的股票期权，以及不断爆发与之相关的财务丑闻现象都和经典的委托—代理模型相矛盾。因此，Bebchuk 等人通过一系列研究系统提出了管理层权力理论。Bebchuk 和 Fried（2002）认为，高管薪酬契约安排并不能唯一由最优契约理论来解释，在很多情况下，应当用管理层权力理论和最优契约理论同时解释。

管理层权力理论认为薪酬契约存在内生性，经理人薪酬非但不能缓解代理问题，其本身就是代理问题的一部分，即经理可凭借手中的权力设计出符合自身利益最大化的薪酬契约，高管会利用权力自定薪酬或者影响薪酬契约的设计与执行，这一观点又称为租金攫取观（Chen et al.，2010；Bebchuk et al.，2002；Bebchuk 和 Fried，2003）。在这种观点下，虽然薪酬委员会负责经理人员薪酬分配方案的制定，然而董事会客观上不能完全控制管理层薪酬契约的设计与执行过程，不能有效发挥其职能，主观上又有可能与管理层合谋进而放弃对管理层薪酬的控制（Murphy，1999），此时高管有能力通过自己的权力操控薪酬委员会和报酬制定程序来确定自身的报酬水平和结构，攫取薪酬租金，获得更高的薪酬给付和薪酬增长，权力越大操纵自身薪酬的能力越强（Chen et al.，2010；Bebchuk et al.，2002；Bebchuk 和 Fried，2003）。Jensen 和 Murphy（2004）将 Bebchuk 等人的观点融入薪酬分析框架中，丰富和完善了薪酬契约理论。

国外很多文献认为管理层权力能够影响高管薪酬，例如，在管理层控制的公司中，高管薪酬增长会较快（Bebchuk 和 Grinstein，2005；Van Essen et al.，2015）。国内学者的研究结论基本上与国外文献一致（潘飞等，2006；张必武和石金涛，2005；吕长江和赵宇恒，2008；权小锋等，2010；吴育辉和吴世农，2010；方军雄，2011；郑志刚等，2012；卢锐等，2008）。中国拥有“一股独大”的独特的股权特征，内部人控制问题较严重，因此高管权力寻租行为会更加严重。张必武和石金涛（2005）

认为如果高管的权力过大，能够控制董事会，那么董事会的设置将流于形式，董事不能发挥有效的监督作用，此时高管可能会利用权力自定薪酬。潘飞等（2006）及吕长江和赵宇恒（2008）也发现了类似的结论。

高管可以利用权力影响高管薪酬契约的设计与执行，从而使自身利益最大化，主要表现在以下几方面：第一，高管权力会影响薪酬契约中业绩的选择，甚至会导致高管薪酬变动与业绩变动呈现非对称性。卢锐（2008）采用两职兼任、高管长期在位以及股权分散等三种方法衡量高管权力，研究发现，中国上市公司的高管权力越大，高管薪酬与盈利业绩的敏感度越高，与亏损业绩的敏感度越低，即高管权力使高管薪酬与盈利和亏损业绩的敏感度呈明显的非对称性。权小峰等（2010）以中国2004—2007年的上市公司为样本，研究了高管是否利用其权力实现薪酬操纵获得薪酬租金。他们研究认为我国国企高管薪酬乱象背后隐藏着高管利用其权力影响获得私有收益和操纵薪酬的问题，管理者既可以获得与业绩无关的私有收益，也可以直接控制会计指标的生成，采用一种伪装的策略，通过盈余管理获得绩效薪酬。吴育辉和吴世农（2010）从股权激励角度研究了高管在薪酬方面的自利行为，他们以82家披露了股权激励计划草案的上市公司为样本，研究发现拟实施股权激励的公司在其股权激励方案的绩效考核指标设计方面异常宽松，有利于高管获得和行使股票期权，这表明存在着高管利用自身权力为自己谋取租金的自利行为。第二，高管会利用权力增加其可控因素在薪酬契约中的权重。陈震和丁忠明（2011）发现高管会利用权力，增加可控因素而降低不可控因素对薪酬的影响，具体表现为增加企业规模在高管薪酬决定中的权重，而降低业绩在高管薪酬决定中的权重。因为对高管来说，企业规模比企业业绩更容易控制。他们研究发现，业绩薪酬只占全部薪酬的 0.5% ~1%，而规模薪酬占全部薪酬的 37% ~47%。Morse 等（2011）则从决定薪酬的业绩指标的新角度，发现强权 CEO 能够为自己争取更有利的薪酬绩效指标，从而获得更多的绩效薪酬，揭示了高管利用权力从事自利行为的新途径。他们以美国 1992—2003 年的面板数据为样本支持了上面的结论，并发现：操纵能够解释激励薪酬业绩敏感性的 10% ~30%；操纵行为也能够解释为什么薪酬与坏业绩没有相关性；操纵行为随着 CEO 人力资本和未来发展前景的不确定性的增加而增加；公司治理机制能够缓解 CEO 的薪酬操纵行为；薪酬操纵确实与公司的未来绩效和价值负相关。第三，高管权力还可能降低其他治理机制的作用，从而会影响薪酬契约的执行。

高管权力对高管薪酬的影响主要体现在：一是高管权力会直接影响高管薪酬的金额。Bebchuk 和 Grinstein（2005）发现，在 1993—2003 年间，根据标准普尔 500 指数，公司 CEO 的平均薪酬增长了 166%，其中仅有 66% 可以由公司业绩和公司规模的增长来解释，而绝大部分 CEO 薪酬的增长须用高管权力来解释。类似地，王克敏和王志超（2007）发现，高管控制权越大，其薪酬水平也越高。以上文献主要研究高管权力对其绝对薪酬水平的影响，而观察高管权力是否使高管获得了超额薪酬则更能体现高管权力对高管薪酬的决定性影响。权小锋等（2010）以高管获得的超额货币薪酬来衡量高管货币性私有收益。研究发现，高管权力越大，地方政府控制的国有企业高管获得的货币性私有收益也越大。二是高管权力会影响薪酬业绩敏感度，包括会影响薪酬契约中业绩的选择以及会导致高管薪酬变动与业绩变动的非对称性（即高管薪酬黏性）。Van Essen 等（2015）以美国 219 家公司为基础，研究了高管权力与 CEO 薪酬以及薪酬业绩敏感性之间的关系。结果表明管理层权力理论能够用来预测高管的现金薪酬和总薪酬，但是不能预测薪酬业绩敏感性。当CEO有权力影响薪酬的制定过程时，他们获得的现金薪酬和总薪酬比较高；相反，当董事会有较大的权力时，CEO获得了较低的现金薪酬和总薪酬。此外，即使面临着有权力的CEO，有权力的董事会成员仍旧能够提高CEO薪酬和公司绩效之间的相关性。三是高管权力会导致高管与员工薪酬差距。方军雄（2011）以中国深沪两市2001—2008年的18542个上市公司为样本，从薪酬变动的非对称性角度研究了公司高管与普通员工差距拉大的原因。研究发现公司高管薪酬的变化具有尺蠖效应，即公司业绩上升时，高管薪酬的增幅和薪酬业绩敏感性大于普通员工；而当公司业绩下降时，高管薪酬的降幅没有显著低于普通员工。四是高管权力可能使高管有机会获得更多的隐性激励。卢锐等（2008）用2001—2004年上市公司样本研究发现管理层权力越大的公司，管理层的在职消费越大，管理层权力能够凭借自己的权力获取薪酬租金。

三、薪酬辩护文献综述

在制度转型和治理弱化的条件下，特别是发展中国家，内部人控制问题使得管理层权力凌驾于公司治理机制之上的问题更加突出，权力寻租行为更加严重。高管的权力可以使其获得超额薪酬，从而带来市场参与者的质疑和愤怒。这不但影响到公司内部员工的忠诚度、公司的价值，还会影响到高管的声誉、公众对公司的信任、社会的稳定和我国和谐社会的建设（Bebchuk et al.，2002；吴联生等，2010）。

已有研究表明，新闻媒体对高管薪酬具有监督影响作用，媒体报道会促使高管薪酬总额趋于合理和高管超额薪酬下降。究其原因，一是媒体报道会形成一定的社会舆论，迫于声誉压力，企业会调整高管薪酬（Luo et al.，2013）；二是媒体报道会引起政府机构的介入，通过行政干预促使企业调整高管薪酬（杨德明和赵璨，2012）。张玮倩和乔明哲（2015）利用 2007－2014 年报纸媒体对上市公司高管薪酬的新闻报道进行研究发现：被媒体报道的企业高管会通过提升薪酬业绩敏感性为自身薪酬进行辩护。公众和舆论会对高管进行更多的谴责和声讨，而监管者会通过要求增强治理机制或者立法，比如央企限薪令的出台、征收更高的薪酬所得税等来限制高管的薪酬（Robinson et al.，2011；谢德仁等，2012；杨德明和赵璨，2012），股东也可能会通过提高治理机制或者要求改变薪酬契约来降低高管的过高薪酬。

因此，对于获得过高薪酬的高管来说，作为一个理性的经济人，面对来自社会的公平性压力，有动机对其薪酬进行辩护，对自己的过高薪酬提供合理化的理由。若高管不能解释其高薪的正当性，则会使社会公众认为分配不公平，甚至引起仇富心理。高管不仅有证明其薪酬“结果正当性”的需求，还有证明其薪酬“程序正当性”的需求。所谓“程序正当性”是指高管有动机对其薪酬的决定程序是正当的进行辩护，比如证明其薪酬是由薪酬委员会制定的方案决定的。当企业业绩上升时，高管更可能通过“结果正当性”即提高薪酬业绩敏感度来证明其薪酬是合理、正当的；而当企业业绩下降时，高管更可能通过“程序正当性”来证明其薪酬是合理、正当的。现有文献对高管进行薪酬辩护的途径进行了研究，主要有以下几种途径：

一是雇佣外部的薪酬顾问来提高薪酬制定的程序正当性（Bebchuk et al.，2002；Crystal，1991）。美国公司通常会雇佣外部的薪酬顾问来参与高管薪酬的制定过程。通过薪酬顾问会提高高管的薪酬契约的有效性，因为：（1）他们对薪酬设计比较专业，能够对薪酬契约的设计提供专家意见；（2）薪酬顾问会进行市场调查，他们拥有不易获得的行业数据，他们会将此类数据与公司分享，而这些数据也将会促进薪酬契约设计的合理性。虽然薪酬顾问有时候能够对薪酬设计起到有利的作用，但是也可能被利用来掩盖高管的薪酬租金。薪酬顾问会为CEO提供能够合理化薪酬设计的数据而获利。例如，他们可以将调查问卷的重点设计在一些具有可比性的数据上，从而帮助高管获得较高的薪酬。高管可能会利用薪酬顾问来表面上合理化他们的薪酬而不是最优化他们的薪酬。Murphy和Sandino（2010）研究认为，为了继续为公司提供薪酬咨询服务（repeat business）或者获得其他的业务服务机会（cross - sell services），薪酬顾问有动机取悦于高管而使其独立性受到影响，高管可能会利用薪酬顾问来合理化其过高的薪酬。薪酬顾问有动机来取悦CEO，因为CEO可以影响到对他们的雇佣。即使CEO不能参与对薪酬顾问的选择，却也能够影响到下一次的任免，如果薪酬顾问建议的薪酬契约设计不能为CEO所喜欢，CEO可能就会解雇这个薪酬顾问。此外，薪酬顾问公司有可能同时为雇佣公司提供其他的服务，此时客观性会受到影响。Murphy和Sandino（2010）发现在美国和加拿大，如果薪酬顾问同时还提供其他的服务，那么高管薪酬相对比较高；在加拿大，如果其他服务的付费高于高管薪酬顾问服务的付费，高管薪酬也相对较高。

二是策略性地选择薪酬标杆公司。公司倾向于寻找CEO薪酬较高的公司作为标杆公司，来为自己CEO的过高薪酬进行辩护（Albuquerque，2009；Baik et al.，2011；Bizjak et al.，2011；Faulkender和Yang，2010）。Bizjak等（2008）研究了竞争对手的薪酬标准对CEO薪酬的影响，他们发现薪酬标杆的使用非常普遍，并且对CEO薪酬有显著的影响。薪酬委员会参照同业的高管薪酬水平来设计本公司的薪酬契约。现实中，同业薪酬的选择并非完全独立于 CEO，董事会薪酬委员会多少会受到他们的影响，这种现象的普遍存在不禁让人对其动机产生怀疑。Gabaix 和 Landier（2008）、Bereskin 和 Cicero（2013）用市场均衡模型证实美国高管薪酬增长在同行业内存在“传染效应”，这为高管高薪提供了一种集体辩护机制。Faulkender 和 Yang（2010）考察了被作为薪酬标杆的公司特征以及这些公司在解释 CEO 薪酬变动中发挥的作用，研究发现公司更可能寻找 CEO 薪酬较高的公司作为标杆公司，以此来合理化 CEO 的高薪酬，并且薪酬委员会也会同意标杆公司当中包括 CEO 薪酬较高的公司，这种效应在 CEO 兼任董事长、CEO 任期较长的情况下更强烈。Bizjak 等（2011）认为虽然标杆公司的选择会建立在能够反映管理层劳动力市场的基础之上，然而公司往往选择规模较大的或者 CEO 薪酬较高的公司。通过特定方式选择标杆公司可以使得薪酬有向上的偏差，并且这种偏差在规模较小、透明度较低的公司当中更加明显，这是因为这类公司的高管选择标杆公司的自由裁决权较大。薪酬的增长弥补了 1/3 的 CEO 薪酬和同行业薪酬之间的差距，这表明董事会能够随意调整高管薪酬。Faulkender 和 Yang（2013）的研究从高管权力理论给出了解释，即同业薪酬的使用是无效的，其只是管理者谋取私利的一种手段。

国内学者李维安等（2010）研究发现，同业薪酬在中国市场对公司高管的薪酬具有一定的扩大效应，这种薪酬设计过程中存在的同业薪酬扩大效应或者说正增强机制的集体辩护效应，由于关联薪酬委员会的存在进一步放大其禀赋效用。江伟（2010）证实中国上市公司制定 CEO 薪酬时采用了同业薪酬，这是导致高管薪酬逐年增长的一个重要原因。罗昆（2015）以中国 A 股上市公司 2008—2013 年的数据为样本，从同业参照效应的视角，通过考察其对高管超额薪酬增长以及薪酬业绩敏感性的影响，检验高管薪酬契约的有效性。结果发现：上市公司在制定高管薪酬契约时利用了同业参照效应，并由此导致超额薪酬的增长；高管通过提高薪酬业绩敏感性为自己的租金攫取行为进行辩护，说明高管薪酬契约制定中同业参照效应既存在寻租动机也有辩护动机；与非国有企业相比，国有企业高管更可能利用同业参照效应获得超额薪酬的增长，且薪酬辩护动机更强；与沿海地区相比，中西部地区高管更可能利用同业参照效应获得超额薪酬的增长，且薪酬辩护动机更强。赵颖（2016）的研究结论进一步支持了上市公司高管薪酬普遍存在同业参照效应，即存在高管借助同行业其他公司 CEO 薪酬参照的集体辩护效应。

三是更高的高管薪酬业绩敏感度。由于高管有薪酬辩护的动机，因此，较高的薪酬业绩敏感度可能并不能说明高管薪酬契约是有效的，而可能是高管薪酬辩护的结果。企业高管一般通过提高薪酬业绩敏感度来证明其薪酬是正当的，因此有辩护动机的高管，其薪酬业绩敏感度会更强。Firth 等（2010）以 2000—2005 年中国上市公司为样本研究了转型经济体中的薪酬辩护行为。他们研究发现高管的薪酬与公司业绩正相关，薪酬与股东财富增加的敏感性与美国 20 世纪 70 年代的情形类似，且公司的不平等性与公司业绩正相关，这表明业绩被用来为高管薪酬做辩护，在中国正处于从计划经济向市场经济转型的背景下，这种辩护非常重要。谢德仁等（2012）以国有企业为样本，研究认为当高管有薪酬辩护需求时，高管会提高经理人的薪酬业绩敏感性来为其薪酬做辩护，而经理人兼任薪酬委员会委员能够为此提供机会，此时薪酬业绩敏感性的提高是一种自利行为。谢德仁等（2014）的研究表明公司会利用开发支出会计政策的隐性选择进行盈余管理，且其目的之一就是进行当期的薪酬辩护或提升未来薪酬辩护空间。罗宏等（2014a）则从政府补助角度研究了高管的薪酬辩护行为，研究表明在政府补助增加高管超额薪酬的同时，确实也提高了薪酬业绩敏感性，这表明高管利用提高薪酬业绩敏感性对超额薪酬的合理性和正当性进行辩护。罗宏等（2014b）研究发现国有企业高管为了追求货币收益，为其高额薪酬做辩护以减少愤怒成本，会利用事后信息来操纵薪酬契约，即增加较好的业绩指标在薪酬函数中的权重。缪毅和胡奕明（2016）基于薪酬辩护的假说，以2003—2012年的A股上市公司为样本，实证检验了内部收入差距对高管行为的影响。结果显示，当企业内部的收入差距相对过大时，高管人员会做出种种薪酬辩护行为，可能会通过盈余管理来对业绩进行调整，也可能会在薪酬契约中增加较好业绩指标的权重。其进一步研究证实，在内部收入差距相对过大的情况下，国有企业高管的辩护动机更强，其辩护行为也更加明显，同时权力较小的管理者往往通过盈余管理虚构业绩的方式来进行薪酬辩护，而权力较大的管理者往往通过增加有利业绩指标权重的方式来进行薪酬辩护。吉利和吴萌（2016）认为企业社会责任是高管绩效考核的重要的非财务指标，企业社会责任增加高管薪酬。当企业内部收入差距较大时，高管可能通过增加薪酬契约中社会责任指标权重的方式进行薪酬辩护，并且相较于非国有企业，国有企业高管的薪酬辩护行为更明显。管理层权力影响高管的薪酬辩护行为，相较于权力较小的高管，权力较大的高管更可能通过增加社会责任业绩指标权重的方式进行薪酬辩护。

由上可知，雇佣薪酬顾问和策略性地选择薪酬标杆公司侧重于薪酬的“程序正当性”，而中国文化长期以来对程序重视不足，比较关注“结果正当性”。虽然谢德仁等（2012；2014）、罗宏等（2014a；2014b）针对结果正当性从提高薪酬业绩敏感性这一途径进行了研究，但是对于高管来说，提高薪酬业绩敏感性的同时也带来了薪酬风险（Ross，2004），并且并非所有的公司业绩都适合用薪酬业绩敏感性来辩护。本书认为向外部公众展示自己的能力这一途径具有直观的效果，而根据管理层才能信号理论，管理层会进行信息披露从而对外释放自己能力的信号（Baik et al.，2011；Trueman，1986），本书即从这一视角进行了研究。

第二节　非财务信息披露

与财务信息相比，上市公司非财务信息一般都是叙述性的信息，被立即证实或者审计的可能性比较低（Athanasakou 和 Hussainey，2010），现有学者对其是否具有信息含量、是否能够为投资者提供决策有用的信息持有不一致的意见。目前基于英美等西方成熟市场国家的研究表明，公司管理者的信息披露动机存在两种截然不同的观点，即信息披露的信息观和机会主义观。

一、信息观

（一）国外文献述评

信息披露的信息观认为，为了降低融资成本、提高公司股价，公司管理者有动力去披露高质量的信息，在资本市场上展现良好的形象，同其他公司相分离。有的学者通过大量的数理模型分别从不同角度对信息披露的信息观进行了详细的理论推导（Milgrom，1981；Grossman，1981；Glosten 和 Milgrom，1985），他们认为为了缓解逆向选择问题，公司管理层有动机进行信息披露。也有学者以实证方法基于英美等成熟国家的经验证据从不同角度研究了信息披露的信息观（Amir 和 Lev，1996；Cormier 和 Magnan，2003），他们认为非财务信息披露可以缓解信息不对称，为外部信息使用者提供决策有用的信息。Amir 和 Lev（1996）以美国 1984—2003 年无线通信行业的季度数据为样本，研究发现非财务信息是对财务信息的良好补充，财务信息（例如盈余、账面价值和现金流）不具有显著的价值相关性，而非财务信息的披露能够显著提高财务信息的价值相关性。

1. 有学者从社会责任信息披露角度研究了非财务信息披露的价值相关性。Cormier 和 Magnan（2003）从信息披露的盈利预测能力角度研究了社会责任非财务信息披露的信息含量，认为有关环境的信息披露能够预测公司未来的会计绩效和市场绩效。Dhaliwal 等（2011）的研究表明社会责任报告信息具有价值相关性，可以缓解信息不对称，降低融资成本。而 Aerts 等（2008）和 Dhaliwal 等（2012）从分析师预测偏差角度研究了非财务信息披露的信息含量，他们发现社会责任报告可以降低财务分析师的预测偏差。

2. 国外学者研究了有关 MD&A 信息披露的信息有用性和市场反应。MD&A 中信息是重要的信息，也是信息使用者关心的信息。MD&A 中回顾性的和有关未来发展前景的叙述性文字，对于投资者来说具有很大的决策相关性。MD&A 中有关未来的经营情况、资本支出、新开商店数、订单数量、存货增长、经营现金流等的描述性信息能够预测未来的基本面，具有信息含量。例如早期 Bryan（1997）发现，MD&A 中关于未来经营和计划资本支出的讨论信息与公司短期经营业绩显著相关，具有业绩预测有用性。Cole 和 Jones（2004）研究了零售行业 MD&A 信息披露的有用性，研究发现对过去收入增长原因的分析、未来计划的资本支出以及新开商店数可以预测未来的收入和利润，且对同期的股票回报具有一定的解释能力。此外，Francis 等（2003）、Lev 和 Thiagarajan（1993）等都发现 MD&A 中有关订单数量的信息对股价具有增量解释能力。Sun（2007）考察了 MD&A 中对存货增长的解释和将来经营业绩之间的关系，发现有利的解释与接下来两年的盈利能力和销售增长率正相关。而 Sun（2010）研究认为 MD&A 中的前瞻性信息具有较强的预测性作用，有助于预测公司下期存货变动情况。Wang 和 Hussainey（2013）则发现前瞻性非财务信息披露提高了股票市场对未来收益的预测能力，并且受到公司治理机制的影响。Smith 和 Taffler（2000）检验了董事长报告中描述性的文本信息披露的信息含量以及在公司中的决策有用性。具体来说，他们采用了以词为基础（word based）的和以主题为基础的（theme based）两种形式的内容分析法来度量董事长报告中的文本信息，来检验对公司财务风险的度量能力，并且探索了文本信息与公司破产之间的关联。结果发现董事长报告中的信息披露与财务状况紧密相连，这表明没有经过审计的董事长报告中的信息披露含有重要的与公司未来财务状况相关的信息。

还有一些学者从未来发展前景的信息角度研究了非财务信息披露的信息观，认为未来发展前景的信息能够缓解信息不对称，提高信息透明度。现有学者主要从对未来绩效的预测（Bryan，1997；Schleicher 和 Walker，1999；Hussainey et al.，2003）和财务分析师预测（Barron et al.，1999；Vanstraelen et al.，2003；Bozzolan et al.，2009）两方面进行了研究。Schleicher 和 Walker（1999）、Hussainey et al.（2003）分别从未来股价和未来盈余角度研究了未来发展前景的信息对未来绩效的影响，他们发现未来发展前景的信息可以准确预测公司的未来绩效。Sun（2010）以 568 家存货不成比例增长的制造业公司为样本，检验了 MD&A 前瞻性信息披露是否能够预测公司未来的业绩，结果发现在 MD&A 中有关存货的有利解释与公司未来三年利润和销售的增长正相关，且没有做出解释的公司的盈利和销售增长水平在做出有利解释和做出不利解释的公司水平之间。这表明 MD&A 中有关存货的解释信息能够帮助信息使用者解释存货不成比例的增长，也能够对未来业绩进行预测。Barron 等（1999）以美国公司为样本检验发现管理层讨论与分析中的未来发展前景的信息有助于财务分析师对未来的盈利能力进行预测，降低盈余预测偏差。Vanstraelen 等（2003）采用德国、比利时和荷兰的样本得到了同样的结论。Bozzolan 等（2009）以德国、法国和瑞士等国家为样本，进一步检验了可被证实的和不可证实的前瞻性信息是否有所不同，结果表明能够被证实的前瞻性信息对分析师预测准确性的提高效果更明显。之前的数据大部分来自手工收集，而手工收集的样本量一般比较小，这在一定程度上会产生抽样误差。而 Muslu 等（2015）克服了此缺陷，使用计算机方法收集数据，将样本数拓展到了 34655 个，更加具体地研究了未来发展前景的信息含量，得到的结论也与之前有所不同。其结果表明有关未来发展前景的信息可以改善信息环境，且其发挥作用的信息主要是有关经营方面的信息。

3. 还有学者研究了公司年报中的信息披露语调和年度业绩新闻公告的语调是否能够传递公司的基本面信息以及股票市场反应。Teclock 等（2008）研究发现，公司新闻公告中负面词汇的比例能够预测公司的低盈余，这表明新闻报道的语言描述能够反映一些难以定量化的公司的基本面，且投资者能够将这些信息迅速融入股票价格当中。Feldman 等（2010）探索了 10 - K 和 10 - Q 当中的管理层讨论与分析的语调相比的一些财务指标，比如盈余惊奇和应计是否具有增量信息含量。研究结果表明 SEC 文件的短期窗口市场反应与 MD&A 的语调变化显著相关，即使控制了盈余惊奇和应计结果也如此。Li（2010）采用贝叶斯计算机学习算法检验了 10 - K 和 10 - Q 中管理层讨论与分析中有关未来发展前景（FLS）信息语调的信息含量，研究发现在控制了未来绩效的其他决定因素后，FLS 语调与未来盈余正相关。除此之外，他还发现当管理层对未来绩效有警告迹象时，应计与未来的股票回报没有相关性，这表明 MD&A 能够缓解应计的错误定价。Loughran 等（2011）开发了一个新的更适用于财务语境的负面词库，结果发现以这个词库进行的词频统计与股票回报、交易量、回报的波动性、欺诈、重大缺陷和未预期的盈余具有相关性。此外，还有学者研究了语调的其他经济后果。Kothari 等（2009）认为新闻媒体报道的负面披露会导致资本成本的提高和股票回报的波动，而正面的报道会降低资本成本和股票回报的波动。Rogers 等（2011）检验了信息披露语调与股东诉讼的关系，以此来确定管理层对乐观性语言的使用是否增加了诉讼风险。结果发现当管理层既使用异常乐观的语言又将异常股票卖出时，法律诉讼风险会更高。

此外，还有学者研究了其他的非财务信息披露。例如，Blacconiere 等（2011）研究了经审计的财务报告中对强制披露的公允价值信息的可靠性质疑的自愿性信息披露，他们将之称为可靠性否定（reliability disavowals）。作者通过检验公司特征、预告偏差和预测难度与信息披露观（机会主义观）是否一致，来验证这种可靠性否定是具有信息含量的（机会主义行为）。他们的结果支持了信息披露观，即可靠性否定为信息使用者提供了波动性估计的可靠性，没有得出可靠性否定是一种机会主义行为。Merkley（2014）以内容分析法研究了叙述性的 R&D 信息披露的具体内容、语调和可读性与公司盈利绩效之间的关系。研究发现，R&D 信息能够提供有关盈利的相关信息，而不是来模糊盈利信息的，并且市场参与者认为 R&D 信息是具有信息含量的，能够影响卖方分析师的行为、披露的信息含量和信息不对称。

（二）国内文献述评

我国早期的有关信息披露动机的文献认为公司为了向外部展现自己的形象，倾向于披露较多的信息，符合信息披露的信息观（巫升柱，2007；方红星和金玉娜，2011）。例如，孟晓俊等（2010）从社会责任报告方面研究了非财务信息对资本成本的影响，他们认为公司披露社会责任信息能够缓解信息不对称，从而降低资本成本。方红星和金玉娜（2011）在控制了自选择偏差后，发现披露内部控制鉴证报告的公司发生盈余操纵的可能性比较小。

国内也有学者研究了有关 MD&A 信息披露的信息有用性和信息含量。李峰森和李常青（2008）探讨了 MD&A 信息的有用性，他们认为，我国 MD&A 信息总体上对预测公司未来收入、每股盈余和经营现金流量的变化有显著的辅助作用，而且股票市场也对此做出了及时迅速的反应。薛爽等（2010）以 2004—2005 年的亏损公司为样本，研究了管理层讨论与分析中的信息是否有助于投资者对扭亏进行预测。他们的研究发现，管理层讨论与分析中扭亏措施的效果能够用来预测未来年度的扭亏情况，若扭亏措施是根据具体的亏损原因而提出，那么下一年度扭亏的可能性较大；此外，如果提及的战略性改进措施越多或者下一年度计划增加研发支出，则下一年度扭亏的可能性越大。这表明 MD&A 中披露的信息有助于投资者对扭亏进行预测。贺建刚等（2013）同样研究了 MD&A 中非财务信息的市场决策有用性，他们以中国 2006—2010 年发布补充或更正重述公告的 A 股非金融、保险和证券类上市公司为样本，发现 MD&A 中的非财务信息能够给投资者决策提供增量信息，有助于改善信息环境，且亏损公司披露的 MD&A 中的信息有用性更高。孟庆斌等（2017）研究发现，MD&A 的信息含量越高，未来股价崩盘风险越低；将

MD&A 进一步划分为回顾部分和展望部分后发现，仅有展望部分中的信息含量能够显著降低未来股价崩盘风险。

还有学者从文本语调的角度对信息披露的信息含量进行了研究。谢德仁和林乐（2015）基于我国上市公司年度业绩说明会的文本数据研究了公司管理层语调是否有助于预测公司未来业绩。他们基于 2005—2012 年在全景网召开年度说明会的相关文本数据研究发现，管理层净正面语调与公司 T+1 年的业绩显著正相关。这表明中国上市公司业绩说明会上管理层语调具有信息含量，能够用来预测公司的未来业绩，同时这也证明了管理层语调具有较好的可信度。他们的研究发现意味着，管理层披露的文本信息有信息含量且有一定的可信度，这对在中国高度依赖语境的文化背景下加强研究投资者等是如何挖掘和解读文本信息有重要意义。林乐和谢德仁（2016）基于我国上市公司 2005—2012 年在全景网召开年度业绩说明会的相关文本信息，在中文自动分词的基础上，利用“词袋”方法构建管理层语调，并对其是否具有信息含量进行了实证检验。结果发现，资本市场对管理层净正面语调做出了显著的正向反应，尤其是对负面语调做出了显著的负向反应。

二、机会主义观

信息披露的机会主义观认为可酌量性的非财务信息不一定具有信息含量，可酌量性的非财务信息披露一般都是陈述性（narrative）的信息，公司管理者为了迷惑市场和投资者从而获得控制权私利，可能会策略性地或者虚假地进行非财务信息披露（Merkl - Davies，2007；2011；Stanton et al.，2004；Smith 和 Taffler，2000），有的学者将这种观点称之为印象管理观（Merkl - Davies 和 Brennan，2007）。

印象管理行为是指个体试图控制其他个体对自己的印象的过程（Leary 和 Kowalski，1990）。在公司报告当中，印象管理是指管理层通过策略性地选择信息及其呈现方式而扭曲读者对公司的印象（Neu，1991；Neu et al.，1998）。印象管理能够给上市公司和管理层带来经济利益和政治利益，公司管理层可能会为了上市融资、贷款、提高股价或者提职加薪而进行印象管理。例如管理层可能为了维持和提升在公司和经理人市场中的地位而进行印象管理来获得股东的赞赏，也可能为了获得高额报酬而试图通过印象管理提高信息受众对自己的评价（Osma 和 Guillamón – Saorín，2011；Merkl – Davies，2011；Subramanian et al，1993）。印象管理行为主要发生在受管制较少的陈述性披露当中，可酌量性的陈述性的文字部分为管理层印象管理提供了空间和机会，管理者可以借助上市公司年报中的陈述性语言描述部分来提高自己的形象，进行印象管理（Merkl – Davies，2007；2011；Stanton et al.，2004；Smith 和 Taffler，2000）。Merkl – Davies（2007）指出管理层通过操纵描述性信息进行印象管理的途径主要有操纵可读性、修辞、主题、排版结构、业绩比较、数字选择、业绩归因七种途径。

（一）国外文献述评

1. 有文献认为，MD&A 信息披露不能提供有用信息，甚至存在着管理层的机会主义行为和披露偏差。国外学者 Pava 和 Epstein（1993）发现，虽然大部分公司准确地描述了过去的经营状况，但是很少有公司能够提供有用的和准确的前瞻性信息。他们还发现信息披露存在偏差，公司倾向于披露乐观的前瞻性信息，而悲观的前瞻性信息往往被忽略或者没有被完全报告。Li（2010）研究发现为了掩盖或者模糊化较差的公司业绩，管理层可能会披露较多的管理层讨论与分析中的叙述性的信息，以此来达到掩盖或模糊目的。Brown 和 Tucker（2011）认为，虽然 MD&A 披露长度变长了，但是市场对其的反应却变弱了，这表明 MD&A 的有用性在降低。

Lang 和 Lundholm（2000）研究了股权再融资期间公司的信息操纵行为。他们选择 41 家进行股权再融资的公司并进行了配对后发现，在总共 6210 份公告中，乐观消息的数量是 2829 个，所占比例高达 45.56%，而悲观消息的数量仅为 1066 个，所占比例仅为 17.17%，并且在与新产品及合同等相关的非财务信息（乐观消息 382 个，悲观消息 144 个）、与未来短期盈余预测相关的非财务信息（乐观消息 99 个，悲观消息 14 个）、管理层对盈余信息的重点强调（乐观消息 527 个，悲观消息 30 个）等方面，乐观消息的数量同样远远高于悲观消息。他们进一步发现在股权再融资之前的六个月内，样本公司特别是对信息披露活动有自由酌量权的公司显著增加了信息披露。乐观消息显著增长，而悲观消息则显著降低，当股权再融资之后，正好相反，悲观消息显著增长，乐观消息则持续下降。最后他们还发现那些在股权再融资六个月之前增加自愿披露的公司在发行股票之后，股价大幅度下跌，并且与那些一直保持稳定自愿披露频率的公司相比，这类公司也可以同样降低融资成本，并且降低程度并不存在显著差别，说明投资者对于质量不同的自愿披露信息给予了相同的信任程度。因此他们的实证结果表明，管理层的确会故意增加自愿披露频率来误导投资者从而达到提高股票价格、降低股权融资成本的目的。然而 Lang 和 Lundholm（2000）的研究有一些缺点：首先，他们提供的经验证据并不是很直接，他们将自愿披露频率作为披露质量的替代变量并不完全合适，可能会降低实证检验的效度。更适合的办法应该从事后的经济后果来判断披露质量，比如对于盈余公告可以选择随后的盈余管理，盈余预测可以选择随后的预测误差；其次，作者主要分析的是乐观消息的变动频率，而对股权再融资之后股价下跌时公司悲观消息的变动频率却没有进行详细的分析；最后，假设推导与实证检验之间的符合性、内生性、资本市场有效性等方面仍然有需要进一步改进的地方。

Lang 和 Lundholm（2000）的研究无疑为我们更加深刻理解自愿披露非财务信息的负向经济后果提供了重要借鉴意义，然而 Lang 和 Lundholm（2000）的研究样本量较小，可能会影响估计结果的效度。Jo 和 Kim（2007）克服了样本量较小的缺陷，选择了较大的样本，同样检验了股权再融资公司的信息披露行为，他们选取了 1990—1997 年共计 1413 家发生股权再融资行为的公司为样本，研究发现自愿披露频率越高的公司，信息不对称越低，盈余管理程度也越低，但是那些在股权再融资之前突然提高信息披露频率的公司且股权再融资之后降低信息披露频率的公司盈余操纵行为比较严重。Hanley 和 Hoberg（2012）使用内容分析法分析了 IPO 时的招股说明书，认为较强的信息披露确实是对冲诉讼风险的有效方法。

Merkl - Davies 和 Brennan（2011）研究发现公司董事会报告的文件可能存在报告偏差，并且投资者在短期内并不能识别这些偏差。Bekey（1990）认为年报是主观的、偏颇的和经过筛选了的，是“管理层自己写的报告”。Merkl - Davies 等（2011）以英国 93 家上市公司为样本，研究发现规模比较大的公司使用董事会声明来展现公司有利的形象和表现公司较好的绩效成果，即会进行印象管理。Westphal 和 Graebner（2010）从董事会行为的角度研究了公司领导者怎么管理财务分析师对公司的印象，研究发现股票分析师的负面评价可以促使公司领导者增加外部对董事会独立性的可见性，而实际上公司董事会并没有增加对管理层的监督与控制。同时发现分析师的负面评价能够增加 CEO 与分析师交流过程中的印象管理，CEO 以此来证明公司董事会对管理层进行了监督和控制，能够保护股东权益。他们发现形式上的董事会独立和印象管理可以使得随后分析师对公司的评价更加有利。

2. 还有学者从年度业绩新闻发布的角度研究了印象管理行为，认为公司可以利用新闻发布稿的标题和描述性的语言来影响第三方对公司业绩的感知（Osma 和 Guillamón-Saorín，2011；Guillamon-Saorin，2010a；2010b）。Osma 和 Guillamón-Saorín（2011）以 2005—2006 年西班牙上市公司为样本，检验了上市公司通过操纵盈余新闻公告的题目来误导投资者的行为。公告的题目能够吸引读者的注意力，因此在公司信息传播中起到了重要的作用。他们的研究结果表明业绩较好的公司往往会使用公告题目来进行印象管理，且进一步的分析表明这可能是由那些业绩较好但是可能是虚构的公司导致的。

3. 与其他学者不同的是，有的学者从择机选择信息披露来达到自利的角度研究了信息披露的机会主义观。例如公司管理层出于职业生涯的考虑或者为了避免法律诉讼，有动机提前披露坏消息（Skinner，1994；1997）。Kothari 等（2009）研究认为坏消息会导致股价下跌，因此管理者可能会为了稳定自己的职位，基于职业生涯的考虑，来故意推迟或隐瞒坏消息，提前披露好消息。高管如果预期有好消息出现的话，则会推迟坏消息的披露，希望即将出现的好消息可以掩盖坏消息，Graham 等（2005）得到了与此相一致的结论。Ertimur 等（2014）检验了在 IPO 禁售期到期的情境下大股东事前的卖出动机对自愿性信息披露的影响。他们发现管理层延后坏消息的披露并不是为了他们自己的利益，而是为了让在 IPO 之前的老股东能够以更有利的价格卖出。在卖出动机更强的时候、不确定性程度更高的时候或者拥有较强卖出动机的风险投资者持股较多时，管理层对坏消息的延迟会更明显。而这种对坏消息的延迟披露在诉讼风险较高时或者管理层自己交易的时候并不显著，这表明管理层在信息披露的时候还是考虑了诉讼风险的。公司需要提前告知盈余公告的日期和时间，Boulland 和 Dessaint（2014）研究了预告提前告知的时间长度（advance notice period）对投资者盈余信息的关注程度的影响。他们发现当提前的时间很长时，投资者关注的程度更高，而投资者关注的变化也会影响短期和长期的股票价格。这就激励着公司在有坏消息时会缩短提前的时间。

4. 自利性归因是指管理层在公司业绩较好时将原因归为内部因素，而当公司业绩不好时将原因归咎于外部因素。管理层可以通过这样的自利性归因来增强（抑制）投资者对好（坏）消息感知的持续性，从而增加（降低）市场回报（惩罚）。CEO 会策略性地运用给投资者的一封信来进行印象管理，Hooghiemstra（2010）对比了日本公司和美国公司给投资者的一封信的不同之处，发现：（1）美国 CEO 会特别强调好消息；（2）美国公司和日本公司的 CEO 对于将好消息归为自己原因的程度没有差异；（3）虽然两个国家的 CEO 通常都会将坏消息归因于超出了他们的控制，但是在日本这种现象更加严重。管理层往往在公司业绩不好的时候将原因归咎于外部因素，比如行业因素或者市场因素，Zhou（2014）使用内容分析法分析了电话会议记录报告，研究了在什么时候管理层会这么做。他发现归因行为与公司的业绩负相关，且在控制了语调和其他相关变量后归因行为能够预测未来股票回报；归因行为与分析师推荐修改负相关，这表明对公司特定负面信息的低估；较高的归因行为可以降低高管的离职业绩敏感性。总之，当管理层将不好的业绩归咎于外部因素时，投资者低估了公司的负面信息。在归因理论和现有文献基础之上，

Kimbrough 和 Wang（2014）以 1999—2005 年的美国公司为样本，研究了投资者对季度盈余新闻发布的市场反应。他们发现对令人失望的收益进行防御性的归因在以下情况下可以避免严重的市场惩罚：（1）公司的同行业公司同样披露了坏消息；（2）盈余与市场或者行业水平有很大的共性。在以下情况下公司对好消息进行自利性归因的时候会获得更多的市场回报：（1）行业同行发布了坏的盈余信息；（2）公司的盈余与市场或者行业盈余水平共性较低。这表明投资者并没有忽视公司的自利性归因，也没有像表面看起来的那样来接受，而是依赖行业和公司的特定信息来评估信息的可信性。

5. 操纵公告的可读性是印象管理的另外一个重要途径。阎达五和孙蔓莉（2002）认为，简单来讲，可读性就是阅读的难易程度，就是对于一篇文章，读者是否能够较快地进行阅读和理解。公司可能会通过操纵可读性来达到自己的目的，例如如果公司业绩较好，管理层可能会提高报告的可读性，使用一些通俗易懂的文字来撰写报告，读者能够较快地阅读和理解；如果公司业绩较差，管理层就会想方设法降低报告的可读性，使用一些专业术语或者比较长和比较复杂的语句，读者阅读和理解的难度比较大，使得较差的业绩识别难度较大，以此来达到掩盖公司较差的业绩的目的。目前有很多研究表明，财务上成功与否（主要是按盈利能力来计量）和可读性指标之间存在相关关系：将好的业绩与差的业绩相比较，绩优公司的报告比绩差公司的报告明显比较易读。几乎所有做过这方面研究的学者都认为阅读难易程度被公司精心地操纵了，业绩差的公司可能加大了报告可读性，这样业绩就变得不易识别。

Subramanian 等（1993）对比了有盈利的公司的年报的可读性与没有盈利的公司的年报的可读性，得出有盈利的公司的年报的可读性与没有盈利的公司的年报的可读性有显著性差异，有盈利的公司的年报的可读性平均值为10.1，可读性较高；而没有盈利的公司的年报的可读性的平均值为14.1，可读性较低。Li（2008）从可读性视角研究了信息披露的动机以及经济后果。他以1993—2003年共55719个样本为基础，采用了迷雾指数（fog index）（用句子中的单词数和单词的音节数来度量）和年报的长度两种方法来衡量披露信息的可读性，研究了公司业绩与公司年报可读性的关系。研究发现业绩与年报的可读性正相关，业绩越差，可读性越低，这表明公司利用可读性来模糊化公司的差业绩。

6. 有学者从信息披露的语调角度研究了信息披露的机会主义行为，认为存在着语调管理行为，语调管理是管理层的一种策略性信息披露行为。Lang和Lundholm（2000）检验得出管理层在股票增发之前，会通过信息披露尤其是乐观性的信息披露来抬高股票价格。Brennan等（2009）以英国公司为样本研究发现，在年报中普遍使用各种印象管理的方法来进行印象管理，例如夸大正面信息，忽视或者轻描淡写一些负面信息。Li（2010）发现管理层会策略性地操纵语调来模糊化公司的低业绩或者业绩的低持续性。Tama－Sweet（2010）发现当诉讼风险较低时，管理层在股票期权行权之前增加了盈余新闻公布的乐观性。Davis和Tama－Sweet（2012）将盈余新闻发布与MD&A披露进行了对比，发现相对于MD&A，公司在盈余新闻发布中会使用较高水平的乐观语言和较低水平的悲观语言。此外，作者研究了在盈余新闻发布公告中较低水平的悲观语言是否与管理层策略性的报告动机有关，发现在成长性较高的公司以及恰好满足或超过盈余基准（earnings benchmark）的公司，在当个季度会在盈余新闻发布中报告较少的悲观语言；达到或超过分析师盈余预测的公司也会在盈余新闻公告中报告较少的悲观语言。这说明当管理层有较强的策略性报告动机时会故意遗漏或转移一些盈余新闻发布中的悲观语言。Huang 等（2014）以盈余新闻公告的文本为样本，估计了异常正面语调的度量，研究了公司是否以及在什么时候管理盈余新闻发布报告用词的语调，并且研究了投资者对语调管理（tone management）的反应。他们发现在需要满足或者达到分析师预测标准，未来有盈余重述，有再融资、并购的时候异常语调较高；而在股票期权授予的时候异常语调较低。异常语调在盈余公告的时候能够带来正的股票回报，然而在一到两个季度之后带来了延迟的负市场回报。资产负债表受限的公司以及比较老的公司更可能使用语调管理而非可操控应计盈余管理。总之，作者认为管理层确实在策略性地利用语调管理来误导投资者对公司基本面的评估。

此外，还有学者从标杆公司选择的角度研究了信息披露的机会主义行为。Lewellen 等（1996）检验了公司委托书（proxy statement）要求披露的股票回报对比信息的策略性披露行为。他们发现公司同行业股票回报标杆的选择是策略性的，公司往往选择那些有向下偏差的公司，以此来提高公司的相对业绩。Schrand 和 Walther（2000）研究了盈余标杆选择的策略性行为，发现管理层会策略性地选择上期盈余数字作为标杆来评估当期的盈余，选择的绩效标杆是能够超越的。在固定资产的销售获益时比损失时会更加倾向于单独披露，这种策略性披露行为使得管理层能够突出盈余中最有利的变化，且这种策略性披露行为在有负的盈余惊奇的时候会更加明显。

Church 等（2014）研究了管理层信息获得的可酌量性是否会影响到管理层机会主义行为进而影响到公司的价值。他们认为信息的获得过程是会计信息系统过程中的一个重要过程，而信息获得的可酌量性可能会提高管理层信息披露的机会主义行为，特别是为管理者提供了忽视相关信息的机会，从而使得他们在信息披露时可以行使机会主义行为，并且还可以降低他们错报时的心理压力。

（二）国内文献述评

我国的资本市场不成熟，还处于新兴市场阶段，法律制度和监管体制不完善，公司是否披露具有信息含量的非财务信息受到学者们的质疑。例如，公司的控股股东和管理者可能会出于各种目的，策略性甚至是虚假地披露信息（孙蔓莉，2004，2013；程新生等，2011，2015a，2015b；何卫东，2003）。Allen 等（2005）将中国的法律体系与 La Porta 等（1998）文章中 49 个国家的法律体系进行了对比，发现中国有关投资者保护的法律条文和法律执行都落后于其他国家。张育军（2003）的研究报告指出，中国证券市场的监管能力和执法水平还存在明显的甚至是严重的不足。且中国的产权制度安排和客观环境使得监管存在软约束，监管者容易被“俘获”（Shleifer，2005）。中国大部分上市公司属于国有企业，且拥有“一股独大”的独特的股权特征，政府同时是控股股东和监管者，监管机构在一定程度上自觉或不自觉地担当了国有产权主体或代理人的角色，导致监管体系不能有效发挥作用。

唐跃军等（2008）从可靠性和及时性角度研究了管理层信息披露的机会主义行为，他们认为管理层为了获得控制权私有收益，为了迷惑投资者，会操纵信息披露的可靠性和及时性，尽量让信息披露看起来更加可靠和及时。国内学者还从其他角度对 MD&A 中的信息披露的动机和经济后果进行了研究。例如程新生等（2011）认为资本市场交易动机并不能完全适用于中国的资本市场，中国只有在市场化进程较高的地区才存在资本市场交易动机。程新生等（2012）研究认为在中国市场化程度较低的地区，管理者存在着信息披露的机会主义行为，管理层通过披露大量乐观的未来发展前景的非财务信息来吸引投资者，抬高股价，这种行为非常容易导致过度投资。程新生等（2015a）研究认为管理层可能会利用 MD&A 中的非财务信息来隐藏自己的盈余操纵行为，MD&A 信息披露的质量值得担忧。此外程新生等（2015b）研究发现管理层在获得超额薪酬时，会通过操纵 MD&A 中有关战略的信息来提高薪酬的正当性和合理性。

有学者从代理成本的角度研究了管理层信息披露的机会主义行为。罗炜和朱春艳（2010）认为管理层能够决定信息披露的时间和方式，由于在中国诉讼风险较小，管理层可能会为了私利而隐瞒信息或者减少信息披露。他们以 2001—2007 年的中国上市公司为样本检验了附注中“支付的其他与经营活动有关的现金”的自愿披露与代理成本的关系，得出第一类代理问题越大，管理者自愿披露“支付的其他与经营活动有关的现金”信息的可能性越小，项目也越少，且披露的金额占总支出的比例也越小。万鹏和曲晓辉（2012）以 2008—2010 年中国 A 股上市公司为样本，从营收计划信息披露的角度研究了董事长个人特征、代理成本和信息披露的关系。研究发现第一类代理成本越大的公司，营收计划信息披露的可能性越小，这表明管理层在信息披露时可能并不是以股东利益最大化为目标，而是存在信息披露的机会主义行为。

国内有学者从自利归因的角度研究了信息披露的印象管理行为。孙蔓莉（2004）认为上市公司会通过印象管理行为来构建公司的良好形象，印象管理方式主要有自利性归因、操纵可读性和财务报告的内容与格式，比如语言形式、封面、图片、图表、颜色等。孙蔓莉等（2005）是首篇验证中国自利性归因理论的经验证据。他们以中国数据为基础，检验了自利性归因在中国的适用性，结果发现在中国确实存在着业绩归因现象，绩效较好的公司与绩效较差的公司归因方向存在着显著的不同，绩效较好的公司更多地将原因归为管理方面的成效，而绩效较差的公司更多地将原因归为外部环境等因素。这篇文章是对一般情况的归因研究。孙蔓莉等（2007）以一个特定情境进一步检验了中国上市公司的自利性归因行为。他们发现非典型情况下公司的业绩归因存在显著的自利性归因行为，且比一般情况下的归因更加明显。蒋亚朋（2008）从盈余变动视角采用内容分析法对盈余变动归因信息披露中是否存在自利性归因进行了研究。作者以 543 份 2006 年度业绩预告为样本，研究发现中国上市公司存在着对业绩归因的自利性归因行为。在盈余增长时，管理层更多的将原因归为管理层的行动等内部原因，而在盈余下降时，管理层更多地将原因归为经济波动和政策变化等外部原因。孙蔓莉等（2013）以 2005—2010 年人民币持续单边升值为研究背景，考察不利环境中纺织企业的业绩归因行为。研究发现上市公司存在对业绩归因的自利性操纵行为。公司业绩越差，公司管理层越将原因归为外部因素，强调人民币升值带来的不利影响。

国内对语调分析的文献较少，有学者研究了公司年度业绩说明会语调的信息含量和市场反应。谢德仁和林乐（2015）基于我国上市公司年度业绩说明会的文本数据研究了公司管理层语调是否有助于预测公司未来业绩，研究发现业绩说明会上的管理层语调能够提供关于公司未来业绩的增量信息。林乐和谢德仁（2016）以同样的文本数据研究发现，投资者对管理层的净正面语调做出了显著的正向反应，对负面语调做出了显著的负向反应。这表明投资者会“听话听音”，管理层语调具有信息含量。

现有的研究对于我们了解中国制度环境下的信息披露动机有

重要的作用，然而我们发现现有研究缺乏对战略信息披露的理论分析与实证检验。如方红星和金玉娜（2011）的研究对象是内部控制鉴证报告，唐跃军等（2008）的研究对象则包括所有的信息披露而不仅仅限于有关战略的非财务信息，程新生等（2012）研究了有关未来发展前景的信息。有关战略等的非财务信息近年来越来越受到证监会以及其他相关机构的重视，因此研究这方面信息的披露动机以及相应的经济后果具有重要的现实意义。

第三节　公司治理文献综述

一、机构投资者的治理作用

近30年来，国内外的学者将机构投资者是否有利于完善公司治理作为研究的热点之一。机构投资者对公司治理的影响有两种对立的观点，一是积极监督假说，二是被动投票假说，两者争论的焦点在于机构投资者是否愿意主动参与公司的监督和管理，这与投资者的种类及投资策略密切相关。

国外有文献认为机构投资者在提高公司治理水平方面起到了积极的作用。他们认为机构投资者是流通股中的大股东，持有相对多的股份，存在较强的经济动机和能力来监督管理层和董事会的行为，能够通过监督活动（Almazan et al.，2005；Gillan 和 Starks，2000）、提案和投票（Brickley et al.，1988）以及股票交易（Parrino et al.，2003）来控制管理层。机构投资者参与公司治理，可以利用其专业优势监督公司的经营活动和经理层行为，能有效抑制操纵应计利润的盈余管理行为，使上市公司的经营更加规范化、有效化，可有效缓解中小股东“搭便车”行为。机构投资者可以使管理层更加专注于公司业绩，从客观上能起到提升公司业绩和保护中小股东利益的作用。Jensen（1986）从理论上研究了机构投资者的监督作用，认为机构投资者能够约束管理层的机会主义行为。Holderness（1988）认为由于受到控制权的股份收益和额外收益的驱动，机构投资者愿意持有较多的股份，此时机构投资者有动机改善公司治理。Boyd 和 Smith（1996）得出了类似的结论，认为机构投资者大多持股较多，且持股时间较长，因此机构投资者有动机参与公司治理。机构投资者一般具有较强的外部独立性，是公司内部治理的一种有效替代。Shleifer 和 Vishny（1997）提出了有效监督假说，认为机构投资者与个人投资者相比，拥有的股票较多，从监督中获得的回报更多，因此有足够的利益动机对公司的日常经营活动进行监督。他们的实证检验结果表明，机构投资者的持股比例与公司业绩正相关，机构投资者能够发挥公司治理作用，从而提高公司业绩。机构投资者可通过以下方式有效监督管理层：（1）对公司管理活动的直接监督。机构投资者可以通过任免执行董事，以及促使公司建立并完善薪酬委员会、内部审计和管理者薪酬激励制度等积极方式对公司进行监控。（2）对公司管理活动的间接监督。通常机构投资者为成熟的投资者，在专业知识、信息收集渠道、信息处理能力、信息成本和投资情绪等方面相对于个人投资者具有优势，对财务报告的解读能力也强于个人投资者。这一假说得到许多经验证据的支持。Karpoff 等（2001）对 1986—1990 年股东提议的实证研究发现，机构投资者持股比例与公司收到股东提议的可能性正相关，而企业此前的业绩则与其负相关。著名咨询公司麦肯锡 1999—2000 年的调查报告表明，机构投资者参与公司治理的积极性与其所投资公司的治理结构完善程度以及公司治理总体状况极度相关。这些都表明，机构投资者既有激励动力又有能力来监督和控制公司高层经理人员的行为。Aggarwal 等（2011）以 2003—2008 年 23 个国家的公司为样本，检验了机构投资者对公司治理的影响。结果发现，公司治理与公司的国际机构投资者持股比例正相关，来自投资者保护意识比较强的国家的机构投资者在提高公司的治理水平方面起到了积极的作用。此外，他们还发现机构投资者持股较多的公司，CEO 因为绩效差被解雇的可能性更大。国际机构投资者持股能够增强公司的治理水平。

中国也有文献研究发现，机构投资者能够有效地监管上市公司，发挥良好的公司治理作用。在中国资本市场上，由于国有股一股独大，中小股东获得的信息很不充分，参加公司的决策成本高昂，因此，分散的中小股东没有能力去实施对公司的监督。相对于个人投资者，机构投资者所持有的大量股份不可能在引起股价大跌的情况下抛出，因此，机构投资者有动力去发挥积极的监督作用，从而获得更多的监督收益。李维安和李滨（2008）的研究指出，机构投资者由于投资规模较大、抛售自由度受到限制，因此采用“用脚投票”的交易成本较大、效率较低；机构投资者有助于提升上市公司综合治理水平。另外，机构投资者往往拥有专业人员对上市公司进行分析，因此机构投资者也有能力去发挥积极的监督作用。2006 年证监会公布的《中国上市公司治理准则》第 11 条规定：“机构投资者应在公司董事选任、经营者激励与监督、重大事项决策等方面发挥作用。”从招商银行的“可转债风波”到万科股东大会上多家基金联手提出修改议案，我国的机构投资者越来越倾向于高调扮演“积极投资者”角色，干预公司治理的态度更明确、程度更深入。王永海等（2007）用理论模型阐释了影响机构投资者参与公司治理积极性的四个因素：持有单个公司的股权比率、资本市场中公司治理结构不完善的概率、所投资公司治理结构的完善程度以及监督成本。

现有国内外文献研究了机构投资者对公司治理水平、薪酬契约、资金占用、信息披露质量、公司业绩和价值、股利分配、研发支出、抑制避税活动、缓解融资约束等方面的积极作用。

（一）提高公司治理水平

推行积极主义的机构投资者会提出一系列措施提高董事会治理效率，通过投票权对公司的决策管理进行有效干预，如对有损股东利益的议案提出强烈反对意见（Brickley et al.，1998；Thomas，2008），而这些不满也得到了董事会的重视和及时止损的反馈（Guercio et al.，2008）。吴晓晖和姜彦福（2006）发现引入机构投资者后，独立董事治理效率也显著提升，而且在机构投资者长期持股的样本中，机构投资者持股比例与后一期独立董事比例显著正相关，从而证实了机构投资者在促进独立董事制度建设上的积极作用。韩晴和王华（2014）实证分析认为，独董险和机构投资者形成显著的共同治理效果。一方面，对于管理层代理问题，独董险与机构投资者的共同机制对管理费用率有显著的控制作用，形成对显性代理行为的有效监督；机构投资者对ROA有显著的提升能力，一定程度弥补了独立董事对隐性代理行为监督上的不足。另一方面，独董险和机构投资者对国有公司信息披露质量有提高作用。独董险可以强化对披露信息的监督动机，机构投资者有助导入国有公司缺失的独立董事外部声誉约束。在信息监督过程需要较多时间和专业知识投入的情况下，两者对独立董事的激励作用形成互补。

此外，机构投资者还可以有效制衡大股东，改善公司治理结构。例如江向才（2004）发现机构投资者具有规模优势，能有效抗衡大股东的控制，具有较强的能力和动机参与公司内部治理。王奇波（2005）认为机构投资者参与上市公司的控制权争夺与公司治理，通过形成制衡的股权结构，有助于减少大股东控制权私人收益，减少大股东对中小股东的侵吞与掠夺，提高企业的业绩。王奇波（2006）通过构造理论模型，提出将机构投资者引入上市公司控制权竞争之中，最终形成制衡的股权结构，从而降低大股东控制权私人收益，改善上市公司治理结构。

（二）提高薪酬契约的有效性

机构投资者可以对高管的薪酬进行监督，提高高管薪酬业绩敏感性（Almazan et al.，2005；Hartzell 和 Starks，2003）。David 等（1998）将机构投资者分为压力抵制型、压力敏感型以及压力中性型，研究发现压力抵制型机构投资者的存在有效地限制了公司向管理层发放过高的报酬，并提高了薪酬激励中中长期激励部分的比重。Hartzell 和 Starks（2003）在控制了公司规模、行业、投资机会和绩效后研究发现，机构投资者持股比例与薪酬业绩敏感性正相关，而与薪酬水平负相关，这表明机构投资者监督了管理者薪酬契约的签订，能够缓解股东和管理层之间的代理问题。Almazan 等（2005）通过建立模型检验了机构投资者对高管薪酬的监督作用，他们预期当机构投资者的监督成本较低时，机构投资者对管理层薪酬业绩敏感性和薪酬水平的影响更强，监督成本减弱了机构投资者的监督作用。实证结果证明了他们的预期，这表明独立的投资顾问公司和投资公司对公司的管理层具有监督作用。

国内卢锐和邢怡媛（2011）研究了机构投资者对管理层薪酬业绩敏感性的影响。他们基于 2002—2008 年我国 A 股面板数据的经验证据发现，机构投资者有助于提高管理层薪酬业绩敏感性，但在股权分置改革前后的变化不显著；相对于境内机构投资者，合格的境外机构投资者在股改后显著提高了管理层薪酬业绩敏感性。

（三）关联方资金占用

王琨与肖星（2005）从关联方占用的角度研究了机构投资者的监督作用和公司治理作用。他们的研究发现，机构投资者能够有效降低我国上市公司资金占用的程度。前十大股东中存在机构投资者的上市公司被关联方占用的资金显著少于其他公司，同时机构投资者持股比例的增加与上市公司被关联方占用资金的程度呈显著负相关关系。

吴先聪等（2016）从关联交易的视角研究了机构投资者特征、终极控制人性质与大股东掏空之间的关系，实证结果表明，只有与公司没有业务联系、受政府干预少的独立机构投资者和持股时间较长的机构投资者才能有效限制关联交易中大股东的掏空行为。而且，在体制内的国有企业中，机构投资者能有效减少大股东关联交易中的利益侵占，但是，在以血缘和亲缘等纽带关系维系的家族企业中，机构投资者却不能减少关联股东的掏空行为。以上发现意味着目前我国机构投资者已经参与到公司治理中，对公司的经营运作起到一定的监督作用。

（四）监督信息披露

机构投资者能够发挥有效的监督作用，降低管理层信息披露的机会主义行为，提高信息披露质量（Bushee，1998；Chung et al.，2002；Koh，2003；Mitra 和 Cready，2005；Rajgopal et al.，2002；Wahal 和 Mcconnell，2000；Bushee 和 Noe，2000；Healy 和 Palepu，2001）。杨海燕等（2012）以 2006—2009 年深圳 A 股上市公司为研究样本，实证检验了机构投资者总体以及各类型机构投资者持股对会计信息质量的影响。结果发现，机构投资者总体持股降低了财务报告可靠性，但能提高信息披露透明度。分类来看，证券投资基金、保险公司、社保基金和 QFII 等持股不影响财务报告可靠性，但能提高信息披露透明度；一般法人持股降低了财务报告可靠性，特别是加大了公司向下盈余管理程度，但不影响信息披露透明度；信托公司持股既不会影响财务报告可靠性，也不会影响信息披露透明度。以上结果表明，不仅机构投资者总体对上市公司会计信息质量影响的渠道不同，而且不同类型机构投资者对上市公司会计信息质量影响的渠道也存在差异。谭劲松和林雨晨（2016）从理论上对机构投资者的积极行为进行了分析，认为机构投资者有助于通过改善公司治理水平从而提升公司的信息披露质量，并构建了机构治理影响信息披露质量的理论模型，通过理论模型的推导和实证数据的检验，证明了机构投资者的积极治理效应。他们发现，机构投资者的积极行为有助于改善公司治理水平，进而影响公司信息披露质量，机构投资者调研行为是其参与治理的方式之一；相比其他调研形式，机构投资者的实地调研更能够显著促进公司的信息披露，提升效果与机构调研次数和参与调研的机构数量正相关；进一步地，券商和基金的调研行为对信息披露的治理效应最为显著。李春涛和刘贝贝等（2018）的研究证实了合格的境外投资者 QFII 已作为一种重要的外部治理力量改善了公司的信息披露，这一作用在内部治理较好的公司和由四大审计的公司所审计公司中更加显著，主要是通过增加持股公司的分析师跟踪人数和高管薪酬业绩敏感性来实现。

已有大量研究表明，机构投资者可以约束管理层的盈余管理行为（Klein，2002；Xie et al.，2003；Prowse，1990）。Bushee 等（1998）研究发现，持股比例高和复杂的机构投资者对管理层通过调整研发支出进行盈余管理的短视行为起到了一定监督作用，但短期型机构投资者持股比例高时，会增加管理层通过调整研发支出进行盈余管理的概率。Chuang 等（2002）研究了机构投资者对信息披露的机会主义行为的影响，他们认为机构投资者拥有资源也有动机来监督和影响管理层的决策，较大的机构投资者能够抑制管理层的盈余管理行为，机构投资者能够监督和约束公司管理层的自利行为。Rajgopal 等（2002）发现机构持股水平较高的公司的股票价格往往包含更多的信息，他们指出机构持股并不会促使管理层专注于短期的业绩表现，经理层认为机构持股要比单个投资主体具有更多的信息优势，也就降低了操纵盈余的可能。Balsam 等（2002）研究表明，相对于个人投资者，机构投资者能更快地解读报告盈余中的可操纵部分和不可操纵部分，从而能及时确认公司的盈余管理行为。Koh（2003）发现，长期机构投资者可以抑制公司利用应计利润达到利润目标的盈余管理行为。国内学者也发现机构投资者对抑制管理层盈余管理的有效作用。程书强（2006）以 2000—2003 年 426 家 A 股上市公司为样本，从盈余的及时性和盈余管理的角度研究了机构投资者对信息披露的治理作用。研究发现，机构投资者持股较高的公司，盈余信息的及时性较强，盈余管理程度较小，公司会在盈余信息披露之前披露更多的信息。这表明机构投资者能够发挥一定的监督和治理作用。高雷与张杰（2008）以中国 2003—2005 年非金融类上市公司为研究样本，从盈余管理的角度研究了机构投资者的治理作用。他们研究发现，机构投资者一定程度上发挥了公司治理作用，机构投资者的持股比例与盈余管理呈显著的负向关系，机构投资者能够一定程度上抑制管理层的盈余管理活动。蒲仙慧和吴联生（2009）从盈余管理的角度研究了国有控股和机构投资者的治理效应，以及国有控股与机构投资者在公司治理方面的交互作用。研究结果发现，国有控股公司正向盈余管理水平显著低于非国有公司；随着机构投资者持股比例的增加，非国有公司的正向盈余管理水平显著降低。研究结果表明，从盈余管理角度来看，国有控股和机构投资者有利于公司治理的改善，但机构投资者的积极治理作用在国有控股公司中受到限制。孙光国等（2015）研究发现，上市公司机构投资者持股比例同盈余管理程度呈显著的负相关性。李祎等（2016）认为在采用新会计准则后，机构投资者能够减少应计盈余管理行为，这支持了会计信息治理观，表明机构投资者具有降低公司信息风险的作用。之前的文献主要关注机构投资者持股比例，忽视了投资组合的权重，得出的结论可能存在一定的偏差。因此，汪玉兰和易朝辉（2017）从投资组合视角出发，在考虑投资组合权重的前提下，研究机构投资者持股对投资组合中不同企业盈余管理行为的影响。研究发现，机构投资者对投资组合中权重较高的企业发挥了积极监督效应，抑制了该类企业的盈余管理行为。对盈余管理类型细分后发现，机构投资者同时抑制了该类企业正向与负向盈余管理。

此外，还有学者从管理层预测、信息披露违规和会计稳健性等方面研究了机构投资者在信息披露方面的积极作用。Ajinkya等（2005）研究了机构投资者与管理层盈余预测之间的关系。研究发现，机构投资者持股比例越高的公司进行管理层盈余预测的可能性越大，且盈余预测的频率越高，盈余预测也往往更加具体、准确，乐观偏差也较小。Cheng 等（2013）检验得出机构投资者对策略性的信息披露具有显著的治理作用。当机构投资者持股比例比较高时，管理层有关盈余预测的策略性信息披露行为会有所减弱。Ramalingegowda 和 Yu（2012）从稳健性角度研究了机构投资者的作用，研究发现机构投资者持股比例较高时，财务报告的稳健性更强，且这种关系在成长性较高和信息不对称程度较高的公司中更强。而有关国内学者的研究，高敬忠等（2011）以中国 2004—2007 年的 A 股上市公司为样本，从盈余预告披露的角度研究了机构投资者对信息披露行为的监督和治理作用。研究发现，机构投资者持股比例越高，管理层盈余预测的精确度也越高，形式更加具体，误差也较小，及时性也更强。且进一步发现相对于股权分置改革之前，股权分置改革之后机构投资者的这种监督和治理作用更强。陆瑶等（2012）从违规行为的角度研究了机构投资者的公司治理作用，发现机构投资者能够降低公司的违规行为，尤其是信息披露的违规行为，且能够增加公司违规行为被稽查的可能性。

机构投资者对自愿性披露作用的研究，较有代表性的是 El－gazzar（1998），他认为机构投资者握有一定的股份和投票权，出于信托责任和自身盈利的目的，有充足动机搜寻公司内部信息以掌握其经营情况，推动公司价值提升，因此会带来较高的自愿性信息披露质量，并减弱盈利消息的市场反应。国内学者牛建波等（2013）研究了机构投资者特征、股权结构和自愿性披露的影响，结果发现，机构投资者为稳定型并且股权结构集中时，机构投资者持股比例对自愿性信息披露程度产生正向影响，而机构投资者为交易型同时股权结构分散时，机构投资者持股比例对自愿性信息披露程度有负面影响。

（五）提高公司业绩和公司价值

机构投资者持股比例与公司绩效和市场价值之间存在显著的正相关关系（Chaganti 和 Damapour，1991；Brav et al.，2008；李维安和李滨，2008；石美娟和童卫华，2009）。Grossman 和 Hart（1980）等证明了机构投资者的积极作用，他们发现机构投资者所持股份与公司业绩正相关，且与个人投资者相比，机构投资者更有实力获取监控收益，从而更愿意监控公司日常经营活动。Smith（1996）以 1987—1993 年 51 家公司为样本研究了积极的机构投资者对公司治理结构、股东财富和经营绩效的影响。研究发现公司规模和机构投资者持股水平与目标公司的营利能力正相关，并且有 72% 的目标公司采取了机构投资者的提议，对公司治理结构做出了改进。采取提议的这些公司随后的股东价值增长了，而坚持已见的公司股东财富下降了。

国内李维安和李滨（2008）研究发现机构投资者投资某一上市公司后，确实使得上市公司的盈利水平和市场价值得到了提高。为了进一步区分机构投资者到底是价值选择还是价值创造，宋渊洋和唐跃军（2009）以中国2003—2007年的上市公司为样本，研究了机构投资者持股对公司业绩和公司业绩改善的影响。实证结果显示，机构投资者持股变动对公司业绩具有显著的正面影响，但是，有别于先前的研究，他们发现这个影响在中长期迅速减弱。而且，中国市场不同类型机构投资者的价值选择和价值创造能力存在显著差异：（1）投资实力强、倾向于采用集中投资策略的基金、QFII具有较强的价值选择能力，券商、社保基金、信托公司的价值选择能力较弱；（2）基金表现出一定程度的价值创造能力，而其他机构投资者目前尚不具备价值创造能力。姚颐和刘志远（2009）以2002—2005年中国上市公司再融资中流通股东的分类表决制为研究背景，研究了机构投资者的监督能力。结果发现在市场对再融资行为持反对态度的情况下，基金持股与再融资否决结果显著正相关，券商持股与再融资否决结果不显著相关，从而表明基金利用了手中的投票权并对方案否决产生关键作用，但券商作用不显著。进一步的研究发现基金的表决具有理性特征，再融资表决结果和基金持股比例构建的交互项与公司未来两年的业绩显著正相关，反映出基金支持了优秀公司的再融资诉求。该结论支持了以基金为首的机构投资者的壮大有利于上市公司治理结构的完善。此外，唐松莲和袁春生（2012）研究发现当机构持股较高时，无论是短线还是长线机构都有助于提升公司业绩，表现为投资者的角色，符合有效监督假说；持股比例较低时，机构投资者对公司业绩产生负面影响，充当利益攫取者的角色，符合利益冲突和战略结盟假说。

并购是企业实现快速扩张的途径，对公司价值有持续的影响，也直接反映了股东与经理人之间的利益冲突。有学者研究了机构投资者对并购绩效的影响。Chen 等（2007）发现独立的长期机构投资者能够监督并购方管理层发起的并购行为，降低坏并购发生的概率，获取好的并购业绩。但我国学者周绍妮和张秋生等（2017）考察了异质的机构投资者对国企并购绩效的影响，结果表明交易型机构投资者持股与国企并购绩效显著正相关，稳定型机构投资者持股未体现出明显的治理效果。进一步研究发现，在国企的关联并购中，交易型机构投资者的作用也不再显著。他们认为，我国交易型机构投资者多为主动投资，会积极参与国企监督与决策，稳定型机构投资者在国企中的投资多为被动投资，不关心个体的经营。

此外，现有学者还从股利分配、研发支出、抑制避税活动和缓解融资约束角度研究了机构投资者的作用。李刚和张海燕（2009）的研究发现机构投资者能够甄别上市公司的派现动机：当上市公司出于降低代理成本而分红时，机构投资者会入主上市公司，并且其持股比例与红利水平正相关；反之，如果上市公司进行过度分红以侵占小股东利益时，机构投资者则不会入主。进一步研究发现，当机构投资者入主时，股票市场能够赋予分红公司更高的价值（红利溢价），并且机构投资者持股比例越高，红利溢价也越高，说明市场认可机构投资者的甄别能力。我国学者赵洪江和夏晖（2009）认为证券投资基金能够正向影响上市公司的创新行为。蔡宏标和饶品贵（2015）利用机构投资者与被投资上市公司之间的空间距离作为机构持股的工具变量，研究发现机构投资者能够凭借专业优势对公司管理层实施监督，抑制管理层自利动机下的复杂避税行为，降低公司避税水平，这一效应在税收征管强的地区更明显。李昊洋等（2018）对这一关系进行深入探讨，发现机构投资者通过提高公司的信息披露水平抑制了公司的避税活动，且这种关系主要存在于无绝对控股股东的样本中。基于现金价值模型，甄红线和王谨乐（2016）发现机构投资者参与持股能降低信息不对称，从而缓解融资约束。这一缓解作用在信息不对称和融资约束较高的民营企业、股权集中以及小规模企业更显著。

二、独立董事的治理作用

中国证监会于2001年颁布了《关于在上市公司建立独立董事制度的指导意见》，根据该规范性文件，上市公司应当建立独立董事制度。独立董事对上市公司及全体股东负有诚信与勤勉义务。独立董事应当按照相关法律法规、本着指导意见和公司章程的要求，认真履行职责，维护公司整体利益，尤其要关注中小股东的合法权益不受损害。独立董事独立履行职责，不受上市公司主要股东、实际控制人或者其他与上市公司存在利害关系的单位或个人的影响。独立董事原则上最多在5家上市公司兼任独立董事，并确保有足够的时间和精力有效地履行独立董事的职责。上市公司董事会成员中应当至少包括1/3的独立董事，其中至少包括1名会计专业人士。

现有文献研究认为独立董事具有监督职能，可以提高公司董事会的决策力，降低公司的代理成本，抑制大股东利益侵占，保护中小投资者的利益。赵德武等（2008）指出，在中国引入独立董事制度的初衷是为了解决股东与高管层的代理问题以及大股东利益侵占问题。2001年证监会发布的《关于在上市公司建立独立董事制度的指导意见》也主要强调独立董事的监督功能，特别是保护中小股东的权益。李维安和徐建（2014）从战略控制视角探讨独立董事监督作用的有效性。韩晴和王华（2014）研究认为独立董事责任险（独董险）强化了独立董事的独立性和信息监督动机。首先，独董险和机构投资者对显性代理成本——管理费用率有显著的共同控制作用，形成对管理层机会主义行为的有效监督；相比于代理成本的结果治理，对信息披露的监督更需要独立董事对经营过程的关注，时间成本和专业知识的投入需要对应具体的激励。独董险对监督动机具有强化作用。对于非国有公司，独董险保障下的独立董事与机构投资者共同控制了两职合一的管理层结构，显示信息监督机制得到改善的可能性。全怡和陈冬华（2016）以深沪两市 2002—2013 年 A 股上市公司为样本，探讨了多席位独立董事在不同公司的精力分配及其对治理绩效的影响。研究发现：（1）同时任职多家公司的独立董事在精力分配上存在偏好，独立董事对声誉相对高、空间距离相对近、交通时间成本相对低的公司投入了更多精力。（2）当任职公司距离较远时，独立董事差别化对待不同声誉公司的现象更明显。（3）多席位独立董事也更可能在任期未满时由于会计业绩恶化而离开声誉相对低、距离相对远的公司。（4）独立董事投入精力的不同会带来治理绩效差异。陈冬华和相加凤（2017）以 2003—2013 年我国 A 股上市公司为样本，选取资金占用、异常关联购销、关联担保以及财务报告质量等指标来表征独立董事有效性，分别从“学习效应”以及“独立性效应”进行了理论分析，检验了独立董事有效性随任期延长的变化情况。实证发现，独立董事的有效性随任期的延长以边际递减的方式不断提高。上述非线性变化的结果，受到独立董事财务背景以及声誉成本的影响。逯东（2017）基于公司违规视角检验了两类官员型独立董事的监督功能。研究发现，聘任政府官员型独立董事的公司违规倾向更高，违规被稽查的概率更低；聘任高校官员型独立董事的公司违规倾向更低，违规被稽查的概率没有表现更低。进一步还发现，对公司过度投资发挥监督功能是官员型独董影响违规的重要传导路径；政府官员型独董背后的寻租能力是其监督失效的主要原因，而高校官员型独董则凭借其专业优势发挥了积极的监督作用。

现有文献主要从以下不同角度对独立董事的治理作用进行了研究：

第一，独立董事可以降低代理成本（罗进辉等，2017；高凤莲和王志强，2016），抑制大股东利益侵占（叶康涛等，2007）。叶康涛等（2011）利用中国特有的强制披露数据，即中国上市公司独立董事对董事会议案发表意见和进行投票的数据，考察了独立董事相对于管理层的独立性及其监督作用。他们发现，绝大多数情况下独董并不会公开质疑管理层行为。然而，当公司业绩不佳时，独董更有可能对管理层行为提出公开质疑。并且，声誉越高、具有财务背景、任职时间早于董事长任职时间的独立董事更有可能对管理层决策提出质疑。进一步研究发现，存在异议独董的公司市场价值也更高。这表明当公司面临危机时，独立董事能够发挥监督作用，并且独立董事的监督行为能够缓解代理问题，提高公司价值。罗进辉等（2017）与高凤莲和王志强（2016）还分别从独立董事的地理距离、个人社会资本的角度研究了独立董事对代理问题的抑制作用。罗进辉等（2017）通过手工收集2004—2013年中国A股上市公司独立董事的主要工作所在地信息，实证检验了独立董事地理距离对公司代理成本的经验影响关系。他们发现，独立董事地理距离与公司的双重代理成本均呈现显著的“U”型曲线关系，意味着独立董事距离任职公司太远或太近都不利于其发挥监督职能，这种影响在国有企业和欠发达地区企业中表现得更为明显，说明地理距离对独立董事监督职能的影响会因公司的产权性质和外部的制度环境而存在强弱差异。此外，他们进一步发现独立董事与任职公司间的地理距离越远，其越可能缺席公司的董事会会议，从而提供了地理距离影响独立董事监督职能的直接履职行为证据。高凤莲和王志强（2016）以 2006—2013 年沪深上市公司为样本，基于委托—代理理论和社会资本嵌入性，从横向、纵向和社会声誉三个维度构建综合指标体系衡量独立董事个人社会资本，研究独立董事社会资本对公司委托—代理问题的影响。研究表明：独立董事社会资本越丰富，公司股东与管理者之间的第一类委托—代理成本以及控股股东与中小股东之间的第二类委托—代理成本越低；在法律保护环境比较薄弱的地区或地区信任水平偏低时，独立董事社会资本在降低公司委托—代理成本方面的治理效应更为显著，发挥了正向的替代效应。

第二，独立董事对高管薪酬契约的有效性的影响。现有文献从董事网络、董事声誉和董事地理位置等角度研究了独立董事对高管薪酬水平、薪酬业绩敏感性、高管变更业绩敏感性的影响（陈运森和谢德仁，2012；罗进辉，2014；罗进辉等，2018；张天舒等，2018）。陈运森和谢德仁（2012）利用社会网络分析方法检验了独立董事的网络特征对其在促进高管激励有效性映像中的作用机理。结果发现，当独董的网络中心度越高时，高管的薪酬业绩敏感性越强，这在国有上市公司中更加显著。且进一步发现，用独立董事网络中心度解释的高管薪酬部分对未来业绩有促进作用。罗进辉（2014）首次根据百度中文搜索引擎数据反映的社会知名度来衡量独立董事个人的社会声誉激励强度，从高管薪酬—业绩敏感性视角检验了独立董事的社会声誉激励效应。实证研究发现，同等条件下，聘请了高社会知名度的明星独立董事的上市公司具有显著更低的高管薪酬—业绩敏感性，即明星独董显著降低了公司高管薪酬契约的有效性，而且这一结果主要反映在薪酬政策不受政府管制的民营上市公司。Masulins 和 Mobbs (2014) 还发现独立董事投入的精力越多，则总经理强制离职业绩敏感性越高，治理效果得到了提升。罗进辉等（2018）利用中国 A 股国有控股上市公司 2005—2013 年的 7346 个年度观察数据，从国有企业高管薪酬视角考察本地独立董事的监督作用。他们研究发现，国有控股上市公司董事会中的本地独董越多，其高管的薪酬水平越低，同时高管的薪酬业绩敏感性也越低，而且本地独董对国有企业高管的薪酬业绩敏感性的负向影响在垄断行业和政府补助较多的企业中表现得更强。进一步研究发现，本地独董在降低高管超额薪酬的同时，也降低了超额薪酬与“运气”业绩之间的敏感性。这些结果意味着，地理邻近的本地独董具有信息优势，监督能力更强，进而能更有效地约束高管获取超额薪酬的代理行为，同时也约束了高管利用业绩中的“运气”成分来为超额薪酬做辩护。

第三，胡元木（2012）及陈运森和谢德仁（2011）分别研究了独立董事对 R&D 产出效率和投资效率的影响。胡元木 (2012) 从 R&D 产出效率视角，考察了技术独立董事制度对其的影响。结果发现，我国上市公司增加研发投入并未带来创新水平的显著提高，而聘请技术独立董事的公司能够提升 R&D 产出效率，并且当上市公司同时设置技术执行董事和技术独立董事时，R&D 产出效率更高，但他们没有发现技术独立董事薪酬对 R&D 产出效率起到激励作用。陈运森和谢德仁（2011）考察了独立董事在上市公司董事网络中位置的差别对公司投资效率的影响。研究发现，网络中心度越高，独立董事治理作用越好，表现为其所在公司的投资效率越高；在区分投资不足与投资过度之后可以发现，网络中心度高的独立董事既有助于缓解公司的投资不足，也有助于抑制投资过度。这些发现意味着，独立董事的网络位置是独立董事的重要特征，能够对独立董事参与公司决策产生重要影响。

第四，提高公司绩效和公司价值。现有文献研究了独董比例和数量、独董薪酬、专长和背景以及网络位置对企业绩效和价值的影响。Cotter 等（1997）研究发现，独立外部董事提高了收购要约给目标股东带来的收益，而独立董事占多数的董事会更有可能使用阻力策略来增加股东财富。赵昌文（2008）以 2006 年在中国 A 股市场上公开交易的 392 家家族类上市公司为考察样本，分别从独立董事规模和独立董事特征两个方面检验了独立董事对企业价值的影响。结果发现：虽然家族类上市公司较一般上市公司具有更低的企业价值，但独立董事在公司治理中的积极作用得到明显体现；具有行业专长、学术机构背景、政府关系、管理经验以及国际背景的独立董事对企业价值都有显著的促进作用，而独立董事的学历、银行工作经历、会计师资格、律师资格、工作经历的丰富程度、社会声誉、年龄、性别等特征对企业价值则没有显著影响。曲亮等（2014）则从独立董事比重和数量角度研究了对不同产权性质企业的不同影响。他通过构建网络嵌入行为下的四层委托—代理模型，有效集成了现有独立董事监督与专家角色定位的冲突，系统解析了独立董事制度通过“开源”“节流”两个途径提升企业绩效的内在机理，并重点分析了国有企业和民营企业独立董事制度对企业绩效影响的不同路径。通过利用 2008—2012 年中国上市公司相关面板数据进行实证检验发现，就全样本而言，独立董事制度并没有发挥预期的公司治理效用，对企业长期绩效没有影响，但独立董事比重对国有企业绩效存在显著影响，独立董事数量对民营企业绩效存在显著影响。该结果说明独立董事制度对不同产权属性企业绩效的影响路径存在明显差异。郑志刚等（2017）研究了独董薪酬对监督作用发挥的影响，他们以2003—2012年中国沪深两市A股上市公司为样本，实证考察了独立董事薪酬水平、薪酬差异与企业绩效改善的关系，并进一步揭示了相应的影响路径和实现机制。研究发现：在控制了潜在影响因素和内生性问题后，高的独立董事薪酬水平能够显著改善上市公司绩效；而独立董事薪酬差别化带来的效应仅在其平均薪酬水平较高时才会显现。上述结果的出现，一方面与激励充分的独立董事将通过合理制定经理人薪酬来显著提高经理人的薪酬绩效敏感性，进而形成对经理人的有效激励有关；另一方面，受到充分薪酬激励的独立董事将通过更加积极参加会议并向董事会议案出具否定意见的方式来履行监督职能。

此外，还有学者研究了独立董事不同的专长和职业背景对公司业绩的影响。例如魏刚（2007）从独立董事教育背景、政府背景和银行背景的角度检验其对公司经营业绩的影响。研究发现，独立董事的教育背景对公司业绩并没有正面的影响，同时发现有政府背景和银行背景的独立董事比例越高，公司经营业绩越好。陈伟民（2009）提出了独立董事职业背景的绩效作用假设，并以深市中小板上市公司为样本进行了实证检验，检验结果未支持独立董事多重任职、任期与公司业绩之间倒“U”型曲线关系假设，但支持行业专长与公司业绩之间的正相关关系假设，进一步研究还发现，独立董事多重任职和任期与公司业绩负相关，且影响行业专长绩效作用的发挥。何威风和刘巍（2017）进一步研究发现，聘请法律独董的上市公司一般都有着较高的市场价值。

万良勇和胡璟（2014）利用社会网络分析方法，实证研究了我国上市公司独立董事在董事网络中的网络位置对公司并购行为的影响。研究发现，上市公司独立董事的网络中心度越高，公司越容易发生并购行为，表明独立董事的网络联结有助于独立董事更好地为并购决策提供咨询建议服务；进一步的检验发现独立董事的网络中心度与并购绩效显著正相关。

何杰（2005）以2002年中国契约型封闭式证券投资基金的相关数据为样本，分析了基金及基金管理公司独立董事与基金业绩的关系，结果表明，基金管理公司董事会中具备金融、证券专业知识与工作经验的独立董事人数占董事会人数的比例越高，则基金业绩越高、基金净资产费用率越低，而全部独立董事人数占董事会人数比例的上述作用却并不显著。

牛建波和赵静（2012）分析了信息成本对独立董事作用发挥的影响。他们的研究结果表明，独立董事获取信息的成本会对独立董事溢价产生显著影响，独立董事获取信息成本越高，经行业调整的资产净利率和每股收益越高。因此，对于独立董事比例的设立，不同的公司应该区别对待，不能一概而论。对于那些信息成本较低的公司，增加独立董事比例会提高公司的绩效，这些公司可以适当地增加独立董事的比例。而对于那些信息成本较高的公司，增加独立董事比例不仅不会提高公司绩效，甚至可能会降低公司的绩效。

第五，对信息质量的影响。现有文献研究了独立董事对财务报表重述、盈余质量、盈余稳健性和信息披露的印象管理等的影响（Klein 和 April，2002；Park 和 Shin，2004；Mather 和 Ramsay，2007；Ronald，2018；戴亦一等，2014；郑春美和李文耀，2011；支晓强和童盼，2005；黄海杰等，2016；胡元木等，2016；赵德武等，2008；梁上坤等，2018；张天舒等，2018）。郑春美和李文耀（2011）以深沪两市168家违规公司及配对的168家非违规公司为样本，通过建立条件 Logistic 回归模型，从会计监管的视角对独立董事制度的有效性问题进行了实证研究。

研究结论表明，独立董事起到了一定的监督作用，独立董事能够发现公司的违规行为，违规公司对于独立董事的参会也是有所顾忌的，独立董事起到了一定的监督作用。戴亦一等（2014）以2006—2012年沪深主板上市公司为样本，研究发现，相比独立董事未辞职和正常辞职的公司，独立董事提前辞职的公司下年度出现重大财务报表重述和严重违规行为的概率会显著增加。

Klein和April（2002）以美国公司为例，得出董事会的独立性与可操控应计额负相关，因此独立董事的存在可以有效监督公司的财务报表，上市公司的信息披露质量和独立董事发挥的监督作用相关这一结论。Park和Shin等（2004）研究发现当董事会中有财务背景的独立董事比例提高时，公司的盈余管理程度下降。Ronald（2018）发现独立董事在典型年份里会明显分心，导致公司价值和经营业绩都下降，削弱合并和收购的盈利能力和会计质量。中国早期有研究文献认为，独立董事总体上没有提高盈余质量。例如王兵（2007）采用2002—2004年上市公司的数据，研究发现总体上我国独立董事还没有有效发挥监督作用。他们认为独立董事并不能提高公司盈余质量；而独立董事中至少有一名会计专业人士的公司，盈余质量更高；独立董事津贴越高和兼职家数越多，会对公司盈余质量造成负面影响。支晓强和童盼（2005）利用我国上市公司2001—2003年的相关数据，考察了独立董事变更与公司盈余管理程度、公司控制权转移之间的关系，分析了独立董事没有有效发挥作用的原因。研究发现，公司的盈余管理程度越高，独立董事变更概率和变更比例越高。这表明独立董事不够独立，独立董事缺乏独立性是当前我国独立董事制度未能在公司治理中发挥实质性作用的关键原因。胡奕明和唐松莲（2008）认为独立董事是否能够发挥监督和咨询作用，取决于两个方面：一是独立董事是否有能力独立；二是独立董事能否有效履职。这两个方面可以具体化为独立董事的专业背景、在董事会的占比、独立董事报酬和参会次数。他们选取了 2002—2006 年深圳证券交易所非金融行业 A 股上市公司为总样本，以盈余管理程度、深交所信息披露评级、盈余激进度和盈余稳健度四个指标衡量上市公司盈余信息质量，研究发现，董事会中具有财务或会计背景的独立董事、在董事会中独立董事占比较高，上市公司盈余信息质量较好；独立董事参会次数越多，代表公司问题较多，相应地公司的盈余信息质量则较低；没有发现独立董事报酬与公司盈余信息质量之间有显著关系。

黄海杰等（2016）和胡元木等（2016）分别从独立董事的声誉和技术背景视角研究了对盈余质量的影响。黄海杰等（2016）以 2007—2012 年我国民营上市企业为样本，研究发现，会计专业独董的声誉对企业盈余质量有着显著的正向影响，并且这种影响在受聘于大股东掏空严重、低市场化进程地区企业和担任审计委员会主席的高声誉会计专业独董上更为明显。结果表明，高声誉的会计专业独董能积极发挥治理作用，提高盈余质量。胡元木等（2016）基于可操控 R&D 费用视角，以 2007—2013 年上市公司为样本，考察了技术独立董事对真实盈余管理的影响。研究发现，技术独立董事通过有效抑制管理层操控 R&D 费用来提高盈余信息质量。进一步研究发现，当技术独立董事具有双重职业背景时，有利于监督职能的发挥；当其兼职公司数量较多时，则会弱化监督作用。此外，技术独立董事的津贴、受教育水平对抑制真实盈余管理并没有显著影响。

而赵德武等（2008）和梁上坤等（2018）从盈余稳健性角度研究了独立董事对信息质量的影响。赵德武等（2008）采用规模、能力、意愿、环境四个维度衡量独立董事监督力，利用 A 股上市公司 2002—2004 年的数据，通过因子分析、通径分析等方法实证检验了独立董事监督力对盈余稳健性的影响，发现独立董事监督力对盈余稳健性有显著正向影响，且这种影响随公司治理的改善而增强；独立董事的履职环境对盈余稳健性的影响最大，其次是人数规模和会计专业能力，薪酬和声誉的影响则相对最小。梁上坤等（2018）探讨了独立董事网络中心度对公司会计稳健性的影响。他们以 2007—2012 年深沪 A 股上市公司为样本，研究发现：（1）总体上，独立董事的网络中心度越高，公司的会计稳健性水平越低；（2）区分不同的地区环境，仅在金融发展水平和法律环境水平低的地区，独立董事网络中心度对会计稳健性水平存在显著影响；（3）区分不同的公司环境，仅在公司不具备银行关联的情况下，独立董事网络中心度对会计稳健性水平存在显著影响。

Mather 和 Ramsay（2007）研究了澳大利亚公司中董事会独立性与信息披露的关系。他们发现当董事会的作用较强时，印象管理行为较少。

第六，对股价崩盘风险和股价同步性的影响。梁权熙和曾海舰（2016）巧妙运用证监会强制要求上市公司独董比例在 2003 年 6 月 30 日之前至少达到 1/3 的政策性外生冲击，通过面板双重差分估计策略发现，独立董事制度的正式引入显著降低了公司股价发生崩盘的风险。进一步利用我国上市公司特有的独立董事对董事会议案发表意见和进行投票的强制披露数据发现，相比于不存在异议独立董事的公司，存在异议独立董事公司的股价发生崩盘的风险明显较低。这表明，在投资者保护较弱的新兴市场国家，加强独立董事的治理机制，特别是引入有不同意见的独立董事，对于防范股价崩盘风险、促进资本市场稳定具有重要的作用。张斌和王跃堂（2014）从信息透明度角度出发，分析行业专家对复杂经营环境下特质信息释放效率的影响，研究发现行业专家型独立董事削弱了业务复杂度和股价同步性之间的正相关关系。这表明，行业专家因其对公司业务实质的理解和背负的业内专家声誉，有利于复杂经营环境下特质信息的释放。

三、股权制衡的治理作用

我国上市公司的股权高度集中，“一股独大”现象普遍，给控股股东带来了“控制权收益”，也大大削弱了财务信息的质量（La Porta et al.，1999）。而相关研究表明，股权制衡可以实现内部牵制，是一种有效的治理机制（毛世平，2009），可以约束控股股东的隧道行为，缓解控股股东与中小股东之间的代理问题，维护中小股东的利益，也更有助于抑制管理层的代理行为（Shleifer 和 Vishny，1986；Bennedsen 和 Wolfenzon，2000；陈德萍和陈永圣，2011；蒋弘和刘星，2012）。Shleifer 和 Vishny（1986）通过理论建模证明公司其他大股东（以第二大股东为代表）对第一大股东的制衡是保护外部投资者利益的一种重要机制。Pagano 和 Roell（1998）通过实证研究证实多个大股东的存在对于抑制资产掏空等掠夺行为有作用。La Porta 等（1999）发现，拥有足够股份的第二大股东可以在一定程度上抑制大股东对其他股东利益的侵占行为。刘星等（2010）的研究也得到了类似结论。Bennedsen 和 Wolfenzon（2000）认为，通过若干大股东分享控制权，可以有效地限制少数大股东由于独占控制权而实施掏空行为。厉以宁（2001）提出，比一股独大“更好的股权结构是多股制衡”。Maury 和 Pajuste（2005）及吕怀立等（2010）的研究表明，股权制衡可以实现对控股股东的制约，能够改善委托—代理关系、降低代理成本，在提升公司价值中发挥了重要作用，成为公司治理的一个重要手段。Bloch 和 Hege（2003）认为，通过形成大股东间的控制联盟，可以有效保护外部投资者的利益，防止控股股东的自利行为。

现有文献从公司绩效和公司价值、创新、投资、提高外部审计约束的有效性等角度研究了股权制衡的治理作用。

对公司绩效和公司价值的影响。一些学者认为股权制衡对公司价值呈现线性影响模式，而另外一些学者则认为股权制衡对公司价值存在非线性影响模式，表现为“U”型或倒“U”型曲线。如赵景文等（2005）通过 Kruskal - Wallis 检验，发现股权制衡的公司业绩显著高于“一股独大”的公司。朱滔（2007）的研究则指出，股权制衡作用的发挥取决于控制股东的所有权状态，不能简单地归结为正、负或不存在。陈信元和汪辉（2004）通过建立一个模型说明股东制衡对公司价值的影响，并结合我国上市公司数据分析得出股权制衡可以实现对控股股东的制约，通过降低其他股东及经理内部人控制的代理成本来提升公司价值。Edwards 和 Weichenrieder（2004）也证明持有较多股份的第二大股东的存在提高了公司价值。毛世平（2009）以 2004—2006 年 A 股上市公司为样本，研究了金字塔控制结构下的股权制衡产生的治理效应。研究发现，金字塔控制结构下的股权制衡效应在中国上市公司并没有得到完全发挥，股权制衡正面治理效应的发挥是有其条件限制的。研究还发现，股权制衡能够产生权益效应；分离型金字塔控制结构下，多个终极控制人现金流所有权和控制权的制衡效应降低了公司价值，而非分离型金字塔控制结构下，多个终极控制人现金流所有权和控制权的制衡效应则提高了公司价值。佟岩和陈莎莎（2010）在划分上市公司企业生命周期和最终控制人性质的基础上，匹配 2004—2006 年符合股权制衡与“一股独大”条件的对应样本，考察股权制衡和“一股独大”的股权安排模式与企业价值的关系。研究发现，处于成熟期时，股权制衡的上市公司企业价值显著高于“一股独大”的上市公司企业价值。陈德萍等（2011）认为股权制衡度与公司价值之间存在显著的“U”型关系；阮素梅等（2014）研究表明它们之间呈现出倒“U”型关系。隋静等（2016）通过对我国A股上市公司的实证研究发现，股权制衡对上市公司价值的影响存在明显的非线性异质效应：一方面，倒“U”型非线性效应表明，存在最优的股权制衡水平实现公司价值最大化，不能盲目地提升股权制衡水平；另一方面，在不同分位点处的异质效应表明，股权制衡对公司价值具有不同的影响模式，受到公司价值创造能力及所有制属性影响，不能搞“一刀切”的公司治理结构。

对创新、投资、提高外部审计约束的有效性的影响。朱德胜和周晓珮（2016）以2010年以前上市的高新技术企业为研究样本，利用2010—2013年的面板数据，实证分析了股权制衡度和高管持股对企业创新效率的影响。研究发现，股权制衡度对企业创新效率有显著影响，股权制衡度高的企业创新效率更高。在提高企业股权制衡度时，应避免制衡股东对高管的过度监督，过度监督会使管理层因担心投资失败、经营绩效下降而缺乏进行创新投资的积极性，需给予管理层经营上的适度自由。刘亚伟和张兆国（2016）从投资的角度进行了研究，研究认为在股权制衡的情况下，代表控股股东利益的董事长将受到更为严格的监督。一方面，董事长在做投资决策时，需要与制衡股东进行协商和沟通，使得其投资行为更符合企业价值最大化目标，从而抑制其私利性的投资行为；另一方面，由于受到了更多的监管，董事长私利性投资行为需要更加隐蔽，付出的成本也更高，同时被发现的风险也显著增加。因此，不同既有任期和预期任期的董事长，基于私利考虑而对不同类别的投资产生不同偏好的现象将会得到一定的遏制，投资挤占程度随之也将得到一定的缓解。即股权制衡能够缓解不同既有任期和预期任期董事长对投资挤占的影响。唐跃军等（2006）从提高外部审计约束的有效性角度进行了研究，研究认为在内部治理机制亟待完善、外部审计约束乏力的情况下，集中持股、具有绝对信息优势的第一大股东不仅有动机也有能力粉饰甚至虚构财务报表，掩盖实际存在的问题，避开外部审计约束；而此时，其他大股东很有可能不选择通过内部治理机制实施对第一大股东的制衡，而是更多地求助于外部治理机制，利用自身的信息优势与外部审计者合作，降低信息不对称性，配合注册会计师审计、发现控股股东的财务粉饰和造假行为，提高外部审计约束的有效性。

第三章 理论分析与研究假设

第一节 高管超额薪酬与战略信息披露的理论分析和研究假设

一、薪酬辩护动机

上市公司高管有进行薪酬辩护的需求和动机。近年来不断曝光的上市公司过高薪酬引起了政府的管制、媒体的抨击以及公众的质疑。高管的超额薪酬不但影响到公司内部员工的忠诚度、公司的价值，还会影响到高管的声誉、公众对公司的信任、社会的稳定以及我国和谐社会的建设（吴联生等，2010）。如果高管的薪酬离最优契约偏差较大且被外部人所感知，那么外部人就会愤怒，这会限制高管薪酬各种途径的增长。

首先，公众和舆论会对高管进行更多的谴

责和声讨。Johnson 等（1997）以 1992—1994 年高管薪酬受到媒体负面报道的公司为样本，发现在随后 1993—1994 年受到报道的公司薪酬增长较小，且随后年度高管的现金薪酬业绩敏感度有所提高。Core 等（2008）对 1994—2002 年的 1 万多条媒体报道进行了研究，研究表明高管的超额薪酬越高，公司遭到的负面媒体报道越多。而杨德明和赵璨（2012）研究发现媒体能够发挥监督作用，媒体往往会对有薪酬乱象的公司进行更多的负面报道，且在政府及行政主管部门介入的条件下，媒体能够发挥监督职能促使高管薪酬趋于合理。

其次，监管者会通过要求增强治理机制或者立法，比如央企限薪令的出台、征收更高的薪酬所得税等来限制高管的薪酬（Robinson et al.，2011；谢德仁等，2012）。自 2003 年底以来，国资委及有关部门颁布大量法规，确定了国有企业高管薪酬与业绩挂钩的原则，并颁布了配套法规以规范国有企业高管的业绩考核。2009 年人社部、国资委等六部委制定的《关于进一步规范中央企业负责人薪酬管理的指导意见》从适用范围、规范薪酬管理的基本原则以及薪酬结构和水平、薪酬支付、补充保险和职务消费、监督管理、组织实施等方面，更为严格地对中央企业负责人薪酬管理进行了规范。2014 年，中共中央政治局又审议通过了《中央管理企业负责人薪酬制度改革方案》，以此来抑制央企高管获得畸高薪酬、缩小央企内部分配差距，使得央企高管人员薪酬增幅低于企业职工平均工资增幅。

最后，股东和董事会也可能会通过提高治理机制或者要求改变薪酬契约来降低高管的过高薪酬。愤怒成本会影响到董事会对 CEO 薪酬契约通过的可能性，即使董事会不能如最优契约理论所认为的那样能够使得薪酬契约达到最优，即使董事会愿意给高管比较高的薪酬，董事会也会考虑高管的高薪酬所带来的愤怒成本，因为愤怒成本可能会给董事会带来成本，例如社会和声誉损失。声誉对外部董事来说是很重要的，声誉是他们是否能够成为董事和决定董事薪酬的重要因素。如果超额薪酬的愤怒成本给他们带来了成本，高管契约通过的可能性就会降低。Thomas 和 Martin（1999）研究发现，尽管股东对高管超额薪酬进行批判的委托决议实际上并没有约束力，也很少会通过选票通过，但是确实会引起高管薪酬的降低。方军雄（2012）通过研究高管获得超额薪酬之后高管的解聘和薪酬调整情况来检验公司股东和董事会对薪酬的治理作用，在控制了其他的经济和制度因素之后，研究发现如果上期支付了超额薪酬，随后高管解聘的业绩敏感性更高，薪酬变动的业绩敏感性也越高，这表明董事会对超额薪酬做出了反应从而调整高管薪酬契约。

因此，对于获得过高薪酬的高管来说，作为一个理性的经济人，面对来自社会的公平性压力，有动机对其薪酬进行辩护，对自己的过高薪酬提供合理化的理由（Bebchuk，2002；Faulkender 和 Yang，2010；罗宏等，2014a；罗宏等，2014b；谢德仁等，2014；谢德仁等，2012；缪毅和胡奕明，2016；吉利和吴萌，2016）。谢德仁等（2012）以国有企业为样本，研究认为当高管有薪酬辩护需求时，高管会提高经理人的薪酬业绩敏感性来为其薪酬做辩护，而经理人兼任薪酬委员会委员能够为此提供机会，此时薪酬业绩敏感性的提高是一种自利行为。谢罗宏等（2014a）则从政府补助角度研究了高管的薪酬辩护行为，研究表明在政府补助增加高管超额薪酬的同时，确实提高了薪酬业绩敏感性，这表明高管利用提高薪酬业绩敏感性对超额薪酬的合理性和正当性进行辩护。谢德仁等（2014）研究表明公司会利用开发支出会计政策的隐性选择进行盈余管理，且其目的之一就是进行当期的薪酬辩护或提升未来薪酬辩护空间。罗宏等

(2014b) 研究发现为了追求货币收益、为其高额薪酬辩护以减少愤怒成本，国企高管会利用事后信息来操纵薪酬契约，即增加较好的业绩指标在薪酬函数中的权重。缪毅和胡奕明（2016）基于薪酬辩护的假说，以2003—2012年的A股上市公司为样本，实证检验了内部收入差距对高管行为的影响。结果显示，当企业内部的收入差距相对过大时，高管人员会做出种种薪酬辩护行为，可能会通过盈余管理来对业绩进行调整，也可能会在薪酬契约中增加较好业绩指标的权重。进一步研究证实，在内部收入差距相对过大的情况下，国有企业高管的辩护动机更强，其辩护行为也更加明显，同时权力较小的管理者往往通过盈余管理虚构业绩的方式来进行薪酬辩护，而权力较大的管理者往往通过增加有利业绩指标权重的方式来进行薪酬辩护。吉利和吴萌（2016）认为企业社会责任是高管绩效考核的重要的非财务指标，企业社会责任增加高管薪酬。当企业内部收入差距较大时，高管可能通过增加薪酬契约中社会责任指标权重的方式进行薪酬辩护，并且相较于非国有企业，国有企业高管的薪酬辩护行为更明显。管理层权力影响高管的薪酬辩护行为，相较于权力较小的高管，权力较大的高管更可能通过增加社会责任业绩指标权重的方式进行薪酬辩护。

二、超额薪酬与战略信息披露

除了之前我们文献综述中梳理的薪酬辩护途径，高管还可能通过战略信息披露对外进行才能展示，让信息受众提高对自己能力的评价，认同其高薪酬，提高薪酬的正当性，从而达到薪酬辩护的目的。另外，我国的制度背景和战略信息披露的特征为高管用战略信息披露进行薪酬辩护提供了可行性。

（一）战略信息披露的高管才能信号作用

高管的真实能力是很难真实地观察到的，市场参与者只能通过公司已经实现的利润或者其他信号对高管的能力进行感知，并且随着新的信息的出现进行变更。Cornelli 等（2013）研究表明投资者在评估高管能力的时候，不仅使用公司的盈利能力，还依据其他的一些信号。他们使用了一个有关董事会信息集和董事会决策的数据，研究了董事会怎样监督 CEO 以及董事会的监督是否会提高公司业绩。他们发现信息的收集帮助董事会了解 CEO 的能力，软信息可以帮助董事会避免因为坏运气或者外部的不利条件而错误地解雇 CEO。Taylor（2013）也认为对管理层能力的考察除了运用硬信息（可以证实的信息，比如公司绩效等）外，还有一些软信息（难以证实的信息）。这些软信息包括：CEO 的特定行为和选择、某个项目的绩效、战略计划、公司的成长前景、可操控应计和媒体关注等（Falato et al.，2010；Taylor，2013）。Demerjian 等（2013）研究得出高管能力与盈余质量正相关，能力较强的高管随后的盈余重述较少，盈余和应计的持续性较高，坏账准备的错误较少，应计质量也较高。

管理层才能信号假说认为管理层的信息披露能够对外发出其能力信号。Trueman（1986）提出管理层才能信号理论，他认为有能力的高管有动机进行盈余预告披露从而展现他们的才能，其中管理者才能是指管理者预知并且应对公司所处经济环境变化的能力，即有关公司的盈余预告的信息可以发出高管的才能信号。公司价值是投资者对高管才能感知的函数，而这种才能是指对公司未来经济环境变化的预测和应对。Baik 等（2011）对该理论进行了验证，认为有能力的高管更可能进行盈余预测，且预测的准确性也较高，因此盈余预测报告是对高管才能的一种体现，能够向外部发出才能信号，而不是高管为了自利而进行的机会主义行为。

我们认为战略信息披露同样可以被用来展现高管的才能。管理层主要的职能之一是战略的制定、执行和变革，有关战略计划的信息同样可以表现高管的才能。战略的制定、执行、变革和评估信息不仅帮助外部信息使用者更好地了解和认识公司发展目标和方向、公司的竞争优势，还能够了解管理者是如何管理各项影响公司成功的因素，如何预测经济环境的变化，从而相应地调整公司战略和计划的能力。从周围环境的分析、战略目标的制定，到战略的实施情况，一直到战略的评估、变革和应对，管理层可以主动向市场展现其才能，树立高管的形象。战略的制定是高管战略思维能力和战略构建力的体现，而战略的执行和变革是高管带领执行的能力和对公司外部经济环境的变化的预测能力以及应变能力的体现，同时也是高管各种能力素质的综合体现，因为战略的制定、执行和变革都需要高管具有良好的沟通能力、协调能力、领导能力、解决问题与制定决策能力等。

例如企业管理层可以通过战略柔性（strategic flexibility）来体现其智慧和能力，柔性战略制定的关键因素是高层管理团队尤其是最高领导者的战略思维能力（Nadkarni 和 Herrmann，2010）。战略柔性的达成需要管理层能够根据内外部环境的变化有效调整战略，这就需要管理层具备一些必备能力，比如开放的心智和知识结构、应对能力等。战略柔性需要管理层能够及时了解公司内部环境和外部环境的变化，根据这些变化判断其对公司可能的影响，在对可能的影响做出判断后，能够及时、准确、创造性地提出解决问题的思路和方法，并及时地调整和执行战略。Nadkarni 和 Herrmann（2010）以印度业务流程外包业 195 家中小企业为样本，检验了 CEO 人格、战略柔性（迅速适应环境的能力）和公司业绩之间的关系。他们发现战略柔性能够增强公司特性与公司业绩之间的关系，CEO 的特性能够促进公司的战略柔性。

（二）战略信息披露的机会主义行为

1. 中国的制度条件

在我国特殊的新兴市场制度背景下，法律制度和监管体系不完善，难以及时发现信息披露的机会主义行为，即使发现，投资者的利益也很难通过法律执行得到保护（Allen et al.，2005；陈冬华等，2008），这就为高管信息披露的印象管理行为提供了机会。公司的控股股东和管理者可能会出于各种目的进行印象管理，选择性甚至是虚假地披露信息以便迷惑市场和投资者。Allen 等（2005）将中国的法律体系与 La Porta 等（1998）文章中 49 个国家的法律体系进行了对比，发现中国有关投资者保护的法律条文和法律的执行都落后于其他国家。张育军（2003）的研究报告指出，中国证券市场的监管能力和执法水平还存在明显的甚至是严重的不足。而中国的产权制度安排和客观环境使得监管存在软约束，监管者容易被“俘获”（Shleifer，2005）。中国大部分上市公司属于国有企业，且拥有“一股独大”的独特的股权特征，政府同时是控股股东和监管者，监管机构在一定程度上自觉或不自觉地担当了国有产权主体或代理人的角色，导致监管体系不能有效的发挥作用。

2. 战略信息披露的特性

战略信息大部分都是文字叙述性的信息，本身就带有较大的主观性，可证实性较差，这为管理层进行操纵和印象管理提供了机会，管理层可以自主决定是否进行披露以及如何披露，为了表现自己的才能，管理层可能会披露一些原本没有打算披露的战略信息，也可能会通过重复的语言陈述来强调和突出自己的战略能力。重复披露正面信息是印象管理的主要手段之一，它可以起到强调和突出的作用（Osma 和 Guillamón – Saorín，2011；Brennan et al.，2009）。此外，管理层还可能会通过操纵战略信息披露的语调提高信息的乐观性来展现自己的才能。由此，我们认为若获得超额薪酬，高管有可能通过战略信息披露水平和语调进行印象管理，以此达到薪酬辩护的目的，即薪酬辩护假说。综上所述，我们提出以下假设：

H1 -1：其他条件不变的情况下，高管的超额薪酬与战略信息披露水平正相关。

H1 -2：其他条件不变的情况下，高管的超额薪酬与战略信息披露异常正语调正相关。

三、公司产权性质、超额薪酬与战略信息披露（水平和语调）

上文我们预期高管在获得超额薪酬之后会增加战略信息披露，为了进一步验证战略信息披露的动机确实是薪酬辩护动机，我们还需要进一步分析和检验。我们认为，如果超额薪酬导致更多的战略信息披露是出于薪酬辩护的目的，是为了规避外部的愤怒成本，那么高管在不同的公司产权性质下，超额薪酬与战略信息披露的关系会有显著性差异。

从公司的产权性质来看，国有企业和非国有企业高管薪酬契约存在差异，其面临的外部公平性压力也有所不同，高管为自己做辩护的动机大小也会有差异。

首先，国有企业尤其是央企不但承担着盈利目标，还承担着非盈利目标，为了防止高管薪酬与一般员工以及社会大众之间的收入分配差距过大，政府对国有企业进行了更多的薪酬管制，对经理人的薪酬总水平进行了更为严格的控制和监管（陈冬华等，2005）。

其次，从社会公众来看，相对于非国有企业，公众对国有企业高管薪酬合理性的认同性更低。运气薪酬属于非业绩薪酬，事关社会的公平与效率，因此得到了社会公众的普遍关注。在国有企业中，存在着比非国有企业更为严重的运气薪酬（沈艺峰和李培功，2010），高管的高薪酬更难以得到公众的认同，更容易激起公众的质疑和声讨。目前受政府保护的垄断行业主要由国有企业组成。由收入差距而滋生的社会不公平感主要源于行政垄断、所有制等制度因素（张原和陈建奇，2008）。陈震和丁忠明（2011）选取了中国2007—2008年的3049个上市公司为研究样本对垄断行业和完全竞争行业的高管薪酬进行了对比，他们研究发现，在垄断行业中，高管能够利用管理层权力制定有利于自己的薪酬契约，垄断行业高管薪酬的规模权重和业绩权重均大于完全竞争行业，较大的公司规模与不合理的规模权重是垄断行业高管薪酬过高的直接原因。

而非国有企业来自政府的直接管制相对较少，运气薪酬现象没有国企严重，且基本上处于竞争性行业，社会公众对此的质疑和愤怒之感会弱于国有企业。此外，非国有企业产权归属私人所有，高管自定薪酬、损害股东利益的行为主要招致股东的异议，外部愤怒成本相对较低。在这种背景下，一旦获得了超额的薪酬收入，国有企业高管相比非国有企业会招致更多的管制和愤怒，高管自然会有更强烈的动机来为自己的高薪酬做辩护。

由此，我们认为如果相对于非国有企业，超额薪酬导致更多战略信息披露水平和异常正面语调的情况在国有控股的上市公司当中更为显著，则符合薪酬辩护假说。通过以上分析，我们提出如下假设：

H2－1：其他条件一定的情况下，高管的超额薪酬与战略信息披露水平的正相关关系在国企中比非国企中要强。

H2－2：其他条件一定的情况下，高管的超额薪酬与战略信息披露异常正面语调的正相关关系在国企中比非国企中要强。

第二节 公司治理、高管超额薪酬与战略信息披露的理论分析和研究假设

现有文献认为公司治理机制能够有效监督和约束高管的机会主义行为，确保管理层能够以股东利益最大化行事。之前的研究文献证明了有效的公司治理机制能够限制盈余管理行为（Dechow et al.，1996；Osma 和 Gill－de－Albornoz，2007；Peasnell et al.，2005），需要更强的会计稳健性（Ahmed 和 Duellman，2007），能够提高年报中的自愿性信息披露（Cheng 和 Courtenay，2006；Lim et al.，2007），增加和改善管理层的盈余预测（Ajinkya et al.，2005；Karamanou 和 Vafeas，2005），还能够抑制信息披露中的印象管理行为（Osma 和 Guillamón－Saorín，2011）。我们将从机构投资者、独立董事和股权制衡三个角度分析公司治理的作用。

一、机构投资者、超额薪酬与战略信息披露（水平和语调）

（一）机构投资者在我国的发展

自从1998年以来，中国开始大力发展机构投资者，而机构投资者的快速发展使其成为中国资本市场上的新兴力量。中国的机构投资者主要经历了如下几个阶段的发展：

第一阶段（1990—1997年）。此阶段属于机构投资者的发展初期。中国的机构投资者开始得比较晚，在1991年和1993年，深圳证券交易所和上海证券交易所分别同意机构投资者入市。在这个阶段，机构投资者主要是证券公司，虽然也有一些基金在市场当中，但是这个时期的基金并不是真正意义上的基金，一般都

规模比较小，投资比较谨慎，且以实业投资为主。早期的这些基金在 1996 年之后逐渐退出了历史舞台。直到 1996 年，券商和投资公司才逐渐成为证券市场的重要力量。

第二阶段（1998—2005 年）。在此阶段是市场调整和机构更替阶段。第一批基金投资基金在 1998 年 3 月开始启动，基金金泰和基金开元分别在上海证券交易所和深圳证券交易所发行。随后第三类企业和保险基金也被允许有条件的或者间接进入股票市场。在此期间，中国出台了一系列的政策和措施来鼓励机构投资者的发展，例如在 2002 年，中国证监会和中国人民银行联合发布了《合格境外机构投资者境内证券投资管理暂行办法》，合格境外机构投资者制度（Qualified Foreign Institutional Investors，简称 QFII）引入中国资本市场。2004 年初，《国务院关于推进资本市场改革开放和稳定发展的若干意见》指出，要通过机构投资者的介入改善我国股票市场的投资者结构，进一步推动上市公司的发展。2004 年 10 月，经国务院批准，中国保险监督管理委员会、中国证券监督管理委员会联合发布并实施《保险机构投资者股票投资管理暂行办法》，允许保险机构投资者在严格监管的前提下直接投资股票市场。这标志着我国保险资金首次获准直接投资股票市场。2005 年 2 月 16 日，中国保监会、中国证监会发布《关于保险机构投资者股票投资交易有关问题的通知》和《保险机构投资者股票投资登记结算业务指南》，保险资金直接入市进入实质性操作阶段。

第三阶段（2006 年至今）。此阶段是机构投资者快速发展的阶段，形成了多样化的格调，主要包括证券投资基金、证券公司、信托公司、保险公司、合格境外机构投资者等。随着机构投资者不断的发展，投资规模的扩大，证券市场投资主体日益结构化。2006 年 9 月 1 日，《合格境外机构投资者境内证券投资管理办法》经中国证监会、中国人民银行和国家外汇管理局审议通过并实施。2007 年 6 月 18 日，中国证监会公布《合格境内机构投资者境外证券投资管理试行办法》，允许境内基金管理公司和证券公司等证券经营机构在境内募集资金，运用所募集的部分或者全部资金以资产组合方式进行境外证券投资管理。截至 2008 年底，各类机构投资者持股市值达到流通市值的 50%，已经代替散户成为市场的主导力量。目前，我国的机构投资者呈多元化发展趋势，主要由证券投资基金、银行投资基金、保险公司、信托公司、社会保障基金、企业年金、个人捐赠基金以及合格境外机构投资者构成。随着机构投资者持股的增多，他们主观上不再采用传统的抛售股票来保护其资本的价值，而是通过采取积极干预的办法来实现主动参与和改进公司治理。

（二）机构投资者与信息披露

机构投资者能够发挥有效的监督作用，降低管理层信息披露的机会主义行为，提高信息披露质量（Bushee，1998；Chung et al.，2002；Koh，2003；Mitra 和 Cready，2005；Rajgopal et al.，2002；Wahal 和 McConnell，2000；Bushee 和 Noe，2000；Healy 和 Palepu，2001）。例如杨海燕等（2012）以 2006—2009 年深圳 A 股上市公司为研究样本，实证检验了机构投资者总体以及各类型机构投资者持股对会计信息质量的影响。结果发现，机构投资者总体持股降低了财务报告可靠性，但能提高信息披露透明度。分类来看，证券投资基金、保险公司、社保基金和 QFII 等持股不影响财务报告可靠性，但能提高信息披露透明度；一般法人持股降低了财务报告可靠性，特别是加大了公司向下盈余管理程度，但不影响信息披露透明度；信托公司持股既不会影响财务报告可靠性，也不会影响信息披露透明度。结果表明，不仅机构投资者总体对上市公司会计信息质量影响的渠道不同，而且不同类型机构投资者对上市公司会计信息质量影响的渠道也存在差异。

机构投资者可以通过以下途径来抑制公司管理层信息披露的机会主义行为，提高信息透明度：

一是机构投资者参与公司治理，促使上市公司内部治理结构不断完善，对管理层的监督更加有效，使得盈余管理行为和印象管理行为产生的条件得到了有效的抑制。机构投资者的持股比例越高，在完善公司治理结构方面发挥的作用也就越大。王永海等（2007）认为机构投资者参与公司治理的积极性与其投资公司的治理机构完善程度正相关。吴晓晖和姜彦福（2006）证明了机构投资者能够促进独立董事制度建设。王奇波（2005）认为机构投资者持股有助于形成相互制衡的股权结构，有利于减少大股东控制权私人收益及大股东对中小股东财富的掠夺。上述国内研究从不同角度表明，机构投资者对公司治理的完善起到了一定的积极作用。谭劲松和林雨晨（2016）从理论上对机构投资者的积极行为进行了分析，认为机构投资者有助于通过改善公司治理水平从而提升公司的信息披露质量，并构建了机构治理影响信息披露质量的理论模型，通过理论模型的推导和实证数据的检验，证明了机构投资者的积极治理效应。他们发现，机构投资者的积极行为有助于改善公司治理水平，进而影响公司信息披露质量，机构投资者调研行为是其参与治理的方式之一；相比其他调研形式，机构投资者的实地调研更能够显著促进公司的信息披露，提升效果与机构调研次数和参与调研的机构数量正相关；进一步地，券商和基金的调研行为对信息披露的治理效应最为显著。李春涛和刘贝贝等（2018）的研究就证实了合格的境外投资者QFII已作为一种重要的外部治理力量改善了公司的信息披露，这一作用在内部治理较好和由四大审计公司进行审计的公司中更加显著，主要是通过增加持股公司的分析师跟踪人数和高管薪酬业绩敏感性来实现。

二是已有的经验证据表明机构投资者拥有专业的职业分析师团队，其分析能力和信息挖掘能力远胜于一般的参与者，具有一定的行业背景和信息优势，有较大的动机主动收集与企业有关的信息，信息解读能力较强，能够比较准确地把握公司的真实状况，识别出虚假、扭曲和含有噪音的信息，对信息披露具有一定的监督作用，能够抑制管理者披露低质量的信息（Chung et al.，2002；高敬忠等，2011）。机构投资者往往会主动进行信息搜索，能够搜集到更多的信息，也愿意花成本去对投资公司调研，挖掘内部信息。机构投资者比较容易接近管理者从而获得内部信息，从公司角度而言，公司也愿意与较大规模的机构投资者交流沟通，从而使得机构投资者获得更多的有用的内部信息。机构投资者是资本市场重要的信息需求者，他们拥有资金、信息、技术、人才等方面的相对优势，在会计信息市场上扮演信息分析专家和信息传播者的双重角色。公司治理结构中，机构投资者所扮演的角色会影响经理层提供给股东信息的方式和程度，经理层很难隐藏或者虚假披露重大信息。

三是通过大规模抛售公司股票来抵制信息披露的机会主义行为。已有大量研究表明，机构投资者可以约束管理层的盈余管理行为（Klein，2002；Xie et al.，2003；Prowse，1990；Rajgopal et al.，2002；Balsam et al.，2002；Chuang et al.，2002；Koh，2003；程书强，2006；高雷与张杰，2008；蒲仙慧和吴联生，2009；李祎等，2016；孙光国等，2015；汪玉兰和易朝辉，2017）。还有学者从管理层预测、信息披露违规和会计稳健性等方面研究了机构投资者在信息披露方面的积极作用（Ajinkya et al.，2005；Cheng et al.，2013；Ramalingegowda 和 Yu，2012；高敬忠等，2011；陆瑶等，2012）。此外，还有学者从自愿信息披露角度研究了机构投资者信息披露质量的影响（El－gazzar，2008；牛建波等，2013）。如果机构投资者能够有效监督管理层的信息披露行为，要求更加透明的信息披露，那么他们会抑制管理层的策略性信息披露行为。因此我们认为，如果战略信息披露是为了薪酬辩护的目的，是一种印象管理行为，则机构投资者能够负向调节高管超额薪酬与战略信息披露水平的正相关关系，否则此时的战略性信息披露不是印象管理行为，是真实的才能信号。此外，我们认为机构投资者能够有效监督管理层的语调管理行为，从而负向调节高管超额薪酬与战略信息披露异常正面语调的正相关关系。综上所述，我们提出以下假设：

H3－1：其他条件一定的情况下，机构投资者的持股比例能够负向调节高管的超额薪酬与战略信息披露水平的正相关关系。

H3－2：其他条件一定的情况下，机构投资者的持股比例能够负向调节高管的超额薪酬与战略信息披露异常正语调的正相关关系。

二、独立董事比例、超额薪酬与战略信息披露（水平和语调）

独立董事具有监督职能，独立董事可以提高公司董事会的决策力，降低公司的代理成本，抑制大股东利益侵占，保护中小投资者的利益。现有文献研究了独立董事对财务报表重述、盈余质量和盈余稳健性等的影响（Klein 和 April，2002；Park 和 Shin 等，2004；Mather 和 Ramsay，2007；Ronald，2018；戴亦一等，2014；郑春美和李文耀，2011；支晓强和童盼，2005；黄海杰等，2016；胡元木等，2016；赵德武等，2008；梁上坤等，2018；张天舒等，2018）。Klein 和 April（2002）以美国公司为例，得出董事会的独立性与可操控应计额负相关，因此独立董事的存在可以有效监督公司的财务报表，上市公司的信息披露质量和独立董事发挥的监督作用相关这一结论。胡奕明和唐松莲（2008）认为董事会中具有财务或会计背景的独立董事、在董事会中独立董事占比较高，上市公司盈余信息质量较好。黄海杰等（2016）和胡元木等（2016）分别从独立董事的声誉和技术背景研究了对盈余质量的影响，研究发现，会计专业独董的声誉对企业盈余质量有着显著的正向影响，而技术独立董事通过有效抑制管理层操控 R&D 费用，以此提高盈余信息质量。而赵德武等（2008）和梁上坤等（2018）从盈余稳健性角度研究了独立董事对盈余质量的影响，发现独立董事监督力对盈余稳健性有显著正向影响。Mather 和 Ramsay（2007）研究了澳大利亚公司中董事会独立性与信息披露的关系。他们发现当董事会的作用较强时，印象管理行为较低。

由此可见，独立董事能够监督、抑制管理层信息披露的机会主义行为，提高非财务信息披露的质量。如果独立董事能够有效监督管理层的信息披露行为，要求更加透明的信息披露，那么他们会抑制管理层的策略性信息披露行为。因此我们认为，如果战略信息披露是为了薪酬辩护的目的，是一种印象管理行为，则独立董事比例能够负向调节超额薪酬与战略信息披露水平的关系。此外，我们认为独立董事能够有效监督管理层的信息披露行为，从而负向调节高管超额薪酬与战略信息披露异常正面语调的正相关关系。综上所述，我们提出以下假设：

H4-1：其他条件一定的情况下，独立董事的比例能够负向调节高管的超额薪酬与战略信息披露水平的正相关关系。

H4-2：其他条件一定的情况下，独立董事的比例能够负向调节高管的超额薪酬与战略信息披露异常正面语调的正相关关系。

三、股权制衡、超额薪酬与战略信息披露（水平和语调）

相关研究表明，股权制衡可以实现内部牵制，是一种有效的治理机制（毛世平，2009），可以约束控股股东的隧道行为，缓解控股股东与中小股东之间的代理问题，维护小股东的利益，也更有助于抑制管理层的代理行为（Shleifer 和 Vishny，1986；Bennedsen 和 Wolfenzon，2000；陈德萍和陈永圣，2011；蒋弘和刘星，2012）。Shleifer 和 Vishny（1986）通过理论建模证明公司其他大股东（以第二大股东为代表）对第一大股东的制衡是保护外部投资者利益的一种重要机制。Pagano 和 Roell（1998）通过实证研究证实多个大股东的存在对于抑制资产掏空等掠夺行为有作用。La Porta 等（1999）发现，拥有足够股份的第二大股东可以在一定程度上抑制大股东对其他股东利益的侵占行为。刘星等（2010）研究也得到了类似结论。Bennedsen 和 Wolfenzon（2000）认为，通过若干大股东分享控制权，可以有效地限制少数大股东由于独占控制权而实施掏空行为。厉以宁（2001）提出，比一股独大"更好的股权结构是多股制衡"。Maury 和 Pajuste（2005）及吕怀立等（2010）的研究表明，股权制衡可以实现对控股股东的制约，能够改善委托—代理关系、降低代理成本，在提升公司价值中发挥了重要作用，成为公司治理的一个重要手段。Bloch 和 Hege（2003，2013）认为，通过形成大股东间的控制联盟，可以有效保护外部投资者的利益，防止控股股东的自利行为。现有文献还从公司绩效和公司价值、创新、投资、提高外部审计约束的有效性等角度研究了股权制衡的治理作用。

由此，我们认为第二大股东的股权制衡能力具有监督作用，能够监督抑制控股股东和管理层信息披露的机会主义行为，提高非财务信息披露的质量。如果股权制衡能够有效监督管理层的信息披露行为，那么他们会抑制管理层的策略性信息披露行为。因此我们认为，如果战略信息披露是为了薪酬辩护的目的，是一种印象管理行为，则第二大股东持股比例能够负向调节超额薪酬与战略信息披露异常正面语调的正相关关系。此外，我们认为第二大股东持股能够发挥股权制衡作用，有效监督管理层的信息披露行为，从而负向调节高管超额薪酬与战略信息披露异常正面语调的正相关关系。综上所述，我们提出以下假设：

H5 -1：其他条件一定的情况下，第二大股东的股权制衡能力能够负向调节高管的超额薪酬与战略信息披露水平的正相关关系。

H5 -2：其他条件一定的情况下，第二大股东的股权制衡能力能够负向调节高管的超额薪酬与战略信息披露异常正面语调的正相关关系。

第四章 超额薪酬与战略信息披露水平

第一节 研究设计

一、研究样本与数据来源

本书选取了深、沪两市 2005—2014 年[①]所有上市公司作为初始研究样本，并进行了如下处理：（1）剔除了金融行业的上市公司；（2）剔除了相关变量数据不全的公司；（3）为了降低异常值的影响，将连续变量进行 1% 分位数 Winsorize 处理；（4）对数据进行了 2% 的抽查核对与更正。最后，共得到 15169 个样本观测值。

本书战略信息披露水平数据是手工收集获

① 由于战略信息披露水平数据只到 2014 年，因此数据截至 2014 年。而第五章和第七章的信息披露语调样本截至 2016 年。

得，其他研究数据来源于 CCER 数据库、CSMAR 数据库和 Wind 数据库。详细的样本行业分布情况见表 4－1。

表 4－1　　样本行业分布情况表

行业名称	样本量	比例（%）
农、林、牧、渔业	272	1.793
采矿业	345	2.274
制造业	9517	62.740
电力、热力、燃气及水生产和供应业	570	3.758
建筑业	331	2.182
批发和零售业	1009	6.652
交通运输、仓储和邮政业	564	3.718
住宿和餐饮业	76	0.501
信息传输、软件和信息技术服务业	656	4.325
房地产业	917	6.045
租赁和商务服务业	151	0.995
科学研究和技术服务业	45	0.297
水利、环境和公共设施管理业	136	0.897
居民服务、修理和其他服务业	36	0.237
教育	3	0.020
卫生和社会工作业	13	0.086
文化、体育和娱乐业	94	0.620
综合类	434	2.860
合计	15169	100.000

资料来源：作者整理。

从表 4 - 1 可以看出，样本量最大的行业为制造业，有 9517 个样本，所占比例为 62.740%；其次是批发和零售业，有 1009 个样本，所占比例为 6.652%。样本量最小的行业为教育业，仅有 3 个样本，所占比例仅为 0.020%，其次是卫生和社会工作业，有 13 个样本，所占比例为 0.086%。总体来看，本书所选取的样本行业分布情况与现有学者的研究文献相类似，基本不存在行业抽样误差。

二、变量定义

（一）被解释变量

战略信息披露水平。本书以 AICPA、CICA、ICAEW 以及我国相关法律、法规及证监会制定的《公开发行证券的公司信息披露内容及格式准则》实施细则对于战略信息的披露指引为基础，主要从战略环境分析、战略目标和战略计划描述以及为达到上述目标或计划拟采取的策略与行动、影响战略实现的风险及为回避风险采取的具体措施、增加未来竞争和发展优势的战略资源信息、新产品或新业务、公司战略的实施对当前业绩和未来业绩的影响、战略所需的资金需求及使用计划、取得与处置子公司情况等方面对中国上市公司的战略信息披露进行评价。具体指标体系设计如表 4 - 2 所示。每个方面满分为 1 分，然后参照 Francis 等（2008）、马忠和吴翔宇（2007）等学者的研究，根据权重将各个项目分值相加，然后将分值除以项目总数，得到一个取值为 0 - 1 之间的分值。在本书的主检验中采用了原始打分的度量方式，此外还使用了经过行业年调整后的数据进行了稳健性检验。

表 4-2　　上市公司战略信息披露指标体系

公司的行业背景信息与市场竞争格局	
1	公司的行业发展历史
2	公司的行业现状
3	公司行业的发展趋势
4	公司在行业中的地位
5	行业市场信息
6	竞争对手信息
7	国家的行业政策
战略目标和战略计划	
8	战略目标和战略计划描述
9	为达到上述目标或计划拟采取的策略与行动
10	前期战略计划的安排、实施和调整情况
影响战略实现的风险及为回避风险采取的具体措施	
11	影响公司战略实现的经营风险
12	公司为回避经营风险采取的具体措施
13	影响公司战略实现的财务风险
14	公司为回避财务风险采取的具体措施
增加未来竞争和发展优势的战略资源信息	
15	公司对现有资源的分析
16	对未来需要资源的预计
17	为获取所需资源所采取的行动和措施
18	是否披露了增加公司竞争优势的无形资产
新产品和新业务	
19	是否有拟开发的新产品、拟开展的新业务
20	是否披露了拟开发的新产品和新业务的特征、功能与应用范围
21	是否披露了拟新开发的新产品或新业务的目标市场
22	是否披露了拟新开发的新产品或服务的开发进度和投入市场时间

续表

公司战略对业绩的影响	
23	对当前业绩的影响
24	对未来业绩的影响
战略所需的资金需求及使用计划	
25	是否披露了公司战略所需的资金需求计划
26	是否披露了公司战略所需资金的预计使用情况
取得与处置子公司情况	
27	公司本年取得子公司的情况
28	公司本年处置子公司的情况

资料来源：作者整理。

（二）解释变量

高管超额薪酬。我们采用公司 CEO 的实际薪酬与薪酬决定模型估计的正常薪酬之间的差额（Overpay）表示，此外在稳健性检验中我们还采用了经过 Size - Industry 调整后的薪酬进行了稳健性检验。

根据现有学者的研究（Core et al.，2008；吴联生等，2010），我们在高管薪酬决定模型中控制了公司特征（当年和上一年的股票回报率、当年和上一年的总资产收益率、过去五年的股票回报率的标准差、过去五年的资产收益率的标准差、总资产市账率、权益市账率、规模、是否两职合一、是否国有、薪酬委员会的规模、薪酬委员会成员的平均薪酬、薪酬委员会中独立董事的比例）、CEO 的特征（CEO 的持股比例、CEO 的年龄、CEO 的任期）、地区差异、行业和年的影响。高管的薪酬决定模型如下：

$$lnCOMP_{it} = RET + RET_{t-1} + ROA + ROA_{t-1} + SDRTN + SDROA + MTB + MB + Size + Chair + State + Size\_compenC + Salary\_CompenC + Isidirecotr\_Com-$$

$$penC + Sharehold\_CEO + Age\_CEO + Tenure\_CEO + Region \quad (4.1)$$

高管的超额薪酬计算公式如下：

$$Overpay_{it} = LnCOMP_{it} - ExpectedComp_{it} \quad (4.2)$$

各变量定义如表 4 -3 所示。

表 4 -3　计算超额薪酬模型中各变量定义表

$lnCOMP_{it}$	t 年 CEO 现金薪酬的对数
RET	t 年公司年度股票回报率
RET_{t-1}	t -1 年公司年度股票回报率
ROA	t 年公司的资产收益率
ROA_{t-1}	t -1 年公司的资产收益率
SDRTN	过去五年的股票回报率的标准差
SDROA	过去五年的资产收益率的标准差
MTB	（权益市场价值 + 负债的账面价值）/总资产的账面价值
MB	权益市场价值/权益的账面价值
Size	权益市场价值与负债账面价值之和的对数
Chair	如果 CEO 是董事会主席则赋值为 1，否则为 0
State	如果公司是国有企业则赋值为 1，否则赋值为 0
Size_CompenC	薪酬委员会的规模
Salary_CompenC	薪酬委员会成员的平均薪酬
Isidirecotr_CompenC	薪酬委员会中独立董事的比例
Sharehold_CEO	CEO 的持股比例
Age_CEO	CEO 的年龄
Tenure_CEO	CEO 的任期
Region	注册地属于中国的中部、东部还是西部

资料来源：作者整理。

（三）控制变量

借鉴现有文献，我们控制了财务特征、公司治理、内外部信息环境、是否有再融资、是否有并购、公司市场竞争情况等会影响信息披露的因素（Muslu et al.，2015；程新生等，2011；谭兴民等，2009），同时控制了行业和年度固定效应的影响。

各变量定义详见表4－4。

表4－4　　变量设计与说明表

SID	上市公司有关公司战略的信息披露水平
Overpay	根据模型计算的残差
Assets	公司资产总额对数
Lev	公司负债率，负债总额/期初总资产
Turn_ceo	虚拟变量，若CEO有变更为1，否则为0
Growth	总资产增长率
Acquisition	虚拟变量，若上市公司有并购为1，否则为0
Crosslist	虚拟变量，若上市公司有海外上市为1，否则为0
HHI	赫芬达尔指数，$HHI=\sum_i (X_i/X)^2$，其中 X_i 为企业 i 的年度销售额，$X=\sum X_i$ 为行业内所有企业的年度销售额之和
Refinance	公司是否有再融资
Share_Mng	管理层持股比例
Top1	公司第一大股东持股比例
Duality	是否两职合一
Size_BD	董事会人数的自然对数
IndepR	独立董事比例
AuditC	虚拟变量，若上市公司有审计委员会设立为1，否则为0
State	虚拟变量，是否国有，是为1，不是为0
Share_Inst	机构投资者的持股比例
Her10	前10大股东持股比例平方和
Top2	第二大股东的持股比例
Year09	虚拟变量，若属于2009年“限薪令”之后年度我们赋值为1，否则为0

资料来源：作者整理。

三、模型设计

为了验证本书的假设，我们建立了以下模型：

$$SID_t = \alpha_0 + \alpha_1 Overpay_t + \sum \alpha_i Controls_t + \varepsilon_{it} \quad (4.3)$$

$$SID_t = \alpha_0 + \alpha_1 Overpay_t + Overpay_t * State_t + \sum \alpha_i Controls_t + \varepsilon_{it} \quad (4.4)$$

其中，SID_t是 t 年公司的战略信息披露水平；$Overpay_t$是指 t 年 CEO 的超额薪酬；$Controls_t$为 t 年各个控制变量。回归模型采用了公司层面的聚类稳健标准误调整（Cluster）。模型中各变量定义详见表 4 -4。

第二节 实证结果与分析

一、描述性统计

表 4 -5 报告了各变量的描述性统计。战略信息披露水平 SID 的平均值为 0.4649，中位数为 0.4632，最小值为 0，最大值为 1.000，极差较大，这说明不同上市公司之间有关战略信息的披露水平存在较大差距。超额薪酬 Overpay 的平均值为 0.0000，中位数为 0.0348，最小值为 -4.1015，最大值为 3.9272。State 的平均值为 0.5053，这说明我国有大约 50.53% 的上市公司为国有控股公司。

表 4－5　　总样本的描述性统计

Variable	Obs	Mean	Std. Dev.	Min	Median	Max
SID	15169	0. 4649	0. 1738	0. 0000	0. 4632	1. 0000
SID_A	15169	－0. 0015	0. 1641	－0. 5844	0. 0000	0. 5094
Compen	15169	564799	611318. 6	0	420000	1. 37e＋07
Overpay	15169	0. 0000	0. 6515	－4. 1015	0. 0348	3. 9272
LnASSET	15169	21. 7447	1. 2432	18. 8781	21. 6184	26. 4271
Lever	15169	0. 4911	0. 2422	0. 0467	0. 4915	1. 4923
Turn_ceo	15169	0. 1763	0. 3811	0	0	1
Growth	15169	0. 1435	0. 2979	－0. 3723	0. 0899	2. 5815
Acquisition	15169	0. 6552	0. 4753	0	1	1
Crosslist	15169	0. 0243	0. 1539	0	0	1
HHI	15169	0. 0138	0. 0184	0. 0027	0. 0073	0. 1137
Refinance	15169	0. 0881	0. 2834	0. 0000	0. 0000	1. 0000
Share_Mng	15169	0. 0869	0. 3153	0	0. 0002	8. 7962
TOP1	15169	0. 3398	0. 1694	0. 0260	0. 3197	0. 7977
Duality	15169	0. 1923	0. 3941	0. 0000	0. 0000	1. 0000
Size_BD	15169	2. 2893	0. 1802	1. 7918	2. 3026	2. 7726
IndepR	15169	0. 5205	0. 1351	0. 3333	0. 5000	0. 8000
AuditC	15169	0. 8904	0. 3124	0	1	1
State	15169	0. 5053	0. 5000	0. 0000	1. 0000	1. 0000
Share_Inst	15169	0. 3328	0. 2422	0	0. 3130	0. 9030
Her10	15169	1. 3389	1. 1609	0. 0000	1. 0986	4. 1589
Top2	15169	0. 0861	0. 0760	0. 0007	0. 0619	0. 4406
DA	15169	－0. 0016	0. 0992	－0. 5906	－0. 0025	0. 5404

资料来源：作者整理。

从表 4 - 6 对战略信息披露分年度的描述性统计来看，上市公司战略信息披露的平均值在 2005 - 2014 年依次为 0.3453、0.3906、0.4860、0.5203、0.4323、0.4314、0.4361、0.5243、0.5220 和 0.4736，中位数分别为 0.3533、0.3867、0.4875、0.5375、0.4438、0.4375、0.4375、0.5176、0.5133 和 0.4789。无论是均值还是中位数都基本上以 2009 年为界，2009 年之前为逐年递增，而之后有所减少。

表 4 - 6　　战略信息披露水平年度描述性统计

总样本							
Variable	Year	Obs	Mean	Std. Dev.	Min	Median	Max
SID	2005	1178	0.3453	0.1516	0.0000	0.3533	0.7467
	2006	1079	0.3906	0.1284	0.0000	0.3867	0.7733
	2007	1080	0.4860	0.1599	0.0000	0.4875	0.8469
	2008	1175	0.5203	0.1822	0.0000	0.5375	0.9313
	2009	1149	0.4323	0.1669	0.0000	0.4438	0.8781
	2010	1361	0.4314	0.1803	0.0000	0.4375	0.9063
	2011	1845	0.4361	0.1769	0.0000	0.4375	0.9313
	2012	2218	0.5243	0.1707	0.0000	0.5176	1.0000
	2013	2109	0.5220	0.1719	0.0733	0.5133	0.9867
	2014	1975	0.4736	0.1423	0.0421	0.4789	0.8947

资料来源：作者整理。

本书又进一步列示了总样本各主要变量之间的皮尔逊相关系数。详细结果见表 4 - 7。由表相关系数表可知，高管的超额薪酬 Overpay 与公司的战略信息披露显著正相关，相关系数为 0.054。

表 4-7　　皮尔逊相关系数表

	SID	Overpay	ln ASSET	Lever	Turn_ceo	Growth	Acquisition	Crosslist	Refin	HHI	Share_Mng	State	Duality	IndepR	lnBDS	Top1	AC	Share_Inst	Her10	Top2
SID	1																			
Overpay	0.054 *	1																		
ln ASSET	0.154 *	0.007	1																	
Lever	-0.020 *	-0.001	0.326 *	1																
Turn_ceo	-0.021 *	-0.017	-0.025 *	0.061 *	1															
Growth	0.099 *	0.013	0.295 *	0.037 *	-0.063 *	1														
Acquisition	0.044 *	0.019	0.051 *	0.108 *	0.021 *	0.050 *	1													
Crosslist	0.015	0.017	0.216 *	0.036 *	-0.014	0.014	-0.013	1												
Refin	0.069 *	-0.003	0.155 *	0.032 *	-0.005	0.137 *	0.055 *	0.0059	1											
HHI	-0.001	-0.011	0.061 *	0.036 *	0.011	0.015 *	0.009	0.026 *	0.014 *	1										
Share_Mng	0.034 *	0.052 *	-0.012	-0.193 *	-0.105 *	0.102 *	-0.002	-0.060 *	-0.062 *	-0.010	1									
State	-0.018 *	0.009	0.250 *	0.223 *	0.013	-0.032 *	0.056 *	0.121 *	-0.027 *	0.0268 *	-0.229 *	1								
Duality	0.013 *	-0.003	-0.142 *	-0.140 *	-0.070 *	0.017 *	-0.008	-0.034 *	0.004	-0.031 *	0.193 *	-0.246 *	1							
IndepR	-0.065 *	0.025 *	-0.053 *	0.085 *	0.002	-0.034 *	0.018	0.031 *	-0.051 *	-0.004	0.012	0.143 *	-0.032 *	1						
lnBDS	0.023 *	0.006	0.248 *	0.133 *	-0.022 *	0.049 *	-0.008	0.124 *	0.014 *	0.010	-0.050 *	0.258 *	-0.170 *	-0.100 *	1					
TOP1	0.005	-0.003	0.252 *	0.097 *	-0.070 *	0.032 *	-0.089 *	0.097 *	-0.008	0.069 *	-0.159 *	0.308 *	-0.120 *	0.172 *	0.073 *	1				
AC	0.138 *	0.039 *	0.089 *	-0.0070	-0.0034	0.067 *	0.071 *	0.024 *	0.087 *	-0.004	0.016	-0.021 *	-0.001	0.057 *	-0.005	-0.031 *	1			
Share_Inst	0.125 *	0.098 *	0.360 *	0.023 *	-0.070 *	0.234 *	0.059 *	0.107 *	0.123 *	0.001	-0.054 *	0.100 *	-0.050 *	0.029 *	0.081 *	0.154 *	0.255 *	1		
Her10	0.023 *	-0.032 *	0.222 *	-0.026 *	0.0194	0.088 *	-0.104 *	0.154 *	0.035 *	0.051 *	-0.140 *	0.197 *	-0.063 *	0.001	0.023 *	0.970 *	-0.041 *	0.165 *	1	
Top2	-0.022 *	0.051 *	-0.110 *	-0.114 *	-0.024 *	0.041 *	0.0084	0.228 *	-0.014 *	-0.002	0.117 *	-0.214 *	0.079 *	-0.009	0.069 *	0.970 *	-0.015	0.051 *	-0.130 *	1

注：* 表示至少在 10% 水平上显著。

进一步通过是否国有分组的主要变量相关系数来看，如表4－8所示，在国有企业组高管的超额薪酬与战略信息披露的相关系数在1%水平上显著，为0.0579；在非国有企业组高管的超额薪酬与战略信息披露的相关系数在1%水平上显著，为0.0497；国有企业组的相关系数大于非国有企业组的相关系数，这表明在国有企业组中，高管超额薪酬与战略信息披露的关系更强。由于皮尔逊相关系数分析未控制其他因素，只是一种简单的相关性分析，通过这种方法得到的相关性与现实中的情况可能会存在一定的偏差，变量之间准确的相关关系还需要通过进一步的回归分析来检验。

表4－8　　皮尔逊相关系数表（分公司产权性质）

	国有企业		非国有企业	
	SID	Overpay	SID	Overpay
SID	1		1	
Overpay	0.0579***	1	0.0497***	1

注：* 表示在10%水平上显著，** 表示在5%水平上显著，*** 表示在1%水平上显著。

二、实证结果分析

我们对总样本进行了回归分析。我们分别用OLS（robust）和FE进行了回归，结果如表4－9和表4－10所示。

首先，从表4－9第一列结果可以看出，超额薪酬Overpay与战略信息披露水平SID在5%水平上显著正相关，相关系数为0.0041，即高管获得的超额薪酬越高，战略信息披露水平越高，支持了假设H1－1。

其次，我们在模型中加入是否国有与超额薪酬的交互项State×Overpay，以此来进一步验证战略信息披露的薪酬辩护动机。

从表 4 – 9 第二列结果可以看出，是否国有与超额薪酬的交互项 State × Overpay 与战略信息披露水平 SID 均在 1% 水平上显著正相关，相关系数为 0.0185，这表明是否国有能够正向调节超额薪酬 Overpay 与战略信息披露水平 SID 的正相关关系，即在国有企业中，超额薪酬 Overpay 与战略信息披露水平 SID 的正相关关系更加显著，这与我们的薪酬辩护假说预期一致，支持了假设 H2 – 1。

表 4 – 9　高管超额薪酬与战略信息披露水平的 OLS 回归结果

Dependent Variable：SID		
	1	2
Overpay	0.0041**	0.0017**
	(2.48)	(1.99)
State × Overpay		0.0185***
		(5.20)
Assets	0.0194***	0.0199***
	(10.13)	(10.40)
Lev	–0.0149*	–0.0142*
	(–1.76)	(–1.69)
Turn_ ceo	–0.0039	–0.0031
	(–0.87)	(–0.71)
Growth	0.0137*	0.0133*
	(1.93)	(1.89)
Acquisition	0.0018	0.0014
	(0.46)	(0.35)
Crosslist	–0.0174	–0.0190
	(–1.42)	(–1.55)
HHI	0.0104	0.0012
	(0.11)	(0.01)

续表

Dependent Variable：SID		
	1	2
Refinance	0.0189***	0.0186***
	(2.90)	(2.85)
Share_Mng	-0.0051	-0.0055
	(-0.73)	(-0.80)
Top1	0.0722	0.0734*
	(1.64)	(1.67)
Duality	0.0021	0.0029
	(0.42)	(0.58)
Size_BD	0.0023**	0.0024**
	(2.27)	(2.38)
IndepR	0.0065*	0.0057*
	(1.85)	(1.75)
AuditC	0.0262***	0.0255***
	(4.16)	(4.04)
State	-0.0021*	-0.0026*
	(-1.65)	(-1.75)
Share_Inst	0.0182**	0.0166*
	(2.03)	(1.85)
Her10	-0.0891*	-0.0892*
	(-1.66)	(-1.67)
Top2	0.0278**	0.0306**
	(1.97)	(2.07)
Year	Control	Control
Industry	Control	Control
_cons	-0.0775*	-0.0865**
	(-1.84)	(-2.05)
F值	32.38	32.35
N	15169	15169

注：* 表示在10%水平上显著，** 表示在5%水平上显著，*** 表示在1%水平上显著。

表4－10列示了固定效应回归结果。首先从表4－10第一列结果可以看出，超额薪酬 Overpay 与战略信息披露水平 SID 均在1%水平上显著正相关，相关系数为0.0082，即高管获得的超额薪酬越高，战略信息披露水平越高，同样支持了假设 H1－1。

其次，我们在模型中加入是否国有与超额薪酬的交互项 State × Overpay，以此来进一步验证战略信息披露的薪酬辩护动机。从表4－10第二列结果可以看出，是否国有与超额薪酬的交互项 State × Overpay 与战略信息披露水平 SID 均在5%水平上显著正相关，相关系数为0.0064，这表明是否国有能够正向调节超额薪酬 Overpay 与战略信息披露水平 SID 的正相关关系，即在国有企业中，超额薪酬 Overpay 与战略信息披露水平 SID 的正相关关系更加显著，这与我们的薪酬辩护假说预期一致，同样支持了假设 H2－1。

表4－10　高管超额薪酬与战略信息披露水平的固定效应回归结果

Dependent Variable：SID		
	1	2
Overpay	0.0082***	0.0046*
	(3.21)	(1.82)
State × Overpay		0.0064**
		(1.96)
Assets	0.0200***	0.0201***
	(10.21)	(10.25)
Lev	－0.0236***	－0.0235***
	(－2.76)	(－2.74)
Turn_ceo	－0.0037	－0.0034
	(－0.78)	(－0.71)
Growth	0.0079	0.0076
	(1.09)	(1.05)

续表

Dependent Variable：SID		
	1	2
Acquisition	0.0062	0.0011
	(0.02)	(0.00)
Crosslist	-0.0193	-0.0196
	(-1.56)	(-1.58)
HHI	0.0334	0.0335
	(0.34)	(0.34)
Refinance	0.0135**	0.0135**
	(2.08)	(2.07)
Share_Mng	0.0136	0.0134
	(1.61)	(1.58)
Top1	0.0933**	0.0929**
	(2.10)	(2.09)
Duality	0.0013	0.0016
	(0.24)	(0.30)
Size_BD	0.0023**	0.0023**
	(2.12)	(2.12)
IndepR	0.0047	0.0045
	(0.51)	(0.49)
AuditC	0.0306***	0.0305***
	(4.02)	(4.01)
State	-0.0038*	-0.0038*
	(-1.90)	(-1.90)
Share_Inst	0.0155*	0.0156*
	(1.66)	(1.67)
Her10	-0.125**	-0.124**
	(-2.30)	(-2.29)
Top2	0.0187*	0.0179*
	(1.82)	(1.80)

续表

Dependent Variable：SID		
	1	2
Year	Control	Control
Industry	Control	Control
_cons	-0.0147	-0.0164
	(-0.34)	(-0.38)
F值	9.80	10.30
N	15169	15169

注：*表示在10%水平上显著，**表示在5%水平上显著，***表示在1%水平上显著。

三、内生性检验

在前文中我们得出超额薪酬与战略信息披露水平正相关，然而超额薪酬和战略信息披露水平有可能是相互决定的，也可能是受到我们未知因素的影响而同时决定的，这就会使得本书的研究结论可能受到内生性问题的干扰。因此，本书选取如下方法来降低内生性产生的影响。

（一）同行业公司个数的对数（lnNum）作为工具变量

我们选取同行业公司个数的对数作为工具变量，使用两阶段最小二乘法来解决可能存在的内生性问题。工具变量的选择要遵循两个条件：一是工具变量与解释变量相关，二是与扰动项不相关。同行业公司的个数是外生的，且同行业公司个数的对数与超额薪酬正相关。因为同行业公司的个数越多，高管外部的雇佣机会越大，公司为了留住高管会支付和容忍较高的薪酬（Gao et al.，2015）；同行业公司的个数越多，高管外部的雇佣机会越大，高管不会因为害怕薪酬操纵而导致的解聘，因而会进行较多的薪酬操纵获得较多的超额薪酬。而同行业公司个数的对数与公司的信息披露没有直接的相关关系。

在表4-11第一阶段的回归结果中，同行业公司个数的对数lnNum与高管的超额薪酬在5%的水平上显著正相关，且检验的F值均大于10，因此不属于弱工具变量。表4-11第二阶段的第一列回归结果显示，超额薪酬Overpay与战略信息披露水平SID在5%的水平上显著正相关。表4-11第二阶段的第二列回归结果显示，是否国有与超额薪酬的交互项State×Overpay与战略信息披露水平SID在10%水平上显著正相关，相关系数为0.0643，这表明是否国有能够正向调节超额薪酬Overpay与战略信息披露水平SID的关系，即在国有企业中，超额薪酬Overpay与战略信息披露水平SID更加显著，与主检验的结论一致，没有发生显著性变化。

表4-11　　同行业公司个数的对数（lnNum）作为工具变量两阶段回归结果

第一阶段回归结果		
Dependent Variable：Overpay		
	1	2
lnNum	0.0425**	0.0231**
	(2.32)	(2.31)
控制变量	Control	Control
F值	12.70	19.09
N	15169	15169
第二阶段回归结果		
Dependent Variable：SID		
Overpay	0.0276**	0.0799**
	(2.40)	(2.57)
State×Overpay		0.0643*
		(1.82)

续表

第二阶段回归结果		
Dependent Variable：SID		
Assets	0.0201***	0.0228***
	(8.26)	(4.25)
Lev	-0.0136	-0.0095
	(-1.51)	(-0.77)
Turn_ceo	-0.0047	-0.0034
	(-0.97)	(-0.69)
Growth	0.0149*	0.0155*
	(1.94)	(1.78)
Acquisition	0.0028	0.0025
	(0.61)	(0.52)
Crosslist	-0.0192	-0.0272
	(-1.47)	(-1.39)
HHI	0.0361	0.0397
	(0.33)	(0.32)
Refinance	0.0169**	0.0130
	(2.14)	(1.09)
Share_Mng	-0.0053	-0.0072
	(-0.75)	(-0.88)
Top1	0.0460	0.0142
	(0.63)	(0.13)
Duality	0.0035	0.0082
	(0.59)	(0.77)
Size_BD	0.0026**	0.0034
	(2.09)	(1.63)
IndepR	0.0070*	0.0050
	(1.89)	(1.58)

续表

第二阶段回归结果		
Dependent Variable：SID		
AuditC	0. 0284 ***	0. 0289 ***
	(3. 54)	(3. 17)
State	-0. 0011	-0. 0018
	(-0. 24)	(-0. 37)
Share_Inst	0. 0270 **	0. 0335 **
	(2. 27)	(2. 10)
Her10	-0. 0745	-0. 0545
	(-1. 18)	(-0. 65)
Top2	0. 0231 *	0. 0263 *
	(1. 75)	(1. 81)
Year	Control	Control
Industry	Control	Control
_cons	-0. 0946 *	-0. 1490
	(-1. 66)	(-1. 27)
Wald chi^2	1339. 16	1144. 86
N	15169	15169

注：* 表示在 10% 水平上显著，** 表示在 5% 水平上显著，*** 表示在 1% 水平上显著。

（二）同行业其他公司过度薪酬的平均值（Overpay_ Ind）作为工具变量

我们借鉴 Xu 等（2014）的研究，选取同行业其他公司的过度薪酬的平均值（Overpay_ Ind）作为工具变量，使用两阶段最小二乘法来解决可能存在的内生性问题。工具变量的选择要遵循两个条件：一是工具变量与解释变量相关，二是与扰动项不相关。同行业其他公司的过度薪酬的平均值（Overpay_ Ind）是外生的，且同行业其他公司的过度薪酬的平均值（Overpay_ Ind）与超额薪酬正相关。而同行业其他公司的过度薪酬的平均值

（Overpay_Ind）与公司的信息披露却没有直接的相关关系。

表4-12列示了检验结果。在一阶段的回归结果中，工具变量Overpay_Ind与过度薪酬Overpay在1%的水平上显著正相关，且检验的F值均大于10，因此不属于弱工具变量。

表4-12列示了第二阶段的回归结果。第一列结果表明，超额薪酬Overpay与战略信息披露水平SID均在5%水平上显著正相关，相关系数为0.0513，即高管获得的超额薪酬越高，战略信息披露水平SID越高，这与我们的主检验结果一致。

我们在模型中加入是否国有与超额薪酬的交互项State×Overpay，以此来进一步验证战略信息披露的薪酬辩护动机。从表4-12第二列结果可以看出，是否国有与超额薪酬的交互项State×Overpay与战略信息披露水平SID在1%水平上显著正相关，相关系数为0.0084，这表明是否国有能够正向调节超额薪酬Overpay与战略信息披露水平SID的关系，即在国有企业中，超额薪酬Overpay与战略信息披露水平SID的正相关关系更加显著，这与我们的主检验结果一致，没有发生显著性变化。

表4-12　　同行业其他公司过度薪酬的平均值（Overpay_Ind）作为工具变量两阶段回归结果

第一阶段回归结果		
Dependent Variable：Overpay		
	1	2
Overpay_Ind	0.9607***	0.9749***
	(6.93)	(7.32)
控制变量	Control	Control
F值	13.71	21.36
N	15169	15169

续表

第二阶段回归结果		
Dependent Variable：SID		
Overpay	0.0513 **	0.0511 **
	(2.19)	(2.21)
State × Overpay		0.0084 ***
		(2.59)
Assets	0.0180 ***	0.0178 ***
	(8.84)	(8.30)
Lev	-0.0142	-0.0144
	(-1.61)	(-1.63)
Turn_ceo	-0.0026	-0.0029
	(-0.56)	(-0.64)
Growth	0.0122 *	0.0124 *
	(1.65)	(1.69)
Acquisition	0.0073	0.0096
	(0.18)	(0.24)
Crosslist	-0.0141	-0.0134
	(-1.11)	(-1.04)
HHI	-0.0413	-0.0359
	(-0.42)	(-0.37)
Refinance	0.0210 ***	0.0211 ***
	(3.04)	(3.04)
Share_Mng	-0.0045	-0.0043
	(-0.62)	(-0.59)
Top1	0.0011 **	0.0011 **
	(2.28)	(2.30)
Duality	-0.0031	-0.0061
	(-0.06)	(-0.11)

续表

第二阶段回归结果		
Dependent Variable：SID		
Size_BD	0. 0017	0. 0017
	(1. 64)	(1. 61)
IndepR	0. 0057 *	0. 0060 *
	(1. 72)	(1. 76)
AuditC	0. 0232 ***	0. 0236 ***
	(3. 45)	(3. 59)
State	-0. 0039 *	-0. 0036 *
	(-1. 92)	(-1. 85)
Share_Inst	0. 0029 **	0. 0041 **
	(2. 25)	(2. 40)
Her10	-0. 1140 **	-0. 1120 **
	(-2. 01)	(-2. 00)
Top2	0. 0351 **	0. 0339 **
	(2. 18)	(2. 15)
Year	Control	Control
Industry	Control	Control
_cons	-0. 0447	-0. 0414
	(-0. 99)	(-0. 88)
Wald chi^2	1269. 42	1307. 67
N	15169	15169

注：* 表示在 10% 水平上显著，** 表示在 5% 水平上显著，*** 表示在 1% 水平上显著。

此外，我们还选择了超额薪酬的滞后期作为工具变量，重新进行了回归，回归结果与主检验的结论一致，再次验证了我们之前的薪酬辩护假说。

四、进一步的分析

2009 年六部委推出了“限薪令”，更为严格地对国企负责人薪酬管理进行了规范，这使得国企高管面临更大的薪酬辩护压力。我们预期，如果薪酬辩护假说成立，则在 2009 年之后，公司高管薪酬辩护动机更强，超额薪酬与战略信息披露水平之间的关系更强。我们首先在 OLS 模型中加入 Year09 作为调节变量，若在 2009 年之后，则 Year09 为 1，否则为 0。

结果如表 4 – 13 所示，是否推出限薪令与过度薪酬的交互项 Year09 × Overpay 的系数为 0.0061，且在 5% 的水平上显著。这表明，在限薪令之后，高管 CEO 用战略性信息披露来进行辩护的动机更强。实证结果与我们的预期一致，符合薪酬辩护假说。

表 4 – 13　高管超额薪酬与战略信息披露水平分时间段回归结果

Dependent Variable：SID	
Overpay	0.0088**
	(2.55)
Year09 × Overpay	0.0061**
	(2.55)
Assets	0.0195***
	(10.17)
Lev	–0.0155*
	(–1.84)
Turn_ceo	–0.0038
	(–0.87)
Growth	0.0138*
	(1.94)
Acquisition	0.0017
	(0.46)
Crosslist	–0.0180
	(–1.47)

续表

Dependent Variable：SID	
HHI	0.0099
	(0.11)
Refinance	0.0189 ***
	(2.90)
Share_Mng	-0.0055
	(-0.78)
Top1	0.0741 *
	(1.68)
Duality	0.0019
	(0.39)
Size_BD	0.0022 **
	(2.24)
IndepR	0.0065 *
	(1.84)
AuditC	0.0260 ***
	(4.12)
State	-0.0022
	(-1.53)
Share_Inst	0.0177 **
	(1.96)
Her10	-0.0905 *
	(-1.69)
Top2	0.0268 *
	(1.94)
Year	Control
Industry	Control
_cons	-0.0790 *
	(-1.87)
F 值	31.71
N	15169

注：* 表示在 10% 水平上显著，** 表示在 5% 水平上显著，*** 表示在 1% 水平上显著。

五、其他的稳健性检验

（一）采用经过行业年中位数调整的战略信息披露水平

我们用行业年中位数调整的战略信息披露水平（SID_A）来度量战略信息披露，重新进行了回归。首先，从表4-14第一列结果可以看出，超额薪酬 Overpay 与战略信息披露水平 SID_ A 均在5%水平上显著正相关，相关系数为0.0041，即高管获得的超额薪酬越高，战略信息披露水平越高，与主检验的结论一致，没有发生显著性变化。

其次，我们在模型中加入是否国有与超额薪酬的交互项 State × Overpay，以此来进一步验证战略信息披露的薪酬辩护动机。从表4-14第二列结果可以看出，是否国有与超额薪酬的交互项 State × Overpay 与战略信息披露水平 SID_A 在1%水平上显著正相关，相关系数为0.0211，这表明是否国有能够正向调节超额薪酬 Overpay 与战略信息披露水平 SID_A 的关系，即在国有企业中，超额薪酬 Overpay 与战略信息披露水平 SID_A 的正相关关系更加显著，与主检验的结论一致，没有发生显著性变化。

表4-14　　高管超额薪酬与战略信息披露水平的回归结果（行业年中位数调整的 SID_A）

Dependent Variable：SID_A		
	1	2
Overpay	0.0041**	0.0013*
	(2.48)	(1.74)
State × Overpay		0.0211***
		(5.82)

续表

Dependent Variable：SID_ A		
	1	2
Assets	0. 0194 ***	0. 0196 ***
	(10. 13)	(10. 34)
Lev	-0. 0149 *	-0. 0111
	(-1. 76)	(-1. 33)
Turn_ceo	-0. 0038	-0. 0029
	(-0. 87)	(-0. 67)
Growth	0. 0137 *	0. 0135 *
	(1. 93)	(1. 93)
Acquisition	0. 0018	0. 0015
	(0. 46)	(0. 41)
Crosslist	-0. 0174	-0. 0190
	(-1. 42)	(-1. 57)
HHI	0. 0104	-0. 0185
	(0. 11)	(-0. 20)
Refinance	0. 0189 ***	0. 0174 ***
	(2. 90)	(2. 70)
Share_Mng	-0. 0051	-0. 0054
	(-0. 73)	(-0. 78)
Top1	0. 0722	0. 0759 *
	(1. 64)	(1. 75)
Duality	0. 0020	0. 0027
	(0. 42)	(0. 54)
Size_BD	0. 0023 **	0. 0023 **
	(2. 27)	(2. 32)
IndepR	0. 0065 *	0. 0057 *
	(1. 85)	(1. 75)
AuditC	0. 0262 ***	0. 0257 ***
	(4. 16)	(4. 13)

续表

Dependent Variable：SID_ A		
	1	2
State	-0.0020	-0.0032*
	(-1.50)	(-1.81)
Share_Inst	0.0182**	0.0137*
	(2.03)	(1.74)
Her10	-0.0891*	-0.0935*
	(-1.66)	(-1.77)
Top2	0.0278**	0.0297**
	(1.97)	(2.05)
Year	Control	Control
Industry	Control	Control
_cons	-0.526***	-0.539***
	(-12.46)	(-12.94)
F值	30.82	30.49
N	15169	15169

注：* 表示在10%水平上显著，** 表示在5%水平上显著，*** 表示在1%水平上显著。

（二）用经过行业中位数调整的薪酬度量超额薪酬

根据Gaver和Im（2014）的研究，我们用分年度经过Size_Industry调整的薪酬度量超额薪酬（Overpay2），重新进行了回归。首先，从表4-15第一列结果可以看出，超额薪酬Overpay2与战略信息披露水平SID在1%水平上显著正相关，相关系数为0.0082，即高管获得的超额薪酬越高，战略信息披露水平越高，与主检验的结论一致，没有发生显著性变化。

其次，我们在模型中加入是否国有与超额薪酬的交互项

State × Overpay2，以此来进一步验证战略信息披露的薪酬辩护动机。从表 4 – 15 第二列结果可以看出，是否国有与超额薪酬的交互项 State × Overpay2 与战略信息披露水平 SID 在 5% 水平上显著正相关，相关系数为 0.0064，这表明是否国有能够正向调节超额薪酬 Overpay2 与战略信息披露水平 SID 的关系，即在国有企业中，超额薪酬 Overpay2 与战略信息披露水平 SID 的正相关关系更加显著，与主检验的结论一致，没有发生显著性变化。

表 4 – 15　　高管超额薪酬与战略信息披露水平的回归结果（行业年调整的高管薪酬 Overpay2）

Dependent Variable：SID		
	1	2
Overpay2	0.0082***	0.0046*
	(3.21)	(1.72)
State × Overpay2		0.0064**
		(2.26)
Assets	0.0200***	0.0201***
	(10.21)	(10.25)
Lev	–0.0236***	–0.0235***
	(–2.76)	(–2.74)
Turn_ceo	–0.0036	–0.0033
	(–0.78)	(–0.71)
Growth	0.0079	0.0076
	(1.09)	(1.05)
Acquisition	0.0062	0.0011
	(0.02)	(0.00)
Crosslist	–0.0193	–0.0196
	(–1.56)	(–1.58)
HHI	0.0334	0.0335
	(0.34)	(0.34)

续表

Dependent Variable：SID		
	1	2
Refinance	0.0135**	0.0135**
	(2.08)	(2.07)
Share_Mng	0.0136	0.0134
	(1.61)	(1.58)
Top1	0.0933**	0.0929**
	(2.10)	(2.09)
Duality	0.0013	0.0016
	(0.24)	(0.30)
Size_BD	0.0022**	0.0022**
	(2.12)	(2.12)
IndepR	0.0047**	0.0045**
	(2.51)	(2.49)
AuditC	0.0306***	0.0305***
	(4.02)	(4.01)
State	-0.0037*	-0.0037*
	(-1.90)	(-1.90)
Share_Inst	0.0155*	0.0156*
	(1.66)	(1.67)
Her10	-0.1250**	-0.1240**
	(-2.30)	(-2.29)
Top2	0.0187*	0.0179*
	(1.75)	(1.66)
Year	Control	Control
Industry	Control	Control
_cons	-0.0671	-0.0689
	(-1.56)	(-1.60)
F 值	26.12	25.34
N	15169	15169

注：* 表示在 10% 水平上显著，** 表示在 5% 水平上显著，*** 表示在 1% 水平上显著。

（三）以前三名的高管薪酬代替高管薪酬

我们以前三名高管的薪酬作为高管薪酬计算超额薪酬（Overpay_top3）重新进行了回归。结果如表 4 – 16 所示，超额薪酬 Overpay_top3 与战略信息披露 SID 在 1% 水平上显著正相关，相关系数为 0.0094，即高管获得的超额薪酬越高，战略信息披露水平越高，与主检验的结论一致，没有发生显著性变化。

另外，我们在模型中加入是否国有与超额薪酬的交互项 State × Overpay_top3，以此来进一步验证战略信息披露的薪酬辩护动机。从表 4 – 16 第二列结果可以看出，是否国有与超额薪酬的交互项 State × Overpay_top3 与战略信息披露水平 SID 均在 5% 水平上显著正相关，相关系数为 0.0041，这表明是否国有能够正向调节超额薪酬 Overpay_top3 与战略信息披露水平 SID 的关系，即在国有企业中，超额薪酬 Overpay_top3 与战略信息披露水平 SID 的正相关关系更加显著，与主检验的结论一致，没有发生显著性变化。

表 4 – 16　高管超额薪酬与战略信息披露水平的回归结果（以前三名高管薪酬计算超额薪酬）

Dependent Variable：SID		
	1	2
Overpay_top3	0.0094 ***	0.0117 ***
	(4.26)	(3.88)
State × Overpay_top3		0.0041 **
		(2.10)
Assets	0.0180 ***	0.0180 ***
	(9.83)	(9.83)
Lev	–0.0244 ***	–0.0240 ***
	(–3.30)	(–3.25)

续表

Dependent Variable：SID		
	1	2
Turn_ceo	-0.0029	-0.0028
	(-0.72)	(-0.70)
Growth	0.0167***	0.0166**
	(2.58)	(2.57)
Acquisition	-0.0084	-0.0087
	(-0.23)	(-0.24)
Crosslist	-0.0203*	-0.0192*
	(-1.80)	(-1.69)
HHI	-0.0335	-0.0309
	(-0.40)	(-0.36)
Refinance	0.0178***	0.0178***
	(2.89)	(2.89)
Share_Mng	-0.0018	-0.0021
	(-0.28)	(-0.32)
Top1	0.0863**	0.0864**
	(2.16)	(2.16)
Duality	0.0042	0.0040
	(0.93)	(0.88)
Size_BD	0.0024***	0.0024***
	(2.60)	(2.59)
IndepR	0.0039**	0.0042***
	(2.56)	(2.59)
AuditC	0.0184***	0.0183***
	(3.23)	(3.22)
State	0.0010	-0.0008
	(0.03)	(-1.20)
Share_Inst	0.0149*	0.0151*
	(1.76)	(1.79)

续表

Dependent Variable：SID		
	1	2
Her10	-0.1040**	-0.1050**
	(-2.14)	(-2.15)
Top2	0.0152*	0.0152*
	(1.68)	(1.68)
Year	Control	Control
Industry	Control	Control
_cons	-0.0445	-0.0445
	(-1.10)	(-1.10)
F 值	40.81	39.91
N	15169	15169

注：* 表示在 10% 水平上显著，** 表示在 5% 水平上显著，*** 表示在 1% 水平上显著。

（四）控制变量中加入可操控应计 DA

盈余管理是上市公司操纵投资者印象的另外一种方法，因此我们按照 Dechow 等（1995）使用修正后的琼斯模型计算了可操控应计 DA，在主回归模型中加入了可操控应计变量 DA 重新进行了检验。表 4-17 列示了检验的结果。

从表 4-17 第一列结果可以看出，超额薪酬 Overpay 与战略信息披露水平 SID 在 5% 水平上显著正相关，相关系数为 0.0041，即高管获得的超额薪酬越高，战略信息披露水平就越多。结果与主回归相比较，没有发生显著性变化。

此外，我们在模型中加入是否国有与超额薪酬的交互项 State × Overpay，以此来进一步验证战略信息披露的薪酬辩护动机。从表 4-17 第二列结果可以看出，是否国有与超额薪酬的交互项 State × Overpay 与战略信息披露水平 SID 均在 1% 水平上显著正相关，相关系数为 0.0184，这表明是否国有能够正向调节超额薪酬 Overpay 与战略信息披露水平 SID 的关系，即在国有企业中，超额薪酬 Overpay 与战略信息披露水平 SID 的正相关关系更加显著。结果与主回归相比较，没有发生显著性变化。

此外，第一列和第二列的模型回归结果表明，DA 与战略信息披露水平 SID 在 1% 的水平上正相关，这可能是因为有盈余管理的公司，更倾向于披露更多的战略信息来混淆视听。

表 4－17　加入可操控应计控制变量后高管超额薪酬与战略信息披露水平回归结果

Dependent Variable：SID		
	1	2
Overpay	0.0041 **	0.0017 *
	(2.53)	(1.75)
State × Overpay		0.0184 ***
		(5.16)
Assets	0.0191 ***	0.0196 ***
	(9.93)	(10.20)
Lev	－0.0119	－0.0113
	(－1.40)	(－1.33)
Turn_ceo	－0.0037	－0.0030
	(－0.84)	(－0.68)
Growth	0.0096	0.0094
	(1.33)	(1.30)
Acquisition	0.0015	0.0011
	(0.39)	(0.28)
Crosslist	－0.0165	－0.0181
	(－1.35)	(－1.48)

续表

Dependent Variable：SID		
	1	2
HHI	0.0123	0.0031
	(0.13)	(0.03)
Refinance	0.0184 ***	0.0181 ***
	(2.81)	(2.77)
Share_Mng	−0.0057	−0.0061
	(−0.81)	(−0.87)
Top1	0.0710	0.0723 *
	(1.62)	(1.65)
Duality	0.0023	0.0031
	(0.45)	(0.61)
Size_BD	0.0023 **	0.0024 **
	(2.30)	(2.40)
IndepR	0.0066 *	0.0058 *
	(1.85)	(1.76)
AuditC	0.0258 ***	0.0251 ***
	(4.09)	(3.98)
State	−0.0019	−0.0025 *
	(−1.46)	(−1.65)
Share_Inst	0.0187 **	0.0171 *
	(2.08)	(1.90)
Her10	−0.0885 *	−0.0886 *
	(−1.65)	(−1.66)
Top2	0.0286 **	0.0314 **
	(2.00)	(2.10)
DA	0.0502 ***	0.0490 ***
	(2.78)	(2.72)
Year	Control	Control
Industry	Control	Control

续表

Dependent Variable：SID		
	1	2
_cons	-0.0716*	-0.0806*
	(-1.69)	(-1.91)
F 值	31.85	31.82
N	15169	15169

注：* 表示在 10% 水平上显著，** 表示在 5% 水平上显著，*** 表示在 1% 水平上显著。

第三节　本章小结

上市公司高管有进行薪酬辩护的需求和动机。近年来不断曝光的上市公司过高薪酬引起了政府的管制、媒体的抨击以及公众的质疑。如果高管的薪酬离最优契约偏差较大且被外部人所感知，那么外部人就会愤怒，这会限制高管薪酬各种途径的增长。因此，对于获得过高薪酬的高管来说，作为一个理性的经济人，面对来自社会的公平性压力，有动机对其薪酬进行辩护，对自己的过高薪酬提供合理化的理由。除了之前我们文献综述中梳理的薪酬辩护途径，高管还可能通过战略信息披露对外进行才能展示，让信息受众提高对自己能力的评价，提高薪酬的正当性，从而达到薪酬辩护的目的。我国的制度背景和战略信息披露的特征为高管用战略信息披露进行薪酬辩护提供了可行性。在我国特殊的新兴市场制度背景下，法律制度和监管体系不完善，难以及时发现信息披露的机会主义行为，即使发现，投资者的利益也很难通过法律执行得到保护，这就为高管信息披露的印象管理行为提供了机会。而战略信息大部分都是文字叙述性的信息，本身就带有较大的主观性，可证实性较差，这同样为管理层进行操纵和印象管理提供了机会。

本章以 2005—2014 年深沪两市 15169 个公司为样本研究了超额薪酬与战略信息披露水平的关系。实证结果表明，超额薪酬与战略信息披露水平正相关，且在国有企业当中两者关系更强，这与我们的薪酬辩护假说一致。这是因为在国有企业中，高管进行薪酬辩护的动机更强。此外，我们还以 2009 年的“限薪令”为分界，检验发现在 2009 年之后超额薪酬与战略信息披露水平关系更强，这可能是因为 2009 年的“限薪令”更为严格地对国有企业负责人薪酬管理进行了规范，进而高管面临更大的辩护压力。

西方文献认为信息披露存在管理者才能信号假说，例如 Baik 等（2011）认为信息披露是对高管才能的一种体现，而非一种机会主义行为。而本书认为管理者才能信号假说可能更适用于经理人市场比较成熟的市场。在中国，经理人市场不完善，经理人信号动机不强，且在我国特殊的新兴市场制度背景下，法律体系和监管体系还不完善，信息披露更可能是一种机会主义行为，更可能是控股股东和管理者出于自利而作出的策略性甚至虚假行为。为了检验用战略信息披露进行辩护是高管真实才能的展现，还是一种印象管理行为，我们在后面章节将从机构投资者、独立董事和股权制衡等公司治理角度进行深入的理论分析，研究机构投资者持股比例、独立董事比例和第二大股东持股比例是否会影响超额薪酬与战略信息披露水平的关系，并提供经验证据。

第五章

超额薪酬与战略信息披露语调

第一节　研究设计

一、研究样本与数据来源

本章选取了深、沪两市2007—2016年所有上市公司作为初始研究样本，并进行了如下处理：(1) 剔除了金融行业的上市公司；(2) 剔除了相关变量数据不全的公司；(3) 为了降低异常值的影响，将连续变量进行1%分位数Winsorize处理；(4) 本章对数据进行了2%的抽查核对与更正。最后，共得到10673个样本观测值。

本章战略信息披露语调数据我们依照Li (2008) 的方法获得，其他研究数据来源于

CCER 数据库、CSMAR 数据库和 Wind 数据库。详细的样本行业分布情况见表 5－1。

表 5－1　样本行业分布情况表

行业名称	样本量	比例（%）
农、林、牧、渔业	174	1.630
采矿业	291	2.727
制造业	6753	63.272
电力、热力、燃气及水生产和供应业	398	3.729
建筑业	258	2.417
批发和零售业	692	6.484
交通运输、仓储和邮政业	358	3.354
住宿和餐饮业	44	0.412
信息传输、软件和信息技术服务业	519	4.863
房地产业	611	5.725
租赁和商务服务业	113	1.059
科学研究和技术服务业	48	0.450
水利、环境和公共设施管理业	109	1.021
居民服务、修理和其他服务业	17	0.159
教育	4	0.037
卫生和社会工作业	15	0.141
文化、体育和娱乐业	103	0.965
综合类	166	1.555
合计	10673	100.000

资料来源：作者整理。

从表 5－1 可以看出，样本量最大的行业为制造业，有 6753 个样本，所占比例为 63.272%；其次是批发和零售业，有 692 个样本，所占比例为 6.484%。样本量最小的行业为教育业，仅有 4 个样本，所占比例仅为 0.037%；其次是卫生和社会工作业，有 15 个样本，所占比例为 0.141%。总体来看，本书所选取的样本行业分布情况与现有学者的研究文献相类似，基本不存在行业抽样误差。

二、变量定义

（一）被解释变量

1. 战略信息披露语句。本书以 AICPA、CICA、ICAEW 以及我国相关法律、法规及证监会制定的《公开发行证券的公司信息披露内容及格式准则》实施细则对于战略信息的披露指引为基础，按照 Meek 等（1995）。Wang 等（2008）等对战略信息范围的定义，主要按以下各方面对中国上市公司的战略信息披露语句进行提取。战略信息的提取是将标题按照相应的关键字进行提取。我们选取了不同年度、不同行业的 1000 家上市公司年报为样本，人工收集有关战略的关键字，如“并购重组”“创新研发”“发展战略”“风险因素”“发展展望”“竞争地位”“行业趋势”“核心竞争力”“机遇与挑战”“处置子公司”等。然后按照关键字对 10673 家公司的年报中的战略信息进行提取，形成了我们的战略信息语句，见表 5－2。

表 5－2　　上市公司战略信息披露指标体系

外部环境分析	行业背景信息
	行业政策
	市场竞争格局
	市场占有率

续表

内部环境分析	公司战略资源（如土地、设备、技术、人力等，资金除外）信息，对现有资源的分析、对未来需要资源的预计、为获取所需资源所采取的行动和措施
	是否披露了增加公司竞争优势的无形资产
	核心竞争力
R&D	本年度的研发费用，上年的研发费用，研发费用的变动
	研发情况的详细披露（项目进度、专利数目、是否具有行业领先水平等）
	公司研发政策的经济后果，包括获得各种奖励
	下一年度或未来预采取的研发计划
公司战略	战略目标的一般描述
	战略实现和实施情况
	战略对当前和未来业绩的影响
	影响公司战略实现的经营风险、财务风险等以及为回避各风险而采取的具体措施
未来展望	基于战略考虑，是否有拟开发的新产品、拟开展的新业务、拟建设的新项目；拟开发新产品、拟开展新业务、拟建设新项目的详细情况
	公司为实现未来发展战略所需的资金需求及使用计划
收购与处置	公司本年取得子公司的情况
	公司本年处置子公司的情况

资料来源：作者整理。

2. 战略信息披露语调。我们借鉴 Li（2010）采用了一种特定的机器学习方法，即朴素贝叶斯算法来获得战略信息语句的语调（Tone）。在此方法下，我们获得了中文年报训练数据库，使用了汉语的分词等技术，将语句进行分类为褒义、贬义和中性。战略信息披露的语调（Tone）计算公式如下：

$$Tone_{it} = \frac{N\_Pos_{it} - N\_Neg_{it}}{N\_Pos_{it} + N\_Neg_{it} + N\_Neu_{it}} \quad (5.1)$$

其中，N_Pos_{it}、N_Neg_{it} 和 N_Neu_{it} 分别为上市公司 i 在 t 年 MD&A 信息披露中的褒义、贬义和中性的句子数。

3. 战略信息披露异常正面语调。借鉴 Huang 等（2014）的方法采用如下模型将语调 Tone 分为正常的语调和异常的语调 Abtone。以下模型回归残差即为异常正面语调 Abtone。

$$TONE_{jt} = \alpha + \beta_0 EARN_{jt} + \beta_1 RET_{jt} + \beta_2 CFRATIO_{jt} + \beta_3 ACC_{jt} + \beta_4 SIZE_{jt} + \beta_5 MTB_{jt} + \beta_6 ETVOL_{jt} + \beta_7 EARNVOL_{jt} + \beta_8 FIRMAGE_{jt} + \beta_9 NBSEG_{jt} + \beta_{10} NGSEG_{jt} + \beta_{11} MA_{jt} + \beta_{12} SEO_{jt} + \beta_{13} SI_{jt} + \beta_{14} LOSS_{jt} + \beta_{15} DEARN_{jt} + \beta_{16} AFE_{jt} + \varepsilon_{jt} \quad (5.2)$$

各变量的定义见表 5－3。

表 5－3　　计算异常正面语调模型中各变量定义表

Tone	借鉴 Li（2010），利用公式（5.1）计算所得
EARN	经营利润/总资产
RET	当期的股票年回报率
CFRATIO	经营现金流/流动负债
ACC	应计/资产，其中应计＝盈余－经营现金流
SIZE	年末股东权益市场价值的对数
MTB	（权益市场价值－负债账面价值）/总资产的账面价值
ETVOL	过去 12 个月的股票回报波动性（过去 12 个月的标准差）
EARNVOL	过去三年公司盈余的波动性（标准差）
FIRMAGE	公司从成立日至今年数的对数
NBSEG	Ln（公司业务分部的个数＋1）
NGSEG	Ln（公司地区分部的个数＋1）
MA	虚拟变量，若所在年份有 M&A 赋值为 1，否则为 0
SEO	虚拟变量，若所在年份有增发新股赋值为 1，否则为 0

续表

SI	非经常性损益/总资产
LOSS	虚拟变量，当 EARN 为负时赋值为 1，否则为 0
DEARN	经营利润/总资产
AFE	分析师预测误差 = （实际每股收益 - 分析师预测平均值）/年末股价

资料来源：作者整理。

（二）解释变量

高管超额薪酬。我们采用公司 CEO 的实际薪酬与薪酬决定模型估计的正常薪酬之间的差额（Overpay）表示，此外在稳健性检验中我们还采用了经过 Size - Industry 调整后的薪酬进行了稳健性检验。

根据现有学者的研究（Core et al.，2008；吴联生等，2010），我们在高管薪酬决定模型中控制了公司特征（当年和上一年的股票回报率、当年和上一年的总资产收益率、过去五年的股票回报率的标准差、过去五年的资产收益率的标准差、总资产市账率、权益市账率、规模、是否两职合一、是否国有、薪酬委员会的规模、薪酬委员会成员的平均薪酬、薪酬委员会中独立董事的比例）、CEO 的特征（CEO 的持股比例、CEO 的年龄、CEO 的任期）、地区差异、行业和年的影响。高管的薪酬决定模型如下：

$$LnCOMP_{it} = RET + RET_{t-1} + ROA + ROA_{t-1} + SDRTN + SDROA + MTB + MB + Size + Chair + State + Size\_compenC + Salary\_CompenC + Isidirecotr\_CompenC + Sharehold\_CEO + Age\_CEO + Tenure\_CEO + Region \quad (5.3)$$

高管的超额薪酬计算公式如下：

$$Overpay_{it} = LnCOMP_{it} - ExpectedComp_{it} \quad (5.4)$$

各变量定义见表 5 -4。

表 5-4　计算超额薪酬模型中各变量定义表

$LnCOMP_{it}$	t 年 CEO 现金薪酬的对数
RET	t 年公司年度股票回报率
RET_{t-1}	t-1 年公司年度股票回报率
ROA	t 年公司的资产收益率
ROA_{t-1}	t-1 年公司的资产收益率
SDRTN	过去五年的股票回报率的标准差
SDROA	过去五年的资产收益率的标准差
MTB	（权益市场价值+负债的账面价值）/总资产的账面价值
MB	权益市场价值/权益的账面价值
Size	权益市场价值与负债账面价值之和的对数
Chair	如果 CEO 是董事会主席则赋值为 1，否则为 0
State	如果公司是国有企业则赋值为 1，否则赋值为 0
Size_CompenC	薪酬委员会的规模
Salary_CompenC	薪酬委员会成员的平均薪酬
Isidirecotr_ CompenC	薪酬委员会中独立董事的比例
Sharehold_CEO	CEO 的持股比例
Age_CEO	CEO 的年龄
Tenure_CEO	CEO 的任期
Region	注册地属于中国的中部、东部还是西部

资料来源：作者整理。

（三）控制变量

借鉴现有文献，我们控制了财务特征、公司治理、内外部信息环境、是否有再融资、是否有并购、公司市场竞争情况等会影响信息披露的因素（Muslu et al.，2008；程新生等，2011；谭兴民等，2009），同时控制了行业和年度固定效应的影响。各变量定义见表 5-5。

表 5-5　　变量设计与说明表

Abtone	根据模型（5.2）计算的残差
Overpay	根据模型（5.4）计算的所得
Assets	公司资产总额对数
Lev	公司负债率，负债总额/期初总资产
Turn_ceo	虚拟变量，若 CEO 有变更为 1，否则为 0
Growth	总资产增长率
Acquisition	虚拟变量，若上市公司有并购为 1，否则为 0
Crosslist	虚拟变量，若上市公司有海外上市为 1，否则为 0
HHI	赫芬达尔指数，$HHI=\sum_i (X_i/X)^2$，其中 X_i 为企业 i 的年度销售额，$X=\sum X_i$ 为行业内所有企业的年度销售额之和
Refinance	公司是否有再融资
Share_Mng	管理层持股比例
Top1	公司第一大股东持股比例
Duality	是否两职合一
Size_BD	董事会人数的自然对数
IndepR	独立董事比例
AuditC	虚拟变量，若上市公司有审计委员会设立为 1，否则为 0
State	虚拟变量，是否国有，是为 1，不是为 0
Share_Inst	机构投资者的持股比例
Her10	前 10 大股东持股比例平方和
Top2	第二大股东的持股比例
Year09	若属于 2009 年“限薪令”之后年度我们赋值为 1，否则为 0

资料来源：作者整理。

三、模型设计

为了验证本书的假设，我们建立了以下模型：

$$Abtone_t = \alpha_0 + \alpha_1 Overpay_t + \sum \alpha_i Controls_t + \varepsilon_{it} \quad (5.5)$$

$$Abtone_t = \alpha_0 + \alpha_1 Overpay_t + State_t \times Overpay_t + \sum \alpha_i Controls_t + \varepsilon_{it} \quad (5.6)$$

其中，$Abtone_t$是 t 年公司的战略信息披露异常正面语调；$Overpay_t$是指 t 年高管的超额薪酬；$Controls_t$为 t 年各个控制变量。回归模型采用了公司层面的聚类稳健标准误调整（Cluster）。

第二节　实证结果与分析

一、描述性统计

表 5 - 6 报告了各变量的描述性统计。战略信息披露语调 Tone 的平均值为 0.434，中位数为 0.456，最小值为 -1，最大值为 1，极差较大，这说明不同上市公司之间有关战略信息披露的语调存在较大差距。战略信息披露异常正面语调 Abtone 的平均值为 0.000，中位数为 0.019，最小值为 - 1.472，最大值为 0.871。超额薪酬 Overpay 的平均值为 0.000，中位数为 0.268，最小值为 - 14.088，最大值为 8.807。State 的平均值为 0.473，这说明我国有大约 47.3% 的上市公司为国有控股公司。COMP 平均值为 659249.5，最小值为 0，最大值为 1.68e + 07，这表明各个公司 CEO 薪酬总额差别较大。

表 5 -6 总样本的描述性统计

Variable	Obs	Mean	Std. Dev.	Min	Median	Max
Abtone	10673	0.000	0.260	-1.472	0.019	0.871
Tone	10673	0.434	0.273	-1	0.456	1
Overpay	10673	0.000	2.027	-14.088	0.268	8.807
Assets	10673	22.090	1.235	18.907	21.952	26.898
Compen	10673	659249.5	710850.5	0	488000	1.68e+07
Lev	10673	0.461	0.213	0.046	0.459	1.211
Turn_CEO	10673	0.185	0.389	0.000	0.000	1.000
Growth	10673	0.183	0.337	-0.367	0.106	2.793
Acquisition	10673	0.148	0.355	0.000	0.000	1.000
Crosslist	10673	0.020	0.139	0.000	0.000	1.000
HHI	10673	0.056	0.097	0.008	0.009	0.459
Refinance	10673	0.187	0.390	0.000	0.000	1.000
Share_Mng	10673	0.042	0.110	0.000	0.000	0.577
Top1	10673	0.354	0.149	0.084	0.335	0.747
Top2	10673	0.087	0.072	0.004	0.067	0.320
Share_Inst	10673	0.332	0.240	0.000	0.317	0.886
Duality	10673	0.328	0.469	0.000	0.000	1.000
Size_BD	10673	1.897	0.223	1.386	1.946	2.485
IndepR	10673	0.592	0.148	0.250	0.500	1.000
AuditC	10673	0.929	0.257	0.000	1.000	1.000
State	10673	0.473	0.499	0.000	0.000	1.000
Her10	10673	0.165	0.116	0.013	0.136	0.564

资料来源：作者整理。

由表 5 -7 可知，2007—2016 年上市公司 CEO 薪酬总和分别为 456740.7 元、487788.2 元、486275.0 元、581926.7 元、642048.7 元、

622835.3元、677201.2元、675105.4元、763548.8元和752485.8元，基本上呈现了逐年上涨的趋势，由2007年的45万多元增长到了2016年的75万多元，大约是2007年的两倍。

2007—2016年国企CEO薪酬总和分别为493460.9元、495807.4元、480304.6元、580896.2元、666710.6元、625458.2元、699251.3元、705987.0元、717487.4元和679734.5元。2007—2016年非国有企业CEO高管薪酬总和分别为372500.2元、471291.5元、497155.8元、583506.5元、610066.5元、620092.4元、659295.5元、656020.4元、792604.3元和794067.4元。纵观10年的描述性统计可知，不管是国有企业，还是非国有企业，CEO高管薪酬均呈现了逐年上涨的趋势。2009年的“限薪令”出台后，国有企业在2009年薪酬有所降低，但也没有抑制住未来国有企业高管薪酬的增长。

表5-7　　样本CEO薪酬分年度描述性统计

总样本							
Variable	Year	Obs	Mean	Std. Dev.	Min	Median	Max
Compen	2007	448	456740.7	584567.8	0	313600	7100000
	2008	428	487788.2	558444.8	0	350000	6800000
	2009	604	486275.0	456668.4	0	360000	5200000
	2010	689	581926.7	568039.1	0	430000	5962200
	2011	797	642048.7	703470.6	0	478600	9577400
	2012	1342	622835.3	581846.1	0	480000	5148400
	2013	1504	677201.2	690875.1	0	504850	8697000
	2014	1474	675105.4	658444.8	0	502950	7197200
	2015	1652	763548.8	943478.2	0	543250	1.68e+07
	2016	1735	752485.8	758025.2	0	556000	7946200

续表

国有企业							
Variable	Year	Obs	Mean	Std. Dev.	Min	Median	Max
Compen	2007	312	493460.9	640658.7	0	339735	7100000
	2008	288	495807.4	582882.8	0	355800	6800000
	2009	390	480304.6	445442.4	0	366000	5200000
	2010	417	580896.2	592099.1	0	435000	5962200
	2011	450	666710.6	799584.6	0	477500	9577400
	2012	686	625458.2	594276.3	0	499600	5148400
	2013	674	699251.3	757852.4	0	533843	8697000
	2014	563	705987.0	690733.9	0	541500	7197200
	2015	639	717487.4	789851.7	0	533200	6977100
	2016	631	679734.5	659472.4	0	530000	6198300
非国有企业							
Variable	Year	Obs	Mean	Std. Dev.	Min	Median	Max
Compen	2007	136	372500.2	419125.0	0	265200	3800000
	2008	140	471291.5	506070.7	0	326500	4600000
	2009	214	497155.8	477321.5	0	348000	3720000
	2010	272	583506.5	530100.9	0	422550	4050000
	2011	347	610066.5	554088.8	0	478600	4880000
	2012	656	620092.4	568997.3	0	468450	4625690
	2013	830	659295.5	631185.5	0	489100	6635545
	2014	911	656020.4	637312.4	0	490000	6042400
	2015	1013	792604.3	1027970	0	547100	1.68e+07
	2016	1104	794067.4	806322.7	0	581000	7946200

资料来源：作者整理。

此外，2014 年之前，国有企业 CEO 薪酬高于非国有企业 CEO 的薪酬；而 2014 年之后，国有企业 CEO 薪酬低于非国有企业 CEO 的薪酬。这可能与 2014 年中央政治局审议通过《中央管理企业负责人薪酬制度改革方案》，以此来抑制国有企业高管的畸高薪酬导致的。

从表 5－8 对战略信息披露分年度的描述性统计来看，上市公司战略信息披露语调的平均值在 2007—2016 年依次为 0.3751、0.3201、0.3896、0.4340、0.4433、0.4529、0.4692、0.4572、0.4107 和 0.4482，中位数分别为 0.3930、0.3333、0.4285、0.4444、0.4651、0.4705、0.4957、0.4755、0.4259 和 0.4589。无论是均值还是中位数都基本上以 2013 年为界，2013 年之前基本为逐年递增，而之后有所减少。

表 5－8　　战略信息披露语调分年度描述性统计

总样本							
Variable	Year	Obs	Mean	Std. Dev.	Min	Median	Max
Tone	2007	448	0.3751	0.3142	－1	0.3930	1
	2008	428	0.3201	0.3318	－1	0.3333	1
	2009	604	0.3896	0.3112	－1	0.4285	1
	2010	689	0.4340	0.3131	－1	0.4444	1
	2011	797	0.4433	0.2828	－0.8180	0.4651	1
	2012	1342	0.4529	0.2471	－0.6000	0.4705	1
	2013	1504	0.4692	0.2452	－0.7500	0.4957	1
	2014	1474	0.4572	0.2283	－0.4290	0.4755	1
	2015	1652	0.4107	0.2801	－1	0.4259	1
	2016	1735	0.4482	0.2692	－1	0.4589	1

资料来源：作者整理。

本书又进一步列示了总样本各主要变量之间的皮尔逊相关系数。详细结果见表 5－9。由表相关系数表可知，高管的超额薪酬 Overpay 与公司的战略信息披露异常正面语调显著正相关，相关系数为 0.056。

表 5 – 9 皮尔逊相关系数表

	Abtone	Overpay	Assets	Lev	Turn_CEO	Growth	Acquisition	Crosslist	HHI	Refinance	Share_Mng	Top1	Top2	Share_Inst	Duality	Size_BD	IndepR	AuditC	State	Her10
Abtone		0.056 *	-0.019 *	-0.027 *	-0.016	0.018 *	0.020 *	-0.031 *	0.000	0.008	0.033 *	-0.023 *	-0.021 *	0.047 *	-0.009	-0.033 *	0.010	0.026 *	0.032 *	-0.032 *
Overpay	0.040 *		-0.004	0.005	-0.128 *	0.001	0.007	-0.015	-0.005	0.013	-0.003	-0.044 *	0.027 *	0.031 *	0.002	-0.002	-0.026 *	0.019 *	0.008	-0.043 *
Assets	-0.009	0.104 *		0.367 *	0.023 *	-0.031 *	0.085 *	0.261 *	-0.003	0.089 *	-0.2 *	0.228 *	-0.042 *	-0.017 *	-0.11 *	0.226 *	-0.006	-0.01	0.334 *	0.248 *
Lev	-0.018	0.157 *	0.451 *		0.091 *	-0.19 *	-0.036 *	0.08 *	-0.04 *	0.116 *	-0.276 *	0.014	-0.147 *	-0.054 *	-0.122 *	0.126 *	-0.036 *	0.008	0.293 *	-0.009
Turn_CEO	-0.016	-0.031 *	0.023 *	0.053 *		-0.046 *	0.018 *	0.011	0.009	0.015 *	-0.096 *	-0.008	-0.029 *	-0.053 *	-0.123 *	0.04 *	-0.019 *	-0.003	0.04 *	-0.011
Growth	0.038 *	-0.06 *	0.16 *	0.034 *	-0.029 *		0.161 *	-0.036 *	0.07 *	0.06 *	0.153 *	-0.005	0.13 *	0.1 *	0.09 *	-0.055 *	0.018 *	0.011	-0.184 *	0.019 *
Acquisition	0.013	-0.027 *	0.063 *	-0.066 *	0.006	0.225 *		-0.022 *	0.006	0.136 *	0.075 *	-0.019 *	0.035 *	0.019 *	0.03 *	-0.039 *	0.035 *	-0.001	-0.119 *	-0.016 *
Crosslist	-0.025 *	0.04 *	0.191 *	0.091 *	0.014	-0.025 *	-0.023 *		0.003	-0.004	-0.056 *	0.053 *	0.25 *	-0.049 *	-0.022 *	0.077 *	0.023 *	0.013	0.137 *	0.105 *
HHI	-0.018	-0.003	0.123 *	0.116 *	0.047 *	0.044 *	-0.002	0.031 *		0.001	0.038 *	0.004	-0.016 *	0.064	0.004	0.013	0.02 *	-0.013	0.035 *	0.015 *
Refinance	0.006 *	-0.002 *	0.044 *	0.091 *	0.005	0.168 *	0.116 *	-0.001	0.053 *		-0.002	-0.012	-0.027 *	0.065 *	0	0.019 *	0.011	0	-0.023 *	-0.02 *
Share_Mng	0.069 *	-0.115 *	-0.104 *	-0.26 *	-0.081 *	0.157 *	0.161 *	-0.064 *	-0.073 *	0.047 *		-0.041 *	0.156 *	0.032 *	0.358 *	-0.148 *	0.084 *	-0.026 *	-0.346 *	-0.023 *
Top1	-0.018	0.011	0.231 *	0.07 *	0.017	-0.027 *	-0.026 *	0.074 *	0.063 *	-0.014	-0.199 *		-0.188 *	-0.061 *	-0.048 *	0.006	0.016 *	-0.001	0.191 *	0.961 *
Top2	-0.011	0.002	-0.066 *	-0.12 *	-0.004	0.09 *	0.092 *	0.191 *	-0.049 *	0.02 *	0.183 *	-0.269 *		-0.035 *	0.062 *	-0.008	0.003	-0.004	-0.177 *	-0.044 *
Share_Inst	0.053 *	-0.029 *	0.066 *	-0.085 *	-0.062 *	0.258 *	0.05 *	-0.046 *	-0.002	0.076 *	0.137 *	-0.012	0.039 *		0.026 *	0.008	-0.021	0.027	0.006	-0.074 *
Duality	-0.011	-0.043 *	-0.09 *	-0.111 *	-0.113 *	0.061 *	0.046 *	-0.017	-0.051 *	0.023 *	0.258 *	-0.062 *	0.065 *	0.035 *		-0.108 *	0.043 *	-0.007	-0.23 *	-0.046 *
Size_BD	-0.035 *	0.085 *	0.215 *	0.135 *	0.044 *	-0.03 *	-0.043 *	0.078 *	0.07 *	0.016	-0.128	0.032	0.003	-0.014	-0.111		-0.567	-0.001	0.248	0.011
IndepR	0.008	-0.054	-0.001	-0.032	-0.019	0.016	0.027	0.026	0.023	0.008	0.056	0.002	-0.004	0.009	0.039	-0.525		-0.001	-0.085	0.018
AuditC	0.030	0.014	-0.019	0.007	-0.011	0.023	-0.005	0.01	0.024	0	-0.018	-0.004	-0.009	0.02	-0.008	-0.011	0.002		0.013	-0.004
State	0.034	0.161	0.283	0.276	0.028	-0.127	-0.15	0.132	0.138	-0.063	-0.423	0.212	-0.21	-0.016	-0.224	0.236	-0.08	-0.002		0.16
Her10	-0.021	0.011	0.235	0.044	0.016	-0.007	-0.011	0.122	0.06	-0.013	-0.174	0.97	-0.092	-0.012	-0.056	0.038	0.003	-0.005	0.186	

注：* 表示至少在 10% 水平上显著。

进一步通过是否国有分组的主要变量相关系数来看，如表5-10所示，在国有企业组高管的超额薪酬与战略信息披露异常正面语调的相关系数在1%水平上显著，为0.0997；在非国有企业组高管的超额薪酬与战略信息披露异常正面语调的相关系数为0.0023，但不显著；这表明国有企业组中，高管超额薪酬与战略信息披露的关系正相关，高管可能利用战略信息披露语调来为自己的高薪酬做辩护。由于皮尔逊相关系数分析未控制其他因素，只是一种简单的相关性分析，通过这种方法得到的相关性与现实中的情况可能会存在一定的偏差，变量之间准确的相关关系还需要通过进一步的回归分析来检验。

表5-10　　皮尔逊相关系数表（分公司产权性质）

	国有企业		非国有企业	
	Abtone	Overpay	Abtone	Overpay
Abtone	1		1	
Overpay	0.0997 ***	1	0.0023	1

注：* 表示在10%水平上显著，** 表示在5%水平上显著，*** 表示在1%水平上显著。

二、实证结果分析

我们对总样本进行了回归分析。我们分别用OLS（robust）和FE进行了回归，结果如表5-11和表5-12所示。

从表5-11第一列结果可以看出，超额薪酬Overpay与战略信息披露的异常正面语调Abtone均在1%水平上显著正相关，相关系数为0.0083，即高管获得的超额薪酬越高，战略信息披露异常正面语调就越多，支持了假设H1-2。

我们在模型中加入是否国有与超额薪酬的交互项State×Overpay，以此来进一步验证战略信息披露的薪酬辩护动机。从表

5-11 第二列结果可以看出，是否国有与超额薪酬的交互项 State × Overpay 与战略信息披露的异常正面语调 Abtone 均在 5% 水平上显著正相关，相关系数为 0.0060，这表明是否国有能够正向调节超额薪酬 Overpay 与战略信息披露的异常正面语调 Abtone 的正相关关系，即在国有企业中，超额薪酬 Overpay 与战略信息披露的异常正面语调 Abtone 的正相关关系更加显著，这与我们的薪酬辩护假说预期一致，支持了假设 H2-2。

表 5-11　高管超额薪酬与战略信息披露异常正语调的 OLS 回归结果

Dependent Variable：Abtone		
	1	2
Overpay	0.0083***	0.0044**
	(6.65)	(2.11)
State × Overpay		0.0060**
		(2.31)
Assets	-0.0019	-0.0017
	(-0.73)	(-0.64)
Lev	-0.0343**	-0.0339**
	(-2.40)	(-2.38)
Turn_ceo	-0.0063	-0.0062
	(-0.96)	(-0.95)
Growth	0.0197**	0.0191**
	(2.42)	(2.35)
Acquisition	0.0075	0.0078
	(0.99)	(1.02)
Crosslist	-0.0425**	-0.0420**
	(-2.15)	(-2.12)
HHI	0.0658	0.0656
	(0.74)	(0.74)

续表

Dependent Variable：Abtone		
	1	2
Refinance	0. 0070	0. 0067
	(1. 05)	(1. 01)
Share_Mng	0. 0825 ***	0. 0825 ***
	(3. 12)	(3. 12)
Top1	0. 1300 *	0. 1320 *
	(1. 74)	(1. 77)
Duality	-0. 0111 *	-0. 0111 *
	(-1. 92)	(-1. 92)
Size_BD	-0. 0469 ***	-0. 0460 ***
	(-3. 21)	(-3. 15)
IndepR	-0. 0224 *	-0. 0216 *
	(-1. 68)	(-1. 63)
AuditC	0. 0276 ***	0. 0276 ***
	(2. 73)	(2. 72)
State	0. 0383 ***	0. 0377 ***
	(6. 28)	(6. 19)
Share_Inst	-0. 0528 **	-0. 0584 **
	(-2. 20)	(-2. 23)
Her10	-0. 231 **	-0. 232 **
	(-2. 46)	(-2. 47)
Top2	-0. 0314 *	-0. 0322 *
	(-1. 72)	(-1. 74)
Year	Control	Control
Industry	Control	Control
_cons	0. 0689	0. 0621
	(1. 03)	(0. 93)
F 值	3. 72	3. 76
N	10673	10673

注：* 表示在 10% 水平上显著，** 表示在 5% 水平上显著，*** 表示在 1% 水平上显著。

表 5－12 列示了固定效应的回归结果。从表 5－12 第一列结果可以看出，超额薪酬 Overpay 与战略信息披露的异常正面语调 Abtone 在 1% 水平上显著正相关，相关系数为 0.0081，同样支持了假设 H1－2。

表 5－12 第二列结果表明，否国有与超额薪酬的交互项 State × Overpay 与战略信息披露的异常正面语调 Abtone 在 5% 水平上显著正相关，相关系数为 0.0058，这表明是否国有能够正向调节超额薪酬 Overpay 与战略信息披露的异常正面语调 Abtone 的正相关关系，即在国有企业中，超额薪酬 Overpay 与战略信息披露的异常正面语调 Abtone 的正相关关系更加显著，同样支持了假设 H2－2。

表 5－12　高管超额薪酬与战略信息披露异常正语调的固定效应回归结果

Dependent Variable：Abtone		
	1	2
Overpay	0.0081***	0.0044**
	(6.54)	(2.11)
State × Overpay		0.0058**
		(2.23)
Assets	－0.0028	－0.0025
	(－1.04)	(－0.96)
Lev	－0.0283**	－0.0280*
	(－1.98)	(－1.96)
Turn_ceo	－0.0054	－0.0054
	(－0.83)	(－0.82)
Growth	0.0155*	0.0149*
	(1.89)	(1.82)

续表

Dependent Variable: Abtone		
	1	2
Acquisition	0. 0081	0. 0084
	(1. 07)	(1. 10)
Crosslist	-0. 0405 **	-0. 0400 **
	(-2. 05)	(-2. 02)
HHI	0. 0447	0. 0446
	(0. 50)	(0. 50)
Refinance	0. 0052	0. 0049
	(0. 78)	(0. 74)
Share_Mng	0. 0766 ***	0. 0766 ***
	(2. 89)	(2. 89)
Top1	0. 1220	0. 1240 *
	(1. 64)	(1. 67)
Duality	-0. 0110 *	-0. 0110 *
	(-1. 91)	(-1. 90)
Size_BD	-0. 0469 ***	-0. 0461 ***
	(-3. 22)	(-3. 16)
IndepR	-0. 0229 *	-0. 0221 *
	(-1. 70)	(-1. 66)
AuditC	0. 0281 ***	0. 0281 ***
	(2. 78)	(2. 77)
State	0. 0384 ***	0. 0378 ***
	(6. 30)	(6. 21)
Share_Inst	-0. 5670 **	-0. 5680 **
	(-2. 03)	(-2. 03)
Her10	-0. 2120 **	-0. 2130 **
	(-2. 25)	(-2. 27)
Top2	-0. 0272 *	-0. 0280 *
	(-1. 92)	(-1. 94)

续表

Dependent Variable：Abtone		
	1	2
Year	Control	Control
Industry	Control	Control
_cons	0.0936	0.0866
	(1.40)	(1.30)
F 值	4.93	4.94
N	10673	10673

注：* 表示在 10% 水平上显著，** 表示在 5% 水平上显著，*** 表示在 1% 水平上显著。

三、内生性检验

在前文中我们得出超额薪酬与战略信息披露正相关，然而超额薪酬和战略信息披露有可能是相互决定的，也可能是受到我们未知因素的影响而同时决定的，这就会使得本书的研究结论可能受到内生性问题的干扰。因此，本书选取如下方法来降低内生性产生的影响。

（一）同行业公司个数的对数（lnNum）作为工具变量

首先我们选取同行业公司个数的对数作为工具变量，使用两阶段最小二乘法来解决可能存在的内生性问题。工具变量的选择要遵循两个条件，一是工具变量与解释变量相关，二是与扰动项不相关。同行业公司的个数是外生的，且同行业公司个数的对数与超额薪酬正相关。因为同行业公司的个数越多，高管外部的雇佣机会越大，公司为了留住高管会支付和容忍较高的薪酬（Gao et al.，2015）；同行业公司的个数越多，高管外部的雇佣机会越大，高管不会因为害怕薪酬操纵而导致的解聘，因而会进行较多的薪酬操纵获得较多的超额薪酬。而同行业公司个数的对数与公司的信息披露却没有直接的相关关系。

表 5－13 列示了检验结果，在一阶段的回归结果中，工具变量 lnNum 与过度薪酬 Overpay 在第一列和第二列中分别在 1% 和 5% 的水平上正相关，且检验的 F 值均大于 10，因此不属于弱工具变量。

表 5－13 列示了第二阶段的回归结果。第一列结果表明，超额薪酬 Overpay 与战略信息披露的异常正面语调 Abtone 均在 1% 水平上显著正相关，相关系数为 0.3810，即高管获得的超额薪酬越高，战略信息披露异常正面语调就越高，这与我们的主检验结果一致，没有发生显著性变化。

此外，我们在模型中加入是否国有与超额薪酬的交互项 State × Overpay，以此来进一步验证战略信息披露的薪酬辩护动机。从表 5－13 第二列结果可以看出，是否国有与超额薪酬的交互项 State × Overpay 与战略信息披露的异常正面语调 Abtone 均在 5% 水平上显著正相关，相关系数为 0.4010，这表明是否国有能够正向调节超额薪酬 Overpay 与战略信息披露的异常正面语调 Abtone 的正相关关系，即在国有企业中，超额薪酬 Overpay 与战略信息披露的异常正面语调 Abtone 的正相关关系更加显著，这与我们的主检验结果一致，没有发生显著性变化。

表 5－13　　同行业公司个数的对数（lnNum）作为工具变量两阶段回归结果

第一阶段回归结果		
Dependent Variable：Overpay		
	1	2
lnNum	0.0010***	0.0010**
	(2.90)	(2.11)

续表

第一阶段回归结果		
Dependent Variable：Overpay		
	1	2
控制变量	Control	Control
F 值	10.88	333.94
N	10673	10673
第二阶段回归结果		
Dependent Variable：Abtone		
Overpay	0.3810***	0.3000**
	(2.79)	(2.01)
State × Overpay		0.4010**
		(2.32)
Assets	0.0172	0.0228***
	(1.58)	(4.25)
Lev	0.0253	-0.0095
	(0.55)	(-0.77)
Turn_ceo	0.2510***	-0.0034
	(2.58)	(-0.69)
Growth	0.0183	0.0155*
	(0.72)	(1.78)
Acquisition	-0.0176	0.0025
	(-0.68)	(0.52)
Crosslist	0.1110	-0.0272
	(1.42)	(-1.39)
HHI	0.3410	0.0397
	(1.10)	(0.32)
Refinance	-0.0069	0.0130
	(-0.03)	(1.09)

续表

第二阶段回归结果		
Dependent Variable：Abtone		
Top1	0. 1540	0. 0142
	(0. 67)	(0. 13)
Duality	-0. 0054	0. 0082
	(-0. 31)	(0. 77)
Size_BD	0. 0798	0. 0034
	(1. 25)	(1. 63)
IndepR	-0. 1430*	-0. 0050*
	(-1. 93)	(-1. 68)
AuditC	-0. 0034	0. 0289***
	(-0. 09)	(3. 17)
State	0. 0425**	0. 0428**
	(2. 30)	(2. 37)
Share_Inst	-0. 2930**	-0. 0335**
	(-2. 02)	(-2. 10)
Her10	-0. 0393	-0. 0545
	(-0. 13)	(-0. 65)
Top2	-0. 2110**	-0. 0263*
	(-2. 33)	(-1. 81)
Year	Control	Control
Industry	Control	Control
_cons	-0. 543*	-154. 9
	(-1. 86)	(-0. 01)
Wald chi^2	22. 85	23. 56
N	10673	10673

注：* 表示在 10% 水平上显著，** 表示在 5% 水平上显著，*** 表示在 1% 水平上显著。

（二）同行业其他公司的过度薪酬的平均值（Overpay_Ind）作为工具变量

我们借鉴 Xu 等（2014）的研究，选取同行业其他公司的过度薪酬的平均值（Overpay_Ind）作为工具变量，使用两阶段最小二乘法来解决可能存在的内生性问题。工具变量的选择要遵循两个条件，一是工具变量与解释变量相关，二是与扰动项不相关。同行业其他公司的过度薪酬的平均值（Overpay_Ind）是外生的，且同行业其他公司的过度薪酬的平均值（Overpay_Ind）与超额薪酬正相关。而同行业其他公司的过度薪酬的平均值（Overpay_Ind）与公司的信息披露却没有直接的相关关系。

表 5 - 14 列示了检验结果，在一阶段的回归结果中，工具变量 Overpay_Ind 与过度薪酬 Overpay 在 1% 的水平上正相关，且检验的 F 值均大于 10，因此不属于弱工具变量。

表 5 - 14 列示了第二阶段的回归结果。第一列结果表明，超额薪酬 Overpay 与战略信息披露的异常正面语调 Abtone 均在 1% 水平上显著正相关，相关系数为 0.0787，即高管获得的超额薪酬越高，战略信息披露异常正面语调就越多，这与我们的主检验结果一致。

此外，我们在模型中加入是否国有与超额薪酬的交互项 State × Overpay，以此来进一步验证战略信息披露的薪酬辩护动机。从表 5 - 14 第二列结果可以看出，是否国有与超额薪酬的交互项 State × Overpay 与战略信息披露的异常正面语调 Abtone 均在 5% 水平上显著正相关，相关系数为 0.0427，这表明是否国有能够正向调节超额薪酬 Overpay 与战略信息披露的异常正面语调 Abtone 的正相关关系，即在国有企业中，超额薪酬 Overpay 与战略信息披露的异常正面语调 Abtone 的正相关关系更加显著，这与我们的主检验结果一致，没有发生显著性变化。

表 5-14 同行业其他公司过度薪酬的平均值（Overpay_Ind）作为工具变量两阶段回归结果

第一阶段回归结果		
Dependent Variable：Overpay		
	1	2
Overpay_Ind	0.4500***	0.4680***
	(5.66)	(9.36)
控制变量	Control	Control
F 值	11.54	456.94
N	10673	10673
第二阶段回归结果		
Dependent Variable：Abtone		
Overpay	0.0787***	0.0375*
	(3.16)	(1.92)
State × Overpay		0.0427**
		(1.99)
Assets	0.0039	-0.0007
	(1.19)	(-0.28)
Lev	-0.0282*	-0.0402***
	(-1.79)	(-2.71)
Turn_ceo	0.0418**	-0.0166*
	(2.31)	(-1.72)
Growth	0.0133	0.0111
	(1.47)	(1.34)
Acquisition	0.0069	0.0122
	(0.81)	(1.59)
Crosslist	-0.0184	-0.0458**
	(-0.78)	(-2.27)
HHI	0.2570	0.0834
	(0.27)	(0.09)

续表

第二阶段回归结果		
Dependent Variable：Abtone		
Refinance	0.0013	0.0036
	(0.17)	(0.54)
Share_Mng	0.0778***	0.0939***
	(2.66)	(3.47)
Top1	0.1140	0.1410*
	(1.38)	(1.87)
Duality	-0.0113*	-0.0118**
	(-1.76)	(-2.01)
Size_BD	-0.0314*	-0.0495***
	(-1.82)	(-3.41)
IndepR	-0.0042**	-0.0255***
	(-2.17)	(-3.23)
AuditC	0.0156	0.0233**
	(1.40)	(2.35)
State	0.0376***	0.0289***
	(5.58)	(4.15)
Share_Inst	-0.1410*	-0.2360***
	(-1.80)	(-3.59)
Her10	-0.1760*	-0.2420**
	(-1.67)	(-2.53)
Top2	-0.0630***	-0.0306***
	(-3.25)	(-3.04)
Year	Control	Control
Industry	Control	Control
_cons	(0.04)	0.05
	(-0.46)	-0.76
Wald chi^2 (37)	112.81	168.86
N	10673	10673

注：* 表示在 10% 水平上显著，** 表示在 5% 水平上显著，*** 表示在 1% 水平上显著。

此外，我们还选择了超额薪酬的滞后期作为工具变量，重新进行了回归，回归结果与主检验的结论一致，再次验证了我们之前的薪酬辩护假说。

四、进一步的分析

2009 年六部委推出了“限薪令”，更为严格地对国企负责人薪酬管理进行了规范，这使得国企高管面临更大的薪酬辩护压力。我们预期，如果薪酬辩护假说成立，则在 2009 年之后，公司高管薪酬辩护动机更强，超额薪酬与战略信息披露异常正面语调之间的关系更强。我们首先在 OLS 模型中加入 Year09 作为调节变量，若在 2009 年之后，则 Year09 为 1，否则为 0。其次，我们用固定效应模型进行了检验。由于固定效应模型不能加入年度交互项，因此我们将样本分为 2009 年之前和 2009 年之后样本做了检验。

结果如表 5 - 15 所示，OLS 模型中是否推出“限薪令”与过度薪酬的交互项 Year09 × Overpay 的系数为 0.0379，且在 1% 的水平上显著。这表明，在“限薪令”之后，高管 CEO 用战略性信息披露语调来进行辩护的动机更强。此外，固定效应模型的结果表明，在 2009 年之前，超额薪酬 Overpay 与战略信息的异常正面语调 Abtone 在 1% 的水平上正相关；在 2009 年之后，超额薪酬 Overpay 与战略信息的异常正面语调 Abtone 也在 1% 的水平上正相关，且 2009 年之后超额薪酬 Overpay 与战略信息的异常正面语调 Abtone 的系数（0.0192）显著大于 2009 年之前超额薪酬 Overpay 与战略信息的异常正面语调 Abtone 的系数（0.0072）（P 值为 0.038）。实证结果与我们的预期一致，符合薪酬辩护假说。

表 5－15　　高管超额薪酬与战略信息披露异常正语调分时间段回归结果

Dependent Variable：Abtone			
	OLS 模型	固定效应模型	
	总样本	2009 年之前	2009 年之后
Overpay	0. 0082 ***	0. 0072 ***	0. 0192 ***
	(6. 54)	(3. 61)	(5. 66)
Year09 × Overpay	0. 0379 ***		
	(2. 58)		
Assets	－0. 0028	－0. 011	－0. 0015
	(－1. 04)	(－1. 00)	(－0. 58)
Lev	－0. 0283 **	－0. 0473	－0. 0299 **
	(－1. 98)	(－0. 79)	(－2. 03)
Turn_ceo	－0. 0054	－0. 0288	－0. 0037
	(－0. 83)	(－1. 03)	(－0. 55)
Growth	0. 0155 *	－0. 0451	0. 0206 **
	(1. 89)	(－1. 27)	(2. 47)
Acquisition	0. 0081	－0. 0708	0. 0097
	(1. 07)	(－1. 42)	(1. 28)
Crosslist	－0. 0405 **	－0. 0207	－0. 0415 **
	(－2. 05)	(－0. 26)	(－2. 03)
HHI	0. 0447	－0. 2200	0. 0439
	(0. 50)	(－0. 14)	(0. 48)
Refinance	0. 0052	－0. 0014	0. 0061
	(0. 78)	(－0. 05)	(0. 90)
Share_Mng	0. 0766 ***	－0. 0038	0. 0008 ***
	(2. 89)	(－1. 07)	(3. 02)
Top1	0. 1220	0. 1070	0. 1180
	(1. 64)	(0. 32)	(1. 56)
Duality	－0. 0110 *	－0. 0453 *	－0. 0082
	(－1. 91)	(－1. 86)	(－1. 40)

续表

Dependent Variable：Abtone			
	OLS 模型	固定效应模型	
	总样本	2009 年之前	2009 年之后
Size_BD	-0.0469***	-0.0581	-0.0461***
	(-3.22)	(-0.84)	(-3.11)
IndepR	-0.0229*	-0.0983*	-0.0189*
	(-1.70)	(-1.90)	(-1.90)
AuditC	0.0281***	-0.0465	0.0303***
	(2.78)	(-0.60)	(3.01)
State	0.0384***	0.0289	0.0396***
	(6.30)	(1.14)	(6.33)
Share_Inst	-0.5670**	-1.8760**	-0.6730**
	(-2.03)	(-1.99)	(-2.38)
Her10	-0.2120**	-0.2080	-0.2040**
	(-2.25)	(-0.48)	(-2.13)
Top2	-0.0272***	-0.0122	-0.0341*
	(-2.62)	(-1.06)	(-1.77)
Year	Control	Control	Control
Industry	Control	Control	Control
_cons	0.0689	0.4740	0.0624
	(1.03)	(1.38)	(0.92)
F 值	4.13	3.25	4.56
N	10673	876	9797

注：* 表示在 10% 水平上显著，** 表示在 5% 水平上显著，*** 表示在 1% 水平上显著。

五、其他的稳健性检验

我们进行了一系列的稳健性检验来进一步确定主检验的可靠性。各项稳健性检验如下：

（一）控制变量中加入可操控应计

盈余管理是上市公司操纵投资者印象的另外一种方法，因此我们按照 Dechow 等（1995）的方法使用修正后的琼斯模型计算了可操控应计 DA，在主回归模型中加入了可操控应计变量 DA 重新进行了检验。表 5－16 列示了检验的结果。

从表 5－16 第一列结果可以看出，超额薪酬 Overpay 与战略信息披露的异常正面语调 Abtone 在 1% 水平上显著正相关，相关系数为 0.0083，即高管获得的超额薪酬越高，战略信息披露异常正面语调就越高。结果与主回归相比较，没有发生显著性变化。

从表 5－16 第二列结果可以看出，是否国有与超额薪酬的交互项 State × Overpay 与战略信息披露的异常正面语调 Abtone 在 1% 水平上显著正相关，相关系数为 0.0080，这表明是否国有能够正向调节超额薪酬 Overpay 与战略信息披露的异常正面语调 Abtone 的正相关关系，即在国有企业中，超额薪酬 Overpay 与战略信息披露的异常正面语调 Abtone 的正相关关系更加显著。结果与主回归相比较，没有发生显著性变化。

此外，第一列和第二列的模型回归结果表明，DA 与异常正面语调在 10% 的水平上显著正相关，这可能是因为有盈余管理的公司，更倾向于披露更加乐观的语调，从而与盈余管理相匹配，增加盈余的可信性。

表 5-16 加入可操控应计控制变量后高管超额薪酬与战略信息披露异常正语调回归结果

Dependent Variable：Abtone		
	1	2
Overpay	0.0083***	0.0084***
	(4.99)	(5.07)
State × Overpay		0.0080***
		(2.79)
DA	0.0206*	0.0203*
	(1.79)	(1.72)
Assets	-0.0038	-0.0034
	(-0.14)	(-0.12)
Lev	-0.0319**	-0.0330**
	(-2.13)	(-2.21)
Turn_ceo	-0.0051	-0.0052
	(-0.74)	(-0.77)
Growth	0.0129*	0.0124
	(1.65)	(1.57)
Acquisition	0.0111	0.0113
	(1.54)	(1.57)
Crosslist	-0.0462*	-0.0457*
	(-1.88)	(-1.86)
HHI	0.0210	0.0370
	(0.03)	(0.05)
Refinance	0.0023	0.0021
	(0.36)	(0.31)
Share_Mng	0.0849***	0.0862***
	(3.51)	(3.56)

续表

Dependent Variable：Abtone		
	1	2
Top1	0. 1230	0. 1250 *
	(1. 64)	(1. 66)
Duality	-0. 0116 **	-0. 0116 **
	(-1. 99)	(-1. 99)
Size_BD	-0. 0497 ***	-0. 0492 ***
	(-3. 51)	(-3. 47)
IndepR	-0. 0272 **	-0. 0266 **
	(-2. 34)	(-2. 32)
AuditC	0. 0220 **	0. 0218 **
	(2. 45)	(2. 43)
State	0. 0378 ***	0. 0365 ***
	(6. 20)	(5. 97)
Share_Inst	-0. 3850 **	-0. 3970 **
	(-2. 23)	(-2. 27)
Her10	-0. 2270 **	-0. 2280 **
	(-2. 41)	(-2. 41)
Top2	-0. 0277 *	-0. 0310 *
	(-1. 83)	(-1. 70)
Year	Control	Control
Industry	Control	Control
_cons	0. 076	0. 0709
	(1. 10)	(1. 03)
F 值	4. 39	4. 37
N	10477	10477

注：* 表示在 10% 水平上显著，** 表示在 5% 水平上显著，*** 表示在 1% 水平上显著。

（二）改变计算异常正面语调的方法

我们在计算异常正面语调的模型中，借鉴 Huang 等（2014）的研究加入了管理层盈余预测（因为管理层盈余预测代表着管理层对未来绩效的一种预期，会影响战略信息披露的语调）作为控制变量，重新计算了异常正面语调 Abtone_2，进行了检验。表 5－17 列示了检验的结果。

从表 5－17 第一列结果可以看出，超额薪酬 Overpay 与战略信息披露的异常正面语调 Abtone_2 在 1% 水平上显著正相关，相关系数为 0.0054，即高管获得的超额薪酬越高，战略信息披露异常正面语调就越高。结果与主回归相比较，没有发生显著性变化。

从表 5－17 第二列结果可以看出，是否国有与超额薪酬的交互项 State × Overpay 与战略信息披露的异常正面语调 Abtone_2 在 1% 水平上显著正相关，相关系数为 0.0090，这表明是否国有能够正向调节超额薪酬 Overpay 与战略信息披露的异常正面语调 Abtone_2 的正相关关系，即在国有企业中，超额薪酬 Overpay 与战略信息披露的异常正面语调 Abtone_2 的正相关关系更加显著。结果与主回归相比较，没有发生显著性变化。

表 5－17　高管超额薪酬与战略信息披露异常正语调 Abtone _2 回归结果

Dependent Variable：Abtone _2		
	1	2
Overpay	0.0054 ***	0.0011 *
	(3.25)	(1.65)
State × Overpay		0.0090 ***
		(3.04)

续表

Dependent Variable：Abtone _ 2		
	1	2
Assets	-0.0029	-0.0028
	(-0.88)	(-0.85)
Lev	-0.0373 **	-0.0391 **
	(-2.05)	(-2.15)
Turn_ceo	-0.0073	-0.0078
	(-0.96)	(-1.03)
Growth	0.0990	0.0920
	(1.15)	(1.07)
Acquisition	0.0078	0.0080
	(1.02)	(1.04)
Crosslist	-0.0320	-0.0316
	(-1.27)	(-1.26)
HHI	-0.0238	-0.0198
	(-0.03)	(-0.03)
Refinance	-0.0023	-0.0027
	(-0.33)	(-0.39)
Share_Mng	0.0513 **	0.0535 **
	(2.03)	(2.11)
Top1	-0.0146	-0.0138
	(-0.18)	(-0.17)
Duality	-0.0092	-0.0092
	(-1.44)	(-1.44)
Size_BD	-0.0585 ***	-0.0572 ***
	(-3.74)	(-3.65)
IndepR	-0.0347 **	-0.0338 **
	(-2.57)	(-2.52)
AuditC	0.0227 **	0.0227 **
	(2.30)	(2.31)

续表

Dependent Variable：Abtone _ 2		
	1	2
State	0.0354 ***	0.0338 ***
	(5.24)	(4.97)
Share_Inst	-0.1720 **	-0.1710 **
	(-2.25)	(-2.24)
Her10	-0.0515	-0.0511
	(-0.50)	(-0.49)
Top2	-0.0961 ***	-0.0024 *
	(-2.98)	(-1.87)
Year	Control	Control
Industry	Control	Control
_cons	0.1860 **	0.1780 **
	(2.36)	(2.26)
F 值	3.03	3.13
N	8426	8426

注：* 表示在 10% 水平上显著，** 表示在 5% 水平上显著，*** 表示在 1% 水平上显著。

（三）用前三名高管薪酬代替高管薪酬

我们用前三名高管薪酬来代替高管薪酬，重新计算了高管超额薪酬（Overpay_top3），进行了检验。表 5 - 18 列示了检验的结果。

从表 5 - 18 第一列结果可以看出，超额薪酬 Overpay_top3 与战略信息披露的异常正面语调 Abtone 在 1% 水平上显著正相关，相关系数为 0.0083，即高管获得的超额薪酬越高，战略信息披露异常正面语调就越高。结果与主回归相比较，没有发生显著性变化。

从表 5 - 18 第二列结果可以看出，是否国有与超额薪酬的交互项 State × Overpay_top3 与战略信息披露的异常正面语调 Abtone 在 1% 水平上显著正相关，相关系数为 0.0107，这表明是否国有能够正向调节超额薪酬 Overpay_top3 与战略信息披露的异常正面语调 Abtone 的正相关关系，即在国有企业中，超额薪酬 Overpay_top3 与战略信息披露的异常正面语调 Abtone 的正相关关系更加显著。结果与主回归相比较，没有发生显著性变化。

表 5 - 18　用前三名高管薪酬计算高管超额薪酬的回归结果

Dependent Variable: Abtone		
	1	2
Overpay_top3	0.0083***	0.0044*
	(2.70)	(1.86)
State × Overpay_top3		0.0107***
		(5.29)
Assets	-0.0013	-0.0007
	(-0.45)	(-0.23)
Lev	-0.0315**	-0.0329**
	(-1.98)	(-2.08)
Turn_ceo	-0.0103	-0.0063
	(-1.47)	(-0.90)
Growth	0.0121	0.0115
	(1.44)	(1.38)
Acquisition	0.0127*	0.0121*
	(1.73)	(1.66)
Crosslist	-0.0611**	-0.0576**
	(-2.33)	(-2.23)
HHI	-0.0565	0.0010
	(-0.07)	0.00

续表

Dependent Variable: Abtone		
	1	2
Refinance	0.0118 *	0.0109
	(1.71)	(1.58)
Share_Mng	0.0771 ***	0.0781 ***
	(3.08)	(3.13)
Top1	0.0910	0.0900
	(1.16)	(1.14)
Duality	-0.0092	-0.0089
	(-1.46)	(-1.42)
Size_BD	-0.0491 ***	-0.0462 ***
	(-3.34)	(-3.14)
IndepR	-0.0186 *	-0.0153 *
	(-1.90)	(-1.74)
AuditC	0.0291 ***	0.0282 ***
	(3.24)	(3.15)
State	0.0349 ***	0.0336 ***
	(5.30)	(5.11)
Share_Inst	-0.4080 ***	-0.3990 ***
	(-4.61)	(-4.52)
Her10	-0.1470	-0.1420
	(-1.50)	(-1.44)
Top2	-0.0153	-0.0438 **
	(-1.33)	(-2.23)
Year	Control	Control
Industry	Control	Control
_cons	0.0639	0.0427
	(0.87)	(0.58)
F 值	3.50	4.07
N	10673	10673

注：* 表示在 10% 水平上显著，** 表示在 5% 水平上显著，*** 表示在 1% 水平上显著。

（四）用 PSM 的方法来为国有企业寻找配对样本重新检验

为了进一步验证国有企业和非国有企业结果的差异性不是由于一些未知因素的影响导致的，我们使用 PSM 的方法来为国有企业寻找与之匹配值最相近的非国有企业作为配对样本，重新进行了检验。表 5 – 19 列示了检验的结果，样本量由此降为 7746 个。

从表 5 – 19 第一列结果可以看出，超额薪酬 Overpay 与战略信息披露的异常正面语调 Abtone 在 1% 水平上显著正相关，相关系数为 0.0077，即高管获得的超额薪酬越高，战略信息披露异常正面语调就越高。结果与主回归相比较，没有发生显著性变化。

从表 5 – 19 第二列结果可以看出，是否国有与超额薪酬的交互项 State × Overpay 与战略信息披露的异常正面语调 Abtone 在 1% 水平上显著正相关，相关系数为 0.0112，这表明是否国有能够正向调节超额薪酬 Overpay 与战略信息披露的异常正面语调 Abtone 的正相关关系，即在国有企业中，超额薪酬 Overpay 与战略信息披露的异常正面语调 Abtone 的正相关关系更加显著。结果与主回归相比较，没有发生显著性变化。

表 5 – 19　　国有企业配对样本的高管超额薪酬与战略信息披露异常正语调回归结果

Dependent Variable：Abtone		
PSM		
	1	2
Overpay	0.0077***	0.0036**
	(4.84)	(1.99)
State × Overpay		0.0112***
		(3.89)

续表

Dependent Variable: Abtone		
PSM		
	1	2
Assets	-0.0153	-0.0010
	(-0.05)	(-0.00)
Lev	-0.0257	-0.0285 *
	(-1.56)	(-1.73)
Turn_ceo	-0.0088	-0.0089
	(-1.15)	(-1.17)
Growth	0.0249 **	0.0247 **
	(2.11)	(2.10)
Acquisition	0.0158 *	0.0159 *
	(1.76)	(1.77)
Crosslist	-0.0553 **	-0.0554 **
	(-2.35)	(-2.36)
HHI	-0.0739	-0.0761
	(-0.57)	(-0.58)
Refinance	0.0061	0.0059
	(0.80)	(0.78)
Share_Mng	0.0113 ***	0.0115 ***
	(3.30)	(3.36)
Top1	0.0890	0.0944
	(1.03)	(1.10)
Duality	-0.0051	-0.0052
	(-0.75)	(-0.77)
Size_BD	-0.0408 **	-0.0396 **
	(-2.49)	(-2.42)
IndepR	-0.0045 **	-0.0288 ***
	(-2.20)	(-3.33)

续表

Dependent Variable：Abtone		
PSM		
	1	2
AuditC	0.0270**	0.0269**
	(2.45)	(2.44)
State	0.0157***	0.0179***
	(7.54)	(7.28)
Share_Inst	-0.3650**	-0.3770***
	(-2.54)	(-2.62)
Her10	-0.1730	-0.1780*
	(-1.61)	(-1.65)
Top2	-0.0207*	-0.0280*
	(-1.89)	(-1.91)
Year	Control	Control
Industry	Control	Control
_cons	0.0509***	0.0492***
	(0.56)	(0.42)
F 值	3.95	4.28
N	7746	7746

注：* 表示在 10% 水平上显著，** 表示在 5% 水平上显著，*** 表示在 1% 水平上显著。

第三节　本章小结

本章以 2007—2016 年深沪两市 10673 个公司为样本研究了超额薪酬与战略信息披露异常正面语调的关系。实证结果表明，超额薪酬与战略信息披露异常正面语调正相关，且在国有企业当中两者关系更强，这是因为在国有企业，高管进行薪酬辩护的动机更强，这与我们的薪酬辩护假说一致。此外，我们还以 2009 年的“限薪令”为分界，检验发现在 2009 年之后超额薪酬与战略信息披露异常正面语调关系更强，这可能是因为 2009 年的“限薪令”更为严格地对国有企业负责人薪酬管理进行了规范，进而高管面临更大的辩护压力。

我们在后面章节将从机构投资者、独立董事和股权制衡等公司治理角度检验机构投资者持股比例、独立董事比例和第二大股东持股比例是否会影响超额薪酬与战略信息披露异常正面语调的关系。

第六章 公司治理、超额薪酬与战略信息披露水平

第一节 研究设计

一、研究样本与数据来源

本章选取了深、沪两市2005—2014年所有上市公司作为初始研究样本，并进行了如下处理：(1) 剔除了金融行业的上市公司；(2) 剔除了相关变量数据不全的公司；(3) 为了降低异常值的影响，将连续变量进行1%分位数Winsorize处理；(4) 对数据进行了2%的抽查核对与更正。最后，共得到15169个样本观测值。

本章战略信息披露水平数据是手工收集获得，其他研究数据来源于CCER数据库、

CSMAR数据库和 Wind 数据库。

二、模型设计

为了验证本书的假设，我们建立了以下模型：

$$SID_t = \alpha_0 + \alpha_1 Overpay_t + Share\_Inst_t \times Overpay_t + \sum \alpha_i Controls_t + \varepsilon_{it} \quad (6.1)$$

$$SID_t = \alpha_0 + \alpha_1 Overpay_t + IndepR_t \times Overpay_t + \sum \alpha_i Controls_t + \varepsilon_{it} \quad (6.2)$$

$$SID_t = \alpha_0 + \alpha_1 Overpay_t + Top2_t \times Overpay_t + \sum \alpha_i Controls_t + \varepsilon_{it} \quad (6.3)$$

其中，SID_t是 t 年公司的战略信息披露水平；$Overpay_t$是指 t 年高管的超额薪酬；$Controls_t$为 t 年各个控制变量。回归模型采用了公司层面的聚类稳健标准误调整（Cluster）。模型中各变量详见第四章表 4 – 4。

三、变量定义

机构投资者持股比例 Share_Inst 借鉴现有文献（Ramalingegowda 和 Yu，2012；石美娟和童卫华，2009）将之度量为年末机构投资者持股之和占流通股比例，数据来自 Wind 数据库；独立董事比例 IndepR 为独立董事占总董事人数的比例；Top2 为第二大股东的持股比例，代表股权制衡变量。

第二节 实证结果与分析

一、描述性统计

表 6－1 报告了机构投资者持股、独立董事比例和第二大股东持股比例的公司治理各指标的描述性统计结果。机构投资者持股比例 Share_Inst 平均值为 0.3328，中位数为 0.3130，这表明中国上市公司平均的机构投资者持股比例超过 30%。最小值为 0，最大值为 0.9030，最大值超过了 90%，极差较大，这表明不同上市公司之间机构投资者持股比例存在较大的差距。

表 6－1　　调节变量的描述性统计

Variable	Obs	Mean	Std. Dev.	Min	Median	Max
Share_Inst	15169	0.3328	0.2422	0.0000	0.3130	0.9030
IndepR	15169	0.5205	0.1351	0.3333	0.5000	0.8000
Top2	15169	0.0861	0.0760	0.0007	0.0619	0.4406

资料来源：作者整理。

独立董事比例 IndepR 平均值为 0.5205，这表明上市公司董事会中独立董事的比例为 52.05%，超过了一半的董事为独立董事。

第二大股东持股比例平均值为 0.0861，这表明上市公司第二大股东持股比例平均为 8.61%，远远低于第一大股东持股比例 33.98%。

二、实证结果分析

我们分别用 OLS（robust）和 FE 进行了回归，结果如表 6－2 和表 6－3 所示。

从表 6－2 第一列结果可以看出，机构投资者持股比例与超额薪酬的交互项 Share_Inst × Overpay 与战略信息披露水平 SID 在 5% 水平上显著负相关，相关系数为 －0.0013，这表明机构投资者持股比例能够负向调节超额薪酬 Overpay 与战略信息披露水平 SID 的关系，即在机构投资者持股比例较高的企业中，超额薪酬 Overpay 与战略信息披露水平 SID 正相关关系更小，机构投资者发挥了监督作用，抑制了管理层用战略信息披露来为自己薪酬做辩护的动机，支持了假设 H3－1。

从表 6－2 第二列结果可以看出，董事会独立董事比例与超额薪酬的交互项 IndepR × Overpay 与战略信息披露水平 SID 在 1% 水平上显著负相关，相关系数为 －0.0059，董事会独立董事比例能够负向调节超额薪酬 Overpay 与战略信息披露水平 SID 的关系，即在董事会独立董事比例较高的企业中，超额薪酬 Overpay 与战略信息披露水平 SID 正相关关系更小，独立董事发挥了监督作用，抑制了管理层用战略信息披露来为自己薪酬做辩护的动机，支持了假设 H4－1。

从表 6－2 第三列结果可以看出，第二大股东持股比例与超额薪酬的交互项 Top2 × Overpay 与战略信息披露水平 SID 在 5% 水平上显著负相关，相关系数为 －0.0135，这表明第二大股东持股比例能够负向调节超额薪酬 Overpay 与战略信息披露水平 SID 的关系，即在第二大股东持股比例较高的企业中，超额薪酬 Overpay 与战略信息披露水平 SID 正相关关系更小，第二大股东发挥了制衡和监督作用，抑制了管理层用战略信息披露来为自己薪酬做辩护的动机，支持了假设 H5－1。

表 6－2　公司治理变量、高管超额薪酬与战略信息披露水平的 OLS 回归结果

Dependent Variable：SID			
	1	2	3
Overpay	0.0046**	0.0052**	0.0053**
	(2.50)	(2.09)	(2.10)
Share_Inst × Overpay	－0.0013**		
	(－2.19)		
IndepR × Overpay		－0.0059***	
		(－2.65)	
Top2 × Overpay			－0.0135**
			(－2.57)
Assets	0.0194***	0.0194***	0.0194***
	(10.13)	(10.11)	(10.13)
Lev	－0.0149*	－0.0148*	－0.0150*
	(－1.77)	(－1.75)	(－1.78)
Turn_ceo	－0.0038	－0.0038	－0.0038
	(－0.87)	(－0.87)	(－0.87)
Growth	0.0137*	0.0138*	0.0136*
	(1.93)	(1.94)	(1.92)
Acquisition	0.0017	0.0017	0.0017
	(0.46)	(0.45)	(0.46)
Crosslist	－0.0174	－0.0173	－0.0174
	(－1.42)	(－1.41)	(－1.42)
HHI	0.0104	0.0109	0.0106
	(0.11)	(0.12)	(0.11)
Refinance	0.0189***	0.0190***	0.0189***
	(2.90)	(2.90)	(2.90)
Share_Mng	－0.0051	－0.0051	－0.0053
	(－0.74)	(－0.73)	(－0.76)

续表

Dependent Variable：SID			
	1	2	3
Top1	0.0723	0.0726*	0.0712
	(1.64)	(1.65)	(1.62)
Duality	0.0021	0.0021	0.0021
	(0.42)	(0.42)	(0.43)
Size_BD	0.0023**	0.0023**	0.0023**
	(2.27)	(2.27)	(2.27)
IndepR	0.0065*	0.0065*	0.0066*
	(1.85)	(1.85)	(1.85)
AuditC	0.0262***	0.0262***	0.0263***
	(4.16)	(4.16)	(4.16)
State	-0.0021	-0.0021	-0.0020
	(-1.51)	(-1.52)	(-1.49)
Share_Inst	0.0182**	0.0182**	0.0183**
	(2.03)	(2.03)	(2.03)
Her10	-0.0892*	-0.0894*	-0.0880
	(-1.66)	(-1.67)	(-1.64)
Top2	0.0277**	0.0280**	0.0276**
	(1.97)	(1.98)	(1.97)
Year	Control	Control	Control
Industry	Control	Control	Control
_cons	-0.0776*	-0.0770*	-0.0773*
	(-1.84)	(-1.83)	(-1.83)
F 值	31.64	31.66	31.65
N	15169	15169	15169

注：* 表示在 10% 水平上显著，** 表示在 5% 水平上显著，*** 表示在 1% 水平上显著。

表6－3列示了固定效应回归结果。从表6－3第一列结果可以看出，机构投资者持股比例与超额薪酬的交互项 Share_Inst × Overpay 与战略信息披露水平 SID 在1%水平上显著负相关，相关系数为－0.0067，这表明机构投资者持股比例能够负向调节超额薪酬 Overpay 与战略信息披露水平 SID 的关系，即在机构投资者持股比例较高的企业中，超额薪酬 Overpay 与战略信息披露水平 SID 正相关关系更小，机构投资者发挥了监督作用，抑制了管理层用战略信息披露来为自己薪酬做辩护的动机，同样支持了假设 H3－1。

从表6－3第二列结果可以看出，董事会独立董事比例与超额薪酬的交互项 IndepR × Overpay 与战略信息披露水平 SID 在5%水平上显著负相关，相关系数为－0.0017，董事会独立董事比例能够负向调节超额薪酬 Overpay 与战略信息披露水平 SID 的关系，即在董事会独立董事比例较高的企业中，超额薪酬 Overpay 与战略信息披露水平 SID 正相关关系更小，独立董事发挥了监督作用，抑制了管理层用战略信息披露来为自己薪酬做辩护的动机，同样支持了假设 H4－1。

从表6－3第三列结果可以看出，第二大股东持股比例与超额薪酬的交互项 Top2 × Overpay 与战略信息披露水平 SID 在5%水平上显著负相关，相关系数为－0.0020，这表明第二大股东持股比例能够负向调节超额薪酬 Overpay 与战略信息披露水平 SID 的关系，即在第二大股东持股比例较高的企业中，超额薪酬 Overpay 与战略信息披露水平 SID 正相关关系更小，第二大股东发挥了制衡和监督作用，抑制了管理层用战略信息披露来为自己薪酬做辩护的动机，同样支持了假设 H5－1。

表 6-3 公司治理变量、高管超额薪酬与战略信息披露水平的固定效应回归结果

Dependent Variable: SID			
	1	2	3
Overpay	0.0105 **	0.0092 **	0.0080 **
	(2.36)	(2.22)	(2.08)
Share_Inst × Overpay	-0.0067 ***		
	(-2.64)		
IndepR × Overpay		-0.0017 **	
		(-2.15)	
Top2 × Overpay			-0.0020 **
			(-2.06)
Assets	0.0200 ***	0.0200 ***	0.0200 ***
	(10.22)	(10.21)	(10.21)
Lev	-0.0238 ***	-0.0236 ***	-0.0236 ***
	(-2.78)	(-2.76)	(-2.75)
Turn_ceo	-0.0037	-0.0036	-0.0037
	(-0.80)	(-0.78)	(-0.78)
Growth	0.0080	0.0079	0.0079
	(1.10)	(1.09)	(1.09)
Acquisition	0.0040	0.0064	0.0068
	(0.01)	(0.02)	(0.02)
Crosslist	-0.0193	-0.0193	-0.0193
	(-1.56)	(-1.56)	(-1.56)
HHI	0.0330	0.0333	0.0334
	(0.33)	(0.34)	(0.34)
Refinance	0.0135 **	0.0135 **	0.0135 **
	(2.08)	(2.08)	(2.08)
Share_Mng	0.0136	0.0137	0.0137
	(1.60)	(1.61)	(1.61)

续表

Dependent Variable：SID			
	1	2	3
Top1	0.0944**	0.0933**	0.0933**
	(2.12)	(2.10)	(2.10)
Duality	0.0013	0.0013	0.0013
	(0.24)	(0.24)	(0.24)
Size_BD	0.0023**	0.0023**	0.0023**
	(2.13)	(2.12)	(2.12)
IndepR	0.0045*	0.0047*	0.0047*
	(1.69)	(1.70)	(1.71)
AuditC	0.0305***	0.0306***	0.0306***
	(4.00)	(4.02)	(4.02)
State	-0.0038	-0.0038	-0.0038
	(-0.91)	(-0.90)	(-0.90)
Share_Inst	0.0155*	0.0155*	0.0155*
	(1.66)	(1.66)	(1.66)
Her10	-0.1260**	-0.1250**	-0.1250**
	(-2.32)	(-2.30)	(-2.30)
Top2	0.0189*	0.0188*	0.0187*
	(1.73)	(1.72)	(1.72)
Year	Control	Control	Control
Industry	Control	Control	Control
_cons	-0.0151	-0.0146	-0.0147
	(-0.35)	(-0.34)	(-0.34)
F 值	8.31	8.30	8.29
N	15169	15169	15169

注：* 表示在 10% 水平上显著，** 表示在 5% 水平上显著，*** 表示在 1% 水平上显著。

三、内生性检验

（一）同行业公司个数的对数（lnNum）作为工具变量

首先我们选取同行业公司个数的对数作为工具变量，使用两阶段最小二乘法来解决可能存在的内生性问题。在表6-4第一阶段的回归结果中，同行业公司个数的对数lnNum与高管的超额薪酬显著正相关，且检验的F值均大于10，因此不属于弱工具变量。

表6-4第二阶段第一列的回归结果显示，机构投资者持股比例与超额薪酬的交互项Share_Inst × Overpay与战略信息披露水平SID在5%水平上显著负相关，相关系数为-0.1870，这表明机构投资者持股比例能够负向调节超额薪酬Overpay与战略信息披露水平SID的关系，即在机构投资者持股比例较高的企业中，超额薪酬Overpay与战略信息披露水平SID正相关关系更小，机构投资者发挥了监督作用，抑制了管理层用战略信息披露来为自己薪酬做辩护的动机。这与主检验的结论一致，没有发生显著性变化。

表6-4第二阶段第二列的回归结果显示，董事会独立董事比例与超额薪酬的交互项IndepR × Overpay与战略信息披露水平SID在5%水平上显著负相关，相关系数为-0.2070，董事会独立董事比例能够负向调节超额薪酬Overpay与战略信息披露水平SID的关系，即在董事会独立董事比例较高的企业中，超额薪酬Overpay与战略信息披露水平SID正相关关系更小，独立董事发挥了监督作用，抑制了管理层用战略信息披露来为自己薪酬做辩护的动机。这与主检验的结论一致，没有发生显著性变化。

表6-4第二阶段第三列的回归结果显示，第二大股东持股比例与超额薪酬的交互项Top2 × Overpay与战略信息披露水平

SID 在 5% 水平上显著负相关，相关系数为 -0.6530，这表明第二大股东持股比例能够负向调节超额薪酬 Overpay 与战略信息披露水平 SID 的关系，即在第二大股东持股比例较高的企业中，超额薪酬 Overpay 与战略信息披露水平 SID 正相关关系更小，第二大股东发挥了制衡和监督作用，抑制了管理层用战略信息披露来为自己薪酬做辩护的动机。这与主检验的结论一致，没有发生显著性变化。

表 6-4　同行业公司个数的对数（lnNum）作为工具变量两阶段回归结果

第一阶段回归结果			
Dependent Variable：Overpay			
	1	2	3
lnNum	0.0139**	0.0101*	0.0144**
	(2.40)	(1.90)	(2.15)
控制变量	Control	Control	Control
F 值	519.05	2313.48	247.16
N	15169	15169	15169
第二阶段回归结果			
Dependent Variable：SID			
Overpay	0.0925**	0.1310**	0.0876**
	(2.42)	(2.44)	(2.41)
Share_Inst × Overpay	-0.1870**		
	(-2.44)		
IndepR × Overpay		-0.2070**	
		(-2.46)	
Top2 × Overpay			-0.6530**
			(-2.42)

续表

第二阶段回归结果			
Dependent Variable: SID			
Assets	0.0200***	0.0186***	0.0203***
	(8.26)	(7.28)	(7.02)
Lev	-0.0106	-0.0118	-0.0068
	(-0.81)	(-1.08)	(-0.32)
Turn_ceo	-0.0043	-0.0032	-0.0062
	(-0.91)	(-0.70)	(-0.85)
Growth	0.0093	0.0174	0.0178
	(0.76)	(1.59)	(1.44)
Acquisition	0.0039	0.0006	0.0041
	(0.62)	(0.13)	(0.60)
Crosslist	-0.0146	-0.0156	-0.0193
	(-1.02)	(-1.19)	(-1.39)
HHI	0.0397	0.0374	0.0362
	(0.34)	(0.33)	(0.31)
Refinance	0.0169**	0.0193***	0.0153
	(2.05)	(2.86)	(1.40)
Share_Mng	-0.0022	-0.0043	0.0035
	(-0.22)	(-0.59)	(0.16)
Top1	0.0338	0.0770*	0.0813
	(0.34)	(1.67)	(1.54)
Duality	0.0025	0.0034	0.0016
	(0.47)	(0.58)	(0.30)
Size_BD	0.0024**	0.0024**	0.0028*
	(2.20)	(2.24)	(1.67)
IndepR	0.0067*	0.0072*	0.0044
	(1.83)	(1.90)	(1.46)
AuditC	0.0300***	0.0266***	0.0279***
	(2.77)	(4.07)	(3.59)

续表

第二阶段回归结果			
Dependent Variable：SID			
State	0.0005	-0.0033*	-0.0032
	(0.07)	(-1.67)	(-1.62)
Share_Inst	0.0233*	0.0219**	0.0268
	(1.77)	(1.98)	(1.42)
Her10	-0.0631	-0.0928*	-0.1260
	(-0.77)	(-1.67)	(-1.20)
Top2	0.0328**	0.0322**	0.0316**
	(2.02)	(2.04)	(1.98)
Year	Control	Control	Control
Industry	Control	Control	Control
_cons	-0.0869*	-0.0668	-0.1100
	(-1.77)	(-1.36)	(-1.24)
Wald chi^2	1258.61	1323.08	1202.60
N	15169	15169	15169

注：* 表示在 10% 水平上显著，** 表示在 5% 水平上显著，*** 表示在 1% 水平上显著。

（二）同行业其他公司的过度薪酬的平均值（Overpay_Ind）作为工具变量

我们借鉴 Xu 等（2014）的研究，选取同行业其他公司的过度薪酬的平均值（Overpay_Ind）作为工具变量，使用两阶段最小二乘法来解决可能存在的内生性问题。工具变量的选择要遵循两个条件，一是工具变量与解释变量相关，二是与扰动项不相关。同行业其他公司的过度薪酬的平均值（Overpay_Ind）是外生的，且同行业其他公司的过度薪酬的平均值（Overpay_Ind）

与超额薪酬正相关。而同行业其他公司的过度薪酬的平均值（Overpay_Ind）与公司的信息披露却没有直接的相关关系。

表 6－5 列示了检验结果。一阶段的回归结果中，工具变量 Overpay_Ind 与过度薪酬 Overpay 显著正相关，且检验的 F 值均大于 10，因此不属于弱工具变量。

第二阶段的回归结果中，第一列结果表明，机构投资者持股比例与超额薪酬的交互项 Share_Inst × Overpay 与战略信息披露水平 SID 在 5% 水平上显著负相关，相关系数为 －0.6860，这表明机构投资者持股比例能够负向调节超额薪酬 Overpay 与战略信息披露水平 SID 的关系，即在机构投资者持股比例较高的企业中，超额薪酬 Overpay 与战略信息披露水平 SID 正相关关系更小，机构投资者发挥了监督作用，抑制了管理层用战略信息披露来为自己薪酬做辩护的动机，这与我们的主检验结果一致。

从表 6－5 第二列结果可以看出，董事会独立董事比例与超额薪酬的交互项 IndepR × Overpay 与战略信息披露水平 SID 在 1% 水平上显著负相关，相关系数为 －0.5170，董事会独立董事比例能够负向调节超额薪酬 Overpay 与战略信息披露水平 SID 的关系，即在董事会独立董事比例较高的企业中，超额薪酬 Overpay 与战略信息披露水平 SID 正相关关系更小，独立董事发挥了监督作用，抑制了管理层用战略信息披露来为自己薪酬做辩护的动机，这与我们的主检验结果一致。

从表 6－5 第三列结果可以看出，第二大股东持股比例与超额薪酬的交互项 Top2 × Overpay 与战略信息披露水平 SID 在 1% 水平上显著负相关，相关系数为 －0.8530，这表明第二大股东持股比例能够负向调节超额薪酬 Overpay 与战略信息披露水平 SID 的关系，即在第二大股东持股比例较高的企业中，超额薪酬 Overpay 与战略信息披露水平 SID 正相关关系更小，第二大股东发挥了制衡和监督作用，抑制了管理层用战略信息披露来为自己薪酬做辩护的动机，这与我们的主检验结果一致。

表 6-5　　同行业其他公司过度薪酬的平均值（Overpay_Ind）作为工具变量两阶段回归结果

第一阶段回归结果			
Dependent Variable：Overpay			
	1	2	3
Overpay_Ind	0.1303 *	0.1347 ***	0.3924 ***
	(1.74)	(3.34)	(4.15)
控制变量	Control	Control	Control
F 值	517.83	2302.85	247.06
N	15169	15169	15169
第二阶段回归结果			
Dependent Variable：SID			
Overpay	0.3570 **	0.3410 ***	0.1220 ***
	(2.36)	(2.79)	(2.97)
Share_Inst × Overpay	-0.6860 **		
	(-2.35)		
IndepR × Overpay		-0.5170 ***	
		(-2.77)	
Top2 × Overpay			-0.8530 ***
			(-2.92)
Assets	0.0167 ***	0.0209 ***	0.0179 ***
	(4.88)	(8.41)	(8.13)
Lev	-0.0279	-0.0199 *	-0.0228 **
	(-1.59)	(-1.84)	(-2.09)
Turn_ceo	-0.0022	-0.0052	-0.0008
	(-0.32)	(-1.01)	(-0.15)

续表

第二阶段回归结果			
Dependent Variable：SID			
Growth	0.0292 *	0.0049	0.0088
	(1.85)	(0.50)	(1.06)
Acquisition	-0.0053	0.0051	-0.0008
	(-0.65)	(1.06)	(-0.18)
Crosslist	-0.0267	-0.0211	-0.0143
	(-1.31)	(-1.45)	(-1.05)
HHI	-0.1050	-0.0706	-0.0318
	(-0.65)	(-0.61)	(-0.31)
Refinance	0.0254 **	0.0171 **	0.0227 ***
	(2.20)	(2.23)	(2.97)
Share_Mng	-0.0159	-0.0067	-0.0163 *
	(-1.17)	(-0.82)	(-1.66)
Top1	0.0021 *	0.0006	0.0006
	(1.71)	(1.20)	(1.21)
Duality	-0.0001	-0.0016	0.0025
	(-0.00)	(-0.26)	(0.45)
Size_BD	0.0018	0.0018	0.0015
	(1.08)	(1.55)	(1.28)
IndepR	0.0056	0.0045	0.0091 **
	(1.47)	(1.50)	(2.06)
AuditC	0.0131	0.0253 ***	0.0244 ***
	(0.94)	(3.42)	(3.45)
State	-0.0117 **	0.0007	-0.0009
	(-2.26)	(0.14)	(-1.19)
Share_Inst	0.0043	0.0066 *	0.0052
	(1.21)	(1.67)	(1.46)
Her10	-0.1860 *	-0.0829	-0.0427
	(-1.71)	(-1.32)	(-0.66)

续表

第二阶段回归结果			
Dependent Variable：SID			
Top2	0.0095	0.0171*	0.0234*
	(1.20)	(1.66)	(1.73)
Year	Control	Control	Control
Industry	Control	Control	Control
_cons	-0.0348	-0.0967*	-0.0286
	(-0.49)	(-1.87)	(-0.55)
Wald chi^2	559.77	993.76	1102.16
N	15169	15169	15169

注：* 表示在 10% 水平上显著，** 表示在 5% 水平上显著，*** 表示在 1% 水平上显著。

此外，我们还选择了超额薪酬的滞后期作为工具变量，重新进行了回归，回归结果与主检验的结论一致，再次验证了我们之前的薪酬辩护假说。

四、进一步的分析

为了进一步验证高管的薪酬辩护是一种战略信息的印象管理行为，排除真实才能信号的可能性，我们检验了超额薪酬较高且战略信息披露水平较高的公司未来业绩是否更差。如果适用管理者才能信号假说，超额薪酬较高且战略信息披露水平较高的公司中战略信息披露是高管高才能的展现，此时公司的未来业绩应该更好；而如果适用薪酬辩护假说，则战略信息披露是高管的一种虚假的信息披露，是一种印象管理行为，此时公司的未来业绩应该更差。

我们将超额薪酬高于中位数且战略信息披露水平高于中位数

的样本赋值 Justify 为 1，否则为 0。如表 6 - 6 所示，在控制了公司的财务信息和公司治理变量后发现，Justify 与未来的 ROA 以及经行业中位数调整的 ROA 分别在 5% 和 10% 的水平上显著负相关。这说明高管在超额薪酬较高时，较多的战略信息披露是一种薪酬辩护行为，而非管理层的真实才能的展现，即排除了管理者才能信号假说。

表 6 - 6　　信息披露动机与未来业绩回归结果

	ROA_{t+1}	ROA_{t+1}_adj
$Justify_t$	-0.003**	-0.002*
	(-1.99)	(-1.80)
$LnASSET_t$	0.018***	0.009***
	(7.86)	(4.41)
$Lever_t$	-0.140***	-0.156***
	(-15.22)	(-19.83)
$Growth_t$	0.012***	0.036***
	(3.25)	(13.33)
TQ_t	0.006***	0.009***
	(5.01)	(6.51)
$State_t$	-0.004	-0.006*
	(-1.21)	(-1.68)
$Duality_t$	0.001	-0.002
	(0.17)	(-0.68)
$IndepR_t$	0.001	0.007
	(0.12)	(0.89)
$LNBDS_t$	0.001	-0.005
	(0.15)	(-0.60)

续表

	ROA_{t+1}	ROA_{t+1}_adj
$Top1_t$	-0.002	0.022***
	(-0.02)	(3.19)
Year	Control	Control
Industry	Control	Control
公司	Control	Control
_cons	-0.287***	-0.145***
	(-5.51)	(-2.84)
R^2	0.4186	0.4564
N	15169	15169

注：* 表示在 10% 水平上显著，** 表示在 5% 水平上显著，*** 表示在 1% 水平上显著。

五、其他的稳健性检验

（一）采用经过行业年中位数调整的战略信息披露

我们用行业年中位数调整的战略信息披露水平（SID_A）来度量战略信息披露，重新进行了回归。

从表 6-7 第一列结果可以看出，机构投资者持股比例与超额薪酬的交互项 Share_Inst × Overpay 与战略信息披露水平 SID_A 在 5% 水平上显著负相关，相关系数为 -0.0013，这表明机构投资者持股比例能够负向调节超额薪酬 Overpay 与战略信息披露水平 SID_A 的关系，即在机构投资者持股比例较高的企业中，超额薪酬 Overpay 与战略信息披露水平 SID_A 正相关关系更小，机构投资者发挥了监督作用，抑制了管理层用战略信息披露来为自己薪酬做辩护的动机。与之前的主检验的结果相比未发生显著性变化。

从表 6 - 7 第二列结果可以看出，董事会独立董事比例与超额薪酬的交互项 IndepR × Overpay 与战略信息披露水平 SID_A 在 1% 水平上显著负相关，相关系数为 - 0.0060，董事会独立董事比例能够负向调节超额薪酬 Overpay 与战略信息披露水平 SID_A 的关系，即在董事会独立董事比例较高的企业中，超额薪酬 Overpay 与战略信息披露水平 SID_A 正相关关系更小，独立董事发挥了监督作用，抑制了管理层用战略信息披露来为自己薪酬做辩护的动机。与之前的主检验的结果相比未发生显著性变化。

从表 6 - 7 第三列结果可以看出，第二大股东持股比例与超额薪酬的交互项 Top2 × Overpay 与战略信息披露水平 SID_A 在 5% 水平上显著负相关，相关系数为 - 0.0135，这表明第二大股东持股比例能够负向调节超额薪酬 Overpay 与战略信息披露水平 SID_A 的关系，即在第二大股东持股比例较高的企业中，超额薪酬 Overpay 与战略信息披露水平 SID_A 正相关关系更小，第二大股东发挥了制衡和监督作用，抑制了管理层用战略信息披露来为自己薪酬做辩护的动机。与之前的主检验的结果相比未发生显著性变化。

表 6 - 7　　高管超额薪酬与战略信息披露水平的回归结果（行业年中位数调整的 SID_A）

Dependent Variable：SID_A			
	1	2	3
Overpay	0.0046 **	0.0051 **	0.0052 **
	(2.50)	(2.09)	(2.10)
Share_Inst × Overpay	- 0.0013 **		
	(- 2.19)		
IndepR × Overpay		- 0.0060 ***	
		(- 2.65)	

续表

Dependent Variable：SID_A			
	1	2	3
Top2 × Overpay			-0.0135**
			(-2.57)
Assets	0.0194***	0.0194***	0.0194***
	(10.13)	(10.11)	(10.13)
Lev	-0.0149*	-0.0148*	-0.0150*
	(-1.77)	(-1.75)	(-1.78)
Turn_ceo	-0.0038	-0.0038	-0.0038
	(-0.87)	(-0.87)	(-0.87)
Growth	0.0137*	0.0138*	0.0136*
	(1.93)	(1.94)	(1.92)
Acquisition	0.0018	0.0018	0.0018
	(0.46)	(0.45)	(0.46)
Crosslist	-0.0174	-0.0173	-0.0174
	(-1.42)	(-1.41)	(-1.42)
HHI	0.0104	0.0109	0.0106
	(0.11)	(0.12)	(0.11)
Refinance	0.0189***	0.0190***	0.0189***
	(2.90)	(2.90)	(2.90)
Share_Mng	-0.0051	-0.0051	-0.0053
	(-0.74)	(-0.73)	(-0.76)
Top1	0.0723	0.0726*	0.0712
	(1.64)	(1.65)	(1.62)
Duality	0.0021	0.0021	0.0021
	(0.42)	(0.42)	(0.43)
Size_BD	0.0023**	0.0023**	0.0023**
	(2.27)	(2.27)	(2.27)
IndepR	0.0065*	0.0065*	0.0066*
	(1.85)	(1.85)	(1.85)

续表

Dependent Variable：SID_A			
	1	2	3
AuditC	0.0262***	0.0262***	0.0263***
	(4.16)	(4.16)	(4.16)
State	-0.0020	-0.0020	-0.0019
	(-1.51)	(-1.52)	(-1.49)
Share_Inst	0.0182**	0.0182**	0.0183**
	(2.03)	(2.03)	(2.03)
Her10	-0.0892*	-0.0894*	-0.0880
	(-1.66)	(-1.67)	(-1.64)
Top2	0.0277**	0.0280**	0.0276**
	(1.97)	(1.98)	(1.97)
Year	Control	Control	Control
Industry	Control	Control	Control
_cons	-0.526***	-0.526***	-0.526***
	(-12.46)	(-12.45)	(-12.46)
F 值	30.12	30.13	30.13
N	15169	15169	15169

注：* 表示在 10% 水平上显著，** 表示在 5% 水平上显著，*** 表示在 1% 水平上显著。

（二）用经过行业中位数调整的薪酬度量超额薪酬

根据 Gaver 和 Im（2014）的研究，我们用分年度经过 Size_Industry 调整的薪酬度量超额薪酬（Overpay2），重新进行了回归。

从表 6-8 第一列结果可以看出，机构投资者持股比例与超额薪酬的交互项 Share_Inst × Overpay2 与战略信息披露水平 SID 在 1% 水平上显著负相关，相关系数为 -0.0067，这表明机构投资者持股比例能够负向调节超额薪酬 Overpay2 与战略信息披露水平

SID 的关系，即在机构投资者持股比例较高的企业中，超额薪酬 Overpay2 与战略信息披露水平 SID 正相关关系更小，机构投资者发挥了监督作用，抑制了管理层用战略信息披露来为自己薪酬做辩护的动机。与之前的主检验的结果相比未发生显著性变化。

从表 6－8 第二列结果可以看出，董事会独立董事比例与超额薪酬的交互项 IndepR × Overpay2 与战略信息披露水平 SID 在 5% 水平上显著负相关，相关系数为 －0.0017，董事会独立董事比例能够负向调节超额薪酬 Overpay2 与战略信息披露水平 SID 的关系，即在董事会独立董事比例较高的企业中，超额薪酬 Overpay2 与战略信息披露水平 SID 正相关关系更小，独立董事发挥了监督作用，抑制了管理层用战略信息披露来为自己薪酬做辩护的动机。与之前的主检验的结果相比未发生显著性变化。

从表 6－8 第三列结果可以看出，第二大股东持股比例与超额薪酬的交互项 Top2 × Overpay2 与战略信息披露水平 SID 在 5% 水平上显著负相关，相关系数为 －0.0020，这表明第二大股东持股比例能够负向调节超额薪酬 Overpay2 与战略信息披露水平 SID 的关系，即在第二大股东持股比例较高的企业中，超额薪酬 Overpay2 与战略信息披露水平 SID 正相关关系更小，第二大股东发挥了制衡和监督作用，抑制了管理层用战略信息披露来为自己薪酬做辩护的动机。与之前的主检验的结果相比未发生显著性变化。

表 6－8　高管超额薪酬与战略信息披露水平的回归结果（行业年调整的高管超额薪酬 Overpay2）

Dependent Variable：SID			
	1	2	3
Overpay2	0.0105 **	0.0092 **	0.0080 **
	(2.36)	(2.22)	(2.08)

续表

Dependent Variable：SID			
	1	2	3
Share_Inst × Overpay2	-0.0067 ***		
	(-2.64)		
IndepR × Overpay2		-0.0017 **	
		(-2.15)	
Top2 × Overpay2			-0.0020 **
			(-2.06)
Assets	0.0200 ***	0.0200 ***	0.0200 ***
	(10.22)	(10.21)	(10.21)
Lev	-0.0238 ***	-0.0236 ***	-0.0236 ***
	(-2.78)	(-2.76)	(-2.75)
Turn_ceo	-0.0037	-0.0036	-0.0036
	(-0.80)	(-0.78)	(-0.78)
Growth	0.0080	0.0079	0.0079
	(1.10)	(1.09)	(1.09)
Acquisition	0.0040	0.0063	0.0067
	(0.01)	(0.02)	(0.02)
Crosslist	-0.0193	-0.0193	-0.0193
	(-1.56)	(-1.56)	(-1.56)
HHI	0.0330	0.0333	0.0334
	(0.33)	(0.34)	(0.34)
Refinance	0.0135 **	0.0135 **	0.0135 **
	(2.08)	(2.08)	(2.08)
Share_Mng	0.0136	0.0137	0.0137
	(1.60)	(1.61)	(1.61)
Top1	0.0944 **	0.0933 **	0.0933 **
	(2.12)	(2.10)	(2.10)
Duality	0.0013	0.0013	0.0013
	(0.24)	(0.24)	(0.24)

续表

Dependent Variable：SID			
	1	2	3
Size_BD	0.0023**	0.0022**	0.0022**
	(2.13)	(2.12)	(2.12)
IndepR	0.0045*	0.0047*	0.0047*
	(1.69)	(1.70)	(1.71)
AuditC	0.0305***	0.0306***	0.0306***
	(4.00)	(4.02)	(4.02)
State	-0.0038*	-0.0037*	-0.0038*
	(-1.91)	(-1.90)	(-1.90)
Share_Inst	0.0155*	0.0155*	0.0155*
	(1.66)	(1.66)	(1.66)
Her10	-0.1260**	-0.1250**	-0.1250**
	(-2.32)	(-2.30)	(-2.30)
Top2	0.0189*	0.0188*	0.0187*
	(1.69)	(1.68)	(1.68)
Year	Control	Control	Control
Industry	Control	Control	Control
_cons	-0.0676	-0.0671	-0.0671
	(-1.57)	(-1.56)	(-1.56)
F 值	25.31	25.30	25.29
N	15169	15169	15169

注：* 表示在 10% 水平上显著，** 表示在 5% 水平上显著，*** 表示在 1% 水平上显著。

（三）用前三名高管薪酬代替高管薪酬

我们用前三名高管薪酬来代替高管薪酬，重新计算了高管超额薪酬（Overpay_top3），重新进行了检验。表 6-9 列示了检验的结果。

从表 6 -9 第一列结果可以看出，机构投资者持股比例与超额薪酬的交互项 Share_Inst × Overpay_top3 与战略信息披露水平 SID 在 1% 水平上显著负相关，相关系数为 -0.0312，这表明机构投资者持股比例能够负向调节超额薪酬 Overpay_top3 与战略信息披露水平 SID 的关系，即在机构投资者持股比例较高的企业中，超额薪酬 Overpay_top3 与战略信息披露水平 SID 正相关关系更小，机构投资者发挥了监督作用，抑制了管理层用战略信息披露来为自己薪酬做辩护的动机，与之前的主检验的结果相比未发生显著性变化。

从表 6 -9 第二列结果可以看出，董事会独立董事比例与超额薪酬的交互项 IndepR × Overpay_top3 与战略信息披露水平 SID 在 5% 水平上显著负相关，相关系数为 -0.0041，董事会独立董事比例能够负向调节超额薪酬 Overpay_top3 与战略信息披露水平 SID 的关系，即在董事会独立董事比例较高的企业中，超额薪酬 Overpay_top3 与战略信息披露水平 SID 正相关关系更小，独立董事发挥了监督作用，抑制了管理层用战略信息披露来为自己薪酬做辩护的动机，与之前的主检验的结果相比未发生显著性变化。

从表 6 -9 第三列结果可以看出，第二大股东持股比例与超额薪酬的交互项 Top2 × Overpay_top3 与战略信息披露水平 SID 在 5% 水平上显著负相关，相关系数为 -0.0017，这表明第二大股东持股比例能够负向调节超额薪酬 Overpay_top3 与战略信息披露水平 SID 的关系，即在第二大股东持股比例较高的企业中，超额薪酬 Overpay_top3 与战略信息披露水平 SID 正相关关系更小，第二大股东发挥了制衡和监督作用，抑制了管理层用战略信息披露来为自己薪酬做辩护的动机。与之前的主检验的结果相比未发生显著性变化。

表 6－9　高管超额薪酬与战略信息披露水平的回归结果（以前三名高管薪酬计算超额薪酬）

Dependent Variable：SID			
	1	2	3
Overpay_top3	0.0190 ***	0.0070 **	0.0094 ***
	(5.91)	(2.35)	(3.18)
Share_Inst × Overpay_top3	－0.0312 ***		
	(－4.10)		
IndepR × Overpay_top3		－0.0041 **	
		(－2.52)	
Top2 × Overpay_top3			－0.0017 **
			(－2.00)
Assets	0.0181 ***	0.0179 ***	0.0180 ***
	(9.89)	(9.79)	(9.83)
Lev	－0.0222 ***	－0.0243 ***	－0.0244 ***
	(－3.01)	(－3.30)	(－3.30)
Turn_ceo	－0.0024	－0.0028	－0.0029
	(－0.61)	(－0.71)	(－0.72)
Growth	0.0156 **	0.0167 ***	0.0167 ***
	(2.41)	(2.59)	(2.58)
Acquisition	－0.0098	－0.0084	－0.0084
	(－0.27)	(－0.23)	(－0.23)
Crosslist	－0.0184	－0.0203 *	－0.0203 *
	(－1.63)	(－1.80)	(－1.78)
HHI	－0.0397	－0.0330	－0.0335
	(－0.47)	(－0.39)	(－0.40)
Refinance	0.0178 ***	0.0179 ***	0.0178 ***
	(2.88)	(2.90)	(2.89)

续表

Dependent Variable：SID			
	1	2	3
Share_Mng	-0.0032	-0.0019	-0.0018
	(-0.50)	(-0.29)	(-0.28)
Top1	0.0898**	0.0862**	0.0863**
	(2.25)	(2.16)	(2.16)
Duality	0.0049	0.0042	0.0042
	(1.08)	(0.93)	(0.93)
Size_BD	0.0023**	0.0024***	0.0024***
	(2.55)	(2.63)	(2.60)
IndepR	0.0040	0.0051*	0.0039
	(1.58)	(1.69)	(1.56)
AuditC	0.0172***	0.0184***	0.0184***
	(3.01)	(3.22)	(3.23)
State	-0.0006	0.0001	0.0001
	(-1.16)	(0.01)	(0.03)
Share_Inst	0.0155*	0.0149*	0.0149*
	(1.84)	(1.76)	(1.76)
Her10	-0.1070**	-0.1040**	-0.1040**
	(-2.20)	(-2.14)	(-2.14)
Top2	0.0130*	0.0153*	0.0152*
	(1.70)	(1.79)	(1.77)
Year	Control	Control	Control
Industry	Control	Control	Control
_cons	-0.0419	-0.0443	-0.0445
	(-1.04)	(-1.10)	(-1.10)
F值	40.32	39.88	39.88
N	15169	15169	15169

注：* 表示在10%水平上显著，** 表示在5%水平上显著，*** 表示在1%水平上显著。

（四）控制变量中加入可操控应计 DA

盈余管理是上市公司操纵投资者印象的另外一种方法，因此我们按照 Dechow 等（1995）的方法，使用修正后的琼斯模型计算了可操控应计 DA，在主回归模型中加入了可操控应计变量 DA 重新进行了检验。表 6－10 列示了检验的结果。

从表 6－10 第一列结果可以看出，机构投资者持股比例与超额薪酬的交互项 Share_Inst × Overpay 与战略信息披露水平 SID 在 5% 水平上显著负相关，相关系数为 －0.0011，这表明机构投资者持股比例能够负向调节超额薪酬 Overpay 与战略信息披露水平 SID 的关系，即在机构投资者持股比例较高的企业中，超额薪酬 Overpay 与战略信息披露水平 SID 正相关关系更小，机构投资者发挥了监督作用，抑制了管理层用战略信息披露来为自己薪酬做辩护的动机。与之前的主检验的结果相比未发生显著性变化。

从表 6－10 第二列结果可以看出，董事会独立董事比例与超额薪酬的交互项 IndepR × Overpay 与战略信息披露水平 SID 在 1% 水平上显著负相关，相关系数为 －0.0056，董事会独立董事比例能够负向调节超额薪酬 Overpay 与战略信息披露水平 SID 的关系，即在董事会独立董事比例较高的企业中，超额薪酬 Overpay 与战略信息披露水平 SID 正相关关系更小，独立董事发挥了监督作用，抑制了管理层用战略信息披露来为自己薪酬做辩护的动机。与之前的主检验的结果相比未发生显著性变化。

从表 6－10 第三列结果可以看出，第二大股东持股比例与超额薪酬的交互项 Top2 × Overpay 与战略信息披露水平 SID 在 5% 水平上显著负相关，相关系数为 －0.0135，这表明第二大股东持股比例能够负向调节超额薪酬 Overpay 与战略信息披露水平 SID 的关系，即在第二大股东持股比例较高的企业中，超额薪酬 Overpay 与战略信息披露水平 SID 正相关关系更小，第二大股东发挥了制衡和监督作用，抑制了管理层用战略信息披露来为自己薪酬做辩护的动机。与之前的主检验的结果相比未发生显著性变化。

表 6-10 加入可操控应计控制变量后高管超额薪酬与战略信息披露水平回归结果

Dependent Variable：SID			
	1	2	3
Overpay	0.0046**	0.0081***	0.0052**
	(2.04)	(2.64)	(2.14)
Share_Inst × Overpay	-0.0011**		
	(-2.17)		
IndepR × Overpay		-0.0056***	
		(-2.62)	
Top2 × Overpay			-0.0135**
			(-2.55)
Assets	0.0191***	0.0190***	0.0191***
	(9.93)	(9.91)	(9.93)
Lev	-0.0119	-0.0118	-0.0120
	(-1.40)	(-1.39)	(-1.41)
Turn_ceo	-0.0036	-0.0036	-0.0036
	(-0.84)	(-0.83)	(-0.83)
Growth	0.0096	0.0097	0.0095
	(1.33)	(1.34)	(1.32)
Acquisition	0.0015	0.0015	0.0015
	(0.39)	(0.38)	(0.39)
Crosslist	-0.0166	-0.0165	-0.0166
	(-1.35)	(-1.35)	(-1.35)

续表

Dependent Variable：SID			
	1	2	3
HHI	0. 0122	0. 0128	0. 0125
	(0. 13)	(0. 14)	(0. 13)
Refinance	0. 0184 ***	0. 0184 ***	0. 0184 ***
	(2. 81)	(2. 82)	(2. 81)
Share_Mng	-0. 0056	-0. 0056	-0. 0058
	(-0. 81)	(-0. 81)	(-0. 84)
Top1	0. 0711	0. 0714	0. 0701
	(1. 62)	(1. 62)	(1. 59)
Duality	0. 0022	0. 0023	0. 0023
	(0. 45)	(0. 46)	(0. 46)
Size_BD	0. 0023 **	0. 0023 **	0. 0023 **
	(2. 30)	(2. 30)	(2. 29)
IndepR	0. 0066 *	0. 0066 *	0. 0066 *
	(1. 85)	(1. 85)	(1. 86)
AuditC	0. 0258 ***	0. 0258 ***	0. 0258 ***
	(4. 09)	(4. 09)	(4. 09)
State	-0. 0019 *	-0. 0019 *	-0. 0018 *
	(-1. 67)	(-1. 67)	(-1. 65)
Share_Inst	0. 0187 **	0. 0187 **	0. 0188 **
	(2. 08)	(2. 08)	(2. 09)
Her10	-0. 0886 *	-0. 0888 *	-0. 0873
	(-1. 65)	(-1. 66)	(-1. 63)
Top2	0. 0286 **	0. 0288 **	0. 0284 **
	(2. 00)	(2. 01)	(1. 99)
DA	0. 0501 ***	0. 0500 ***	0. 0502 ***
	(2. 78)	(2. 77)	(2. 78)

续表

Dependent Variable：SID			
	1	2	3
Year	Control	Control	Control
Industry	Control	Control	Control
_cons	-0.0716*	-0.0712*	-0.0714*
	(-1.70)	(-1.68)	(-1.69)
F 值	31.14	31.15	31.14
N	15169	15169	15169

注：* 表示在 10% 水平上显著，** 表示在 5% 水平上显著，*** 表示在 1% 水平上显著。

第三节　本章小结

以西方资本市场为基础的研究表明，机构投资者、独立董事和股权制衡等公司治理机制具有监督治理作用，能够抑制管理层信息披露的机会主义行为，从而可以增强信息披露动机的信息观，提高信息披露质量，进而增强其可信性。我国从 20 世纪末确立了现代企业制度后，有关政府部门和相关机构不断采取各种措施来提高上市公司的治理水平，机构投资者也在 1998 年大力发展机构投资者以来得到了迅速发展。

本章中，为了检验在中国的资本市场中，用战略信息披露做辩护是高管真实才能的展现，还是一种印象管理行为，我们研究了尚在不断发展和完善中的机构投资者、独立董事和股权制衡等公司治理机制是否会显著影响高管的超额薪酬与战略信息披露水平之间的关系。机构投资者、独立董事和股权制衡等公司治理机制具有监督作用，能够抑制高管信息披露的机会主义行为。如果机构投资者持股比例、独立董事比例和第二大股东持股比例能够负向调节战略信息披露水平与超额薪酬的正相关关系，表明高管在获得超额薪酬时披露较多的战略信息存在印象管理行为，而非高管真实才能的展现。实证结果表明：机构投资者持股比例、独立董事比例和第二大股东持股比例能够负向调节战略信息披露水平与超额薪酬的正相关关系，这与我们的薪酬辩护假说一致。同时这也表明，随着机构投资者、独立董事和股权制衡等公司治理水平的不断提高，其可以如我们预期发挥监督作用，抑制管理者信息披露的机会主义行为，提高信息披露质量，使得管理者不能利用战略信息来为自己的超额薪酬做辩护。

此外，为了进一步验证高管用来薪酬辩护的战略信息披露确实是印象管理行为，排除真实才能信号假说，我们检验了那些高管的超额薪酬比较高且战略信息披露也比较高的公司未来业绩是否更差。如果管理者才能信号假说成立，那么在超额薪酬比较高且战略信息披露水平也比较高的公司中，战略信息披露是高管高才能的展现，此时公司的未来业绩应该更好；而如果薪酬辩护假说成立，则战略信息披露是高管才能的一种虚假展示，是一种机会主义行为，此时公司的未来业绩应该更差。通过实证结果我们发现，超额薪酬比较高且战略信息披露水平也比较高的公司未来的总资产收益率以及经行业中位数调整的未来的总资产收益率高于其他的公司。这说明高管在超额薪酬较高时较多的战略信息披露是一种印象管理行为，而非管理层的真实才能的展现，即排除了管理者才能信号假说。

公司治理、超额薪酬与战略信息披露语调

第一节　研究设计

一、研究样本与数据来源

本章选取了深、沪两市2007—2016年所有上市公司作为初始研究样本，并进行了如下处理：（1）剔除了金融行业的上市公司；（2）剔除了相关变量数据不全的公司；（3）为了降低异常值的影响，将连续变量进行1%分位数Winsorize处理；（4）本章对数据进行了2%的抽查核对与更正。最后，共得到10673个样本观测值。

战略信息披露语调数据我们依照Li（2008）的方法获得，其他研究数据来源于

CCER 数据库、CSMAR 数据库和 Wind 数据库。

二、模型设计

为了验证本书的假设，我们建立了以下模型：

$$Abtone_t = \alpha_0 + \alpha_1 Overpay_t + Share\_Inst_t \times Overpay_t + \sum \alpha_i Controls_t + \varepsilon_{it} \quad (7.1)$$

$$Abtone_t = \alpha_0 + \alpha_1 Overpay_t + IndepR_t \times Overpay_t + \sum \alpha_i Controls_t + \varepsilon_{it} \quad (7.2)$$

$$Abtone_t = \alpha_0 + \alpha_1 Overpay_t + Top2_t \times Overpay_t + \sum \alpha_i Controls_t + \varepsilon_{it} \quad (7.3)$$

其中，$Abtone_t$是 t 年公司的战略信息披露异常正语调；$Overpay_t$是指 t 年高管的超额薪酬；$Controls_t$为 t 年各个控制变量。回归模型采用了公司层面的聚类稳健标准误调整（Cluster）。模型中各变量详见第五章表 5－4。

三、变量定义

机构投资者持股比例 Share_Inst 借鉴现有文献（Ramalingegowda 和 Yu，2012；石美娟和童卫华，2009）将之度量为年末机构投资者持股之和占流通股比例，数据来自 Wind 数据库；独立董事及比例 IndepR 为独立董事占总董事人数的比例；Top2 为第二大股东的持股比例，代表股权制衡变量。

第二节　实证结果与分析

一、描述性统计

表 7－1 报告了机构投资者持股、独立董事比例和第二大股东持股比例各公司治理指标的描述性统计结果。

表 7－1　　调节变量的描述性统计

Variable	Obs	Mean	Std. Dev.	Min	Median	Max
Share_Inst	10－673	0. 3320	0. 2400	0. 0000	0. 3170	0. 8860
IndepR	10－673	0. 5920	0. 1480	0. 2500	0. 5000	1. 0000
Top2	10－673	0. 0870	0. 0720	0. 0040	0. 0670	0. 3200

资料来源：作者整理。

机构投资者持股比例 Share_Inst 平均值为 0. 3320，中位数为 0. 3170，这表明中国上市公司平均的机构投资者持股比例超过 30%。最小值为 0. 0000，最大值为 0. 8860，这表明不同上市公司之间机构投资者持股比例存在较大的差距。

独立董事比例 IndepR 平均值为 0. 5920，这表明上市公司董事会中独立董事的比例为 59. 20%，超过了一半的董事为独立董事。第二大股东持股比例平均值为 0. 0870，这表明上市公司第二大股东持股比例平均为 8. 70%，远远低于第一大股东持股比例 35. 40%。

二、实证结果分析

我们分别用 OLS（robust）和 FE 进行了回归，结果如表

7－2和表7－3所示。

从表7－2第一列结果可以看出，机构投资者持股比例与超额薪酬的交互项 Share_Inst × Overpay 与战略信息披露的异常正面语调 Abtone 在5%水平上显著负相关，相关系数为－0.1810，这表明机构投资者持股比例能够负向调节超额薪酬 Overpay 与战略信息披露的异常正面语调 Abtone 的关系，即在机构投资者持股比例较高的企业中，超额薪酬 Overpay 与战略信息披露的异常正面语调 Abtone 正相关关系更小，机构投资者发挥了监督作用，抑制了管理层用战略信息披露来为自己薪酬做辩护的动机，支持了假设 H3－2。

从表7－2第二列结果可以看出，董事会独立董事比例与超额薪酬的交互项 IndepR × Overpay 与战略信息披露的异常正面语调 Abtone 在1%水平上显著负相关，相关系数为－0.0064，董事会独立董事比例能够负向调节超额薪酬 Overpay 与战略信息披露的异常正面语调 Abtone 的关系，即在董事会独立董事比例较高的企业中，超额薪酬 Overpay 与战略信息披露的异常正面语调 Abtone 正相关关系更小，独立董事发挥了监督作用，抑制了管理层用战略信息披露来为自己薪酬做辩护的动机，支持了假设 H4－2。

从表7－2第三列结果可以看出，第二大股东持股比例与超额薪酬的交互项 Top2 × Overpay 与战略信息披露的异常正面语调 Abtone 在5%水平上显著负相关，相关系数为－0.0023，这表明第二大股东持股比例能够负向调节超额薪酬 Overpay 与战略信息披露的异常正面语调 Abtone 的关系，即在第二大股东持股比例较高的企业中，超额薪酬 Overpay 与战略信息披露的异常正面语调 Abtone 正相关关系更小，第二大股东发挥了制衡和监督作用，抑制了管理层用战略信息披露来为自己薪酬做辩护的动机，支持了假设 H5 -2。

表 7 -2 公司治理变量对高管超额薪酬与战略信息披露异常正语调调节作用的 OLS 回归结果

Dependent Variable: Abtone			
	1	2	3
Overpay	0. 0082 ***	0. 0083 ***	0. 0080 ***
	(6. 55)	(6. 69)	(6. 31)
Share_Inst × Overpay	-0. 1810 **		
	(-2. 10)		
IndepR × Overpay		-0. 0064 ***	
		(-2. 62)	
Top2 × Overpay			-0. 0023 **
			(-2. 34)
Assets	-0. 0028	-0. 0030	-0. 0028
	(-1. 05)	(-1. 12)	(-1. 05)
Lev	-0. 0284 **	-0. 0284 **	-0. 0281 **
	(-1. 99)	(-1. 98)	(-1. 97)
Turn_ceo	-0. 0055	-0. 0053	-0. 0055
	(-0. 85)	(-0. 81)	(-0. 84)
Growth	0. 0155 *	0. 0157 *	0. 0154 *
	(1. 89)	(1. 92)	(1. 88)
Acquisition	0. 0083	0. 0083	0. 0082
	(1. 09)	(1. 09)	(1. 08)
Crosslist	-0. 0404 **	-0. 0398 **	-0. 0411 **
	(-2. 04)	(-2. 01)	(-2. 08)
HHI	0. 0454	0. 0401	0. 0439
	(0. 51)	(0. 45)	(0. 49)
Refinance	0. 0054	0. 0051	0. 0052
	(0. 81)	(0. 77)	(0. 78)

续表

Dependent Variable：Abtone			
	1	2	3
Share_Mng	0.0768***	0.0766***	0.0764***
	(2.90)	(2.90)	(2.89)
Top1	0.1220	0.1210	0.1220
	(1.64)	(1.63)	(1.64)
Duality	-0.0110*	-0.0111*	-0.0110*
	(-1.91)	(-1.92)	(-1.91)
Size_BD	-0.0467***	-0.0459***	-0.0467***
	(-3.20)	(-3.15)	(-3.20)
IndepR	-0.0231*	-0.0233*	-0.0226*
	(-1.71)	(-1.72)	(-1.78)
AuditC	0.0281***	0.0285***	0.0281***
	(2.78)	(2.82)	(2.77)
State	0.0385***	0.0382***	0.0384***
	(6.32)	(6.27)	(6.31)
Share_Inst	-0.5610**	-0.5760**	-0.5680**
	(-2.00)	(-2.06)	(-2.03)
Her10	-0.2110**	-0.2110**	-0.2110**
	(-2.25)	(-2.24)	(-2.24)
Top2	-0.0285**	-0.0273**	-0.0260**
	(-2.00)	(-2.03)	(-2.00)
Year	Control	Control	Control
Industry	Control	Control	Control
_cons	0.0686	0.0702	0.0684
	(1.03)	(1.05)	(1.02)
F 值	4.08	4.19	4.06
N	10673	10673	10673

注：* 表示在 10% 水平下显著，** 表示在 5% 水平下显著，*** 表示在 1% 水平下显著。

表 7 - 3 列示了固定效应回归结果。从表 7 - 3 第一列结果可以看出，机构投资者持股比例与超额薪酬的交互项 Share_Inst × Overpay 与战略信息披露的异常正面语调 Abtone 在 5% 水平上显著负相关，相关系数为 -0.1810，这表明机构投资者持股比例能够负向调节超额薪酬 Overpay 与战略信息披露的异常正面语调 Abtone 的关系，即在机构投资者持股比例较高的企业中，超额薪酬 Overpay 与战略信息披露的异常正面语调 Abtone 正相关关系更小，机构投资者发挥了监督作用，抑制了管理层用战略信息披露来为自己薪酬做辩护的动机，同样支持了假设 H3 - 2。

从表 7 - 3 第二列结果可以看出，董事会独立董事比例与超额薪酬的交互项 IndepR × Overpay 与战略信息披露的异常正面语调 Abtone 在 1% 水平上显著负相关，相关系数为 -0.0063，董事会独立董事比例能够负向调节超额薪酬 Overpay 与战略信息披露的异常正面语调 Abtone 的关系，即在董事会独立董事比例较高的企业中，超额薪酬 Overpay 与战略信息披露的异常正面语调 Abtone 正相关关系更小，独立董事发挥了监督作用，抑制了管理层用战略信息披露来为自己薪酬做辩护的动机，同样支持了假设 H4 - 2。

从表 7 - 3 第三列结果可以看出，第二大股东持股比例与超额薪酬的交互项 Top2 × Overpay 与战略信息披露的异常正面语调 Abtone 在 10% 水平上显著负相关，相关系数为 -0.0023，这表明第二大股东持股比例能够负向调节超额薪酬 Overpay 与战略信息披露的异常正面语调 Abtone 的关系，即在第二大股东持股比例较高的企业中，超额薪酬 Overpay 与战略信息披露的异常正面语调 Abtone 正相关关系更小，第二大股东发挥了制衡和监督作用，抑制了管理层用战略信息披露来为自己薪酬做辩护的动机，同样支持了假设 H5 - 2。

表 7-3　　公司治理变量对高管超额薪酬与战略信息披露异常正语调调节作用固定效应的回归结果

Dependent Variable：Abtone			
	1	2	3
Overpay	0.0081 ***	0.0084 ***	0.0080 ***
	(6.55)	(6.69)	(6.31)
Share_Inst × Overpay	-0.1810 **		
	(-1.98)		
IndepR × Overpay		-0.0063 ***	
		(-2.62)	
Top2 × Overpay			-0.0023 *
			(-1.89)
Assets	-0.0028	-0.0030	-0.0028
	(-1.05)	(-1.12)	(-1.05)
Lev	-0.0284 **	-0.0284 **	-0.0281 **
	(-1.99)	(-1.98)	(-1.97)
Turn_ceo	-0.0055	-0.0053	-0.0055
	(-0.85)	(-0.81)	(-0.84)
Growth	0.0155 *	0.0157 *	0.0154 *
	(1.89)	(1.92)	(1.88)
Acquisition	0.0083	0.0083	0.0082
	(1.09)	(1.09)	(1.08)
Crosslist	-0.0404 **	-0.0398 **	-0.0411 **
	(-2.04)	(-2.01)	(-2.08)
HHI	0.0454	0.0401	0.0439
	(0.51)	(0.45)	(0.49)
Refinance	0.0054	0.0051	0.0052
	(0.81)	(0.77)	(0.78)
Share_Mng	0.0768 ***	0.0766 ***	0.0764 ***
	(2.90)	(2.90)	(2.89)

续表

Dependent Variable：Abtone			
	1	2	3
Top1	0.1220	0.1210	0.1220
	(1.64)	(1.63)	(1.64)
Duality	-0.0110*	-0.0111*	-0.0110*
	(-1.91)	(-1.92)	(-1.91)
Size_BD	-0.0467***	-0.0459***	-0.0467***
	(-3.20)	(-3.15)	(-3.20)
IndepR	-0.0231*	-0.0233	-0.0226
	(-1.71)	(-1.12)	(-1.08)
AuditC	0.0281***	0.0285***	0.0281***
	(2.78)	(2.82)	(2.77)
State	0.0385***	0.0382***	0.0384***
	(6.32)	(6.27)	(6.31)
Share_Inst	-0.5610**	-0.5760**	-0.5680**
	(-2.00)	(-2.06)	(-2.03)
Her10	-0.2110**	-0.2110**	-0.2110**
	(-2.25)	(-2.24)	(-2.24)
Top2	-0.0274**	-0.0273***	-0.0260***
	(-2.53)	(-2.63)	(-2.60)
Year	Control	Control	Control
Industry	Control	Control	Control
_cons	0.0932	0.0949	0.0930
	(1.40)	(1.42)	(1.39)
F 值	4.86	4.99	4.83
N	10673	10673	10673

注：* 表示在 10% 水平下显著，** 表示在 5% 水平下显著，*** 表示在 1% 水平下显著。

三、内生性检验

（一）同行业公司个数的对数（LnNum）作为工具变量

首先我们选取同行业公司个数的对数作为工具变量，使用两阶段最小二乘法来解决可能存在的内生性问题。

表7－4列示了检验结果，第一阶段的回归结果表明，工具变量 LnNum 与过度薪酬 Overpay 显著正相关，且检验的 F 值均大于10，因此不属于弱工具变量。

表7－4第二阶段第一列结果表明，机构投资者持股比例与超额薪酬的交互项 Share_Inst × Overpay 与战略信息披露的异常正面语调 Abtone 在5%水平上显著负相关，相关系数为－0.4050，这表明机构投资者持股比例能够负向调节超额薪酬 Overpay 与战略信息披露的异常正面语调 Abtone 的关系，即在机构投资者持股比例较高的企业中，超额薪酬 Overpay 与战略信息披露的异常正面语调 Abtone 正相关关系更小，机构投资者发挥了监督作用，抑制了管理层用战略信息披露来为自己薪酬做辩护的动机，这与我们的主检验结果一致。

表7－4第二阶段第二列结果表明，董事会独立董事比例与超额薪酬的交互项 IndepR × Overpay 与战略信息披露的异常正面语调 Abtone 在1%水平上显著负相关，相关系数为－0.0370，董事会独立董事比例能够负向调节超额薪酬 Overpay 与战略信息披露的异常正面语调 Abtone 的关系，即在董事会独立董事比例较高的企业中，超额薪酬 Overpay 与战略信息披露的异常正面语调 Abtone 正相关关系更小，独立董事发挥了监督作用，抑制了管理层用战略信息披露来为自己薪酬做辩护的动机，这与我们的主检验结果一致。

表7－4第二阶段第三列结果表明，第二大股东持股比例与

超额薪酬的交互项 Top2 × Overpay 与战略信息披露的异常正面语调 Abtone 在 5% 水平上显著负相关，相关系数为 -0.1430，这表明第二大股东持股比例能够负向调节超额薪酬 Overpay 与战略信息披露的异常正面语调 Abtone 的关系，即在第二大股东持股比例较高的企业中，超额薪酬 Overpay 与战略信息披露的异常正面语调 Abtone 正相关关系更小，第二大股东发挥了制衡和监督作用，抑制了管理层用战略信息披露来为自己薪酬做辩护的动机，这与我们的主检验结果一致。

表 7-4　　同行业公司个数的对数（lnNum）作为工具变量两阶段回归结果

第一阶段回归结果			
Dependent Variable：Overpay			
	1	2	3
lnNum	0.0008**	0.0010***	0.0010***
	(2.23)	(2.87)	(2.60)
控制变量	Control	Control	Control
F 值	35.86	10.19	15.31
N	10673	10673	10673
第二阶段回归结果			
Dependent Variable：Abtone			
Overpay	0.5220**	0.3850***	0.4300**
	(2.19)	(2.76)	(2.52)
Share_Inst × Overpay	-0.4050**		
	(-2.13)		
IndepR × Overpay		-0.0370***	
		(-2.63)	
Top2 × Overpay			-0.1430**
			(-2.42)

续表

第二阶段回归结果			
Dependent Variable：Abtone			
Assets	0.0231	0.0160	0.0198
	(1.47)	(1.49)	(1.56)
Lev	0.0419	0.0244	0.0266
	(0.69)	(0.53)	(0.52)
Turn_ceo	0.3090**	0.2540**	0.2780**
	(2.07)	(2.56)	(2.36)
Growth	0.0112	0.0195	0.0232
	(0.35)	(0.76)	(0.83)
Acquisition	-0.0280	-0.0170	-0.0228
	(-0.80)	(-0.65)	(-0.78)
Crosslist	0.1430	0.1170	0.1690
	(1.31)	(1.46)	(1.64)
HHI	0.4430	0.3070	0.4030
	(1.08)	(1.00)	(1.15)
Refinance	-0.0109	-0.0013	-0.0011
	(-0.39)	(-0.06)	(-0.05)
Top1	-0.0082	0.1520	0.1640
	(-0.03)	(0.65)	(0.65)
Duality	-0.0184	-0.0056	-0.0033
	(-0.81)	(-0.32)	(-0.17)
Size_BD	0.0702	0.0869	0.0794
	(0.91)	(1.32)	(1.14)
IndepR	-0.1260**	-0.1420***	-0.1360**
	(-2.20)	(-2.61)	(-2.44)
AuditC	0.0026	-0.0012	-0.0038
	(0.06)	(-0.03)	(-0.09)
State	0.0247	0.0416**	0.0399**
	(1.01)	(2.23)	(1.96)

续表

第二阶段回归结果			
Dependent Variable：Abtone			
Share_Inst	-0.8290**	-0.2860**	-0.3550**
	(-2.47)	(-2.00)	(-2.07)
Her10	0.1990	-0.0328	-0.0713
	(0.46)	(-0.11)	(-0.21)
Top2	-0.2990**	-0.2110**	-0.3030**
	(-2.34)	(-2.32)	(-2.55)
Year	Control	Control	Control
Industry	Control	Control	Control
_cons	-0.567	-0.536*	-0.569*
	(-1.50)	(-1.83)	(-1.73)
Wald chi^2	14.78	22.76	19.17
N	10673	10673	10673

注：* 表示在 10% 水平上显著，** 表示在 5% 水平上显著，*** 表示在 1% 水平上显著。

（二）同行业其他公司过度薪酬的平均值（Overpay_Ind）作为工具变量

我们借鉴 Xu 等（2014）的研究，选取同行业其他公司的过度薪酬的平均值（Overpay_Ind）作为工具变量，使用两阶段最小二乘法来解决可能存在的内生性问题。工具变量的选择要遵循两个条件，一是工具变量与解释变量相关，二是与扰动项不相关。同行业其他公司的过度薪酬的平均值（Overpay_Ind）是外生的，且同行业其他公司的过度薪酬的平均值（Overpay_Ind）与超额薪酬正相关。而同行业其他公司的过度薪酬的平均值（Overpay_Ind）与公司的信息披露却没有直接的相关关系。

表 7-5 列示了检验结果，第一阶段的回归结果表明，工具

变量 Overpay_Ind 与过度薪酬 Overpay 在 1% 的水平上正相关，且检验的 F 值均大于 10，因此不属于弱工具变量。

第二阶段回归结果第一列表明，机构投资者持股比例与超额薪酬的交互项 Share_Inst × Overpay 与战略信息披露的异常正面语调 Abtone 在 10% 水平上显著负相关，相关系数为 -0.0351，这表明机构投资者持股比例能够负向调节超额薪酬 Overpay 与战略信息披露的异常正面语调 Abtone 的关系，即在机构投资者持股比例较高的企业中，超额薪酬 Overpay 与战略信息披露的异常正面语调 Abtone 正相关关系更小，机构投资者发挥了监督作用，抑制了管理层用战略信息披露来为自己薪酬做辩护的动机，这与我们的主检验结果一致。

第二阶段回归结果第二列表明，董事会独立董事比例与超额薪酬的交互项 IndepR × Overpay 与战略信息披露的异常正面语调 Abtone 在 1% 水平上显著负相关，相关系数为 -0.0131，董事会独立董事比例能够负向调节超额薪酬 Overpay 与战略信息披露的异常正面语调 Abtone 的关系，即在董事会独立董事比例较高的企业中，超额薪酬 Overpay 与战略信息披露的异常正面语调 Abtone 正相关关系更小，独立董事发挥了监督作用，抑制了管理层用战略信息披露来为自己薪酬做辩护的动机，这与我们的主检验结果一致。

第二阶段回归结果第三列表明，第二大股东持股比例与超额薪酬的交互项 Top2 × Overpay 与战略信息披露的异常正面语调 Abtone 在 5% 水平上显著负相关，相关系数为 -0.0180，这表明第二大股东持股比例能够负向调节超额薪酬 Overpay 与战略信息披露的异常正面语调 Abtone 的关系，即在第二大股东持股比例较高的企业中，超额薪酬 Overpay 与战略信息披露的异常正面语调 Abtone 正相关关系更小，第二大股东发挥了制衡和监督作用，抑制了管理层用战略信息披露来为自己薪酬做辩护的动机，这与我们的主检验结果一致。

表 7－5　　同行业其他公司的过度薪酬的平均值（Overpay_Ind）作为工具变量两阶段回归结果

第一阶段回归结果			
Dependent Variable：Overpay			
	1	2	3
Overpay_Ind	0.4500***	0.4580***	0.4470***
	(5.99)	(5.76)	(5.71)
控制变量	Control	Control	Control
F 值	45.94	12.31	20.06
N	10673	10673	10673
第二阶段回归结果			
DependentVariable：Abtone			
Overpay	0.0555**	0.0744***	0.0728***
	(2.24)	(3.05)	(2.90)
Share_Inst × Overpay	−0.0351*		
	(−1.86)		
IndepR × Overpay		−0.0131***	
		(−3.55)	
Top2 × Overpay			−0.0180**
			(−2.14)
Assets	0.0026	0.0032	0.0035
	(0.82)	(1.01)	(1.09)
Lev	−0.0298**	−0.0286*	−0.0292*
	(−2.01)	(−1.84)	(−1.89)
Turn_ceo	0.0231	0.0390**	0.0373**
	(1.42)	(2.20)	(2.08)
Growth	0.0126	0.0137	0.0138
	(1.47)	(1.54)	(1.55)

续表

第二阶段回归结果			
DependentVariable：Abtone			
Acquisition	0.0083	0.0075	0.0071
	(1.04)	(0.89)	(0.85)
Crosslist	-0.0283	-0.0186	-0.0157
	(-1.29)	(-0.80)	(-0.65)
HHI	0.1660	0.1430	0.2790
	(0.18)	(0.15)	(0.29)
Refinance	0.0018	0.0013	0.0016
	(0.26)	(0.17)	(0.22)
Share_Mng	0.0839***	0.0783***	0.0788***
	(3.06)	(2.71)	(2.74)
Top1	0.1080	0.1130	0.1180
	(1.38)	(1.39)	(1.45)
Duality	-0.0130**	-0.0114*	-0.0113*
	(-2.14)	(-1.80)	(-1.78)
Size_BD	-0.0422***	-0.0307*	-0.0354**
	(-2.72)	(-1.79)	(-2.14)
IndepR	-0.0118**	-0.0013**	-0.0016**
	(-2.52)	(-2.05)	(-2.06)
AuditC	0.0193*	0.0169	0.0168
	(1.86)	(1.54)	(1.54)
State	0.0349***	0.0370***	0.0369***
	(5.53)	(5.58)	(5.60)
Share_Inst	-0.1310	-0.1500*	-0.1490*
	(-1.54)	(-1.95)	(-1.94)
Her10	-0.1830*	-0.1780*	-0.1890*
	(-1.82)	(-1.70)	(-1.83)
Top2	-0.0206***	-0.0122**	-0.0077**
	(-2.69)	(-2.39)	(-2.24)

续表

第二阶段回归结果			
DependentVariable：Abtone			
Year	Control	Control	Control
Industry	Control	Control	Control
_cons	0.01	(0.03)	(0.02)
	-0.16	(-0.34)	(-0.27)
Wald chi^2	125.23	118.77	118.18
N	10673	10673	10673

注：* 表示在 10% 水平上显著，** 表示在 5% 水平上显著，*** 表示在 1% 水平上显著。

此外，我们还使用平衡面板数据采用固定效应模型进行了回归，以控制不随时间变化的变量导致的内生性问题。结果与我们之前的结论一致。

四、其他的稳健性检验

（一）控制变量中加入可操控应计

盈余管理是上市公司操纵投资者印象的另外一种方法，因此我们按照 Dechow 等（1995）的方法使用修正后的琼斯模型计算了可操控应计 DA，在主回归模型中加入了可操控应计变量 DA 重新进行了检验。

表 7-6 列示了检验的结果。从第一列结果可以看出，机构投资者持股比例与超额薪酬的交互项 Share_Inst × Overpay 与战略信息披露的异常正面语调 Abtone 在 10% 水平上显著负相关，相关系数为 -0.2010，这表明机构投资者持股比例能够负向调节超额薪酬 Overpay 与战略信息披露的异常正面语调 Abtone 的关系，即在机构投资者持股比例较高的企业中，超额薪酬 Overpay 与战略信息披露的异常正面语调 Abtone 正相关关系更小，机构投资

者发挥了监督作用，抑制了管理层用战略信息披露来为自己薪酬做辩护的动机。与之前的主检验的结果相比没有发生显著性变化。

从表7-6第二列结果可以看出，董事会独立董事比例与超额薪酬的交互项IndepR×Overpay与战略信息披露的异常正面语调Abtone在5%水平上显著负相关，相关系数为-0.0059，董事会独立董事比例能够负向调节超额薪酬Overpay与战略信息披露的异常正面语调Abtone的关系，即在董事会独立董事比例较高的企业中，超额薪酬Overpay与战略信息披露的异常正面语调Abtone正相关关系更小，独立董事发挥了监督作用，抑制了管理层用战略信息披露来为自己薪酬做辩护的动机。与之前的主检验的结果相比没有发生显著性变化。

从表7-6第三列结果可以看出，第二大股东持股比例与超额薪酬的交互项Top2×Overpay与战略信息披露的异常正面语调Abtone负相关，相关系数为-0.0020，但不显著。与之前的主检验的结果相比发生了显著性变化。

表7-6　加入可操控应计控制变量后高管超额薪酬与战略信息披露异常正语调的回归结果

Dependent Variable：Abtone			
	1	2	3
Overpay	0.0083***	0.0085***	0.0081***
	(5.00)	(5.11)	(4.84)
Share_Inst×Overpay	-0.2010*		
	(-1.88)		
IndepR×Overpay		-0.0059**	
		(-2.42)	

续表

Dependent Variable：Abtone			
	1	2	3
Top2 × Overpay			-0.0020
			(-0.71)
DA	0.0207*	0.0204*	0.0205*
	(1.81)	(1.74)	(1.76)
Assets	-0.0042	-0.0050	-0.0040
	(-0.15)	(-0.18)	(-0.14)
Lev	-0.0320**	-0.0321**	-0.0318**
	(-2.14)	(-2.14)	(-2.12)
Turn_ceo	-0.0052	-0.0049	-0.0051
	(-0.76)	(-0.72)	(-0.75)
Growth	0.0129*	0.0132*	0.0129
	(1.65)	(1.68)	(1.64)
Acquisition	0.0112	0.0112	0.0111
	(1.56)	(1.56)	(1.54)
Crosslist	-0.0460*	-0.0457*	-0.0469*
	(-1.87)	(-1.86)	(-1.90)
HHI	0.0320	-0.0220	0.0170
	(0.04)	(-0.03)	(0.02)
Refinance	0.0026	0.0022	0.0023
	(0.39)	(0.33)	(0.36)
Share_Mng	0.0851***	0.0851***	0.0848***
	(3.52)	(3.51)	(3.50)
Top1	0.1230	0.1220	0.1230
	(1.64)	(1.62)	(1.64)
Duality	-0.0116**	-0.0117**	-0.0116**
	(-1.99)	(-2.01)	(-1.99)
Size_BD	-0.0493***	-0.0486***	-0.0495***
	(-3.48)	(-3.43)	(-3.49)

续表

Dependent Variable：Abtone			
	1	2	3
IndepR	−0.0272**	−0.0268**	−0.0269**
	(−2.34)	(−2.33)	(−2.33)
AuditC	0.0219**	0.0222**	0.0219**
	(2.45)	(2.48)	(2.44)
State	0.0380***	0.0378***	0.0379***
	(6.23)	(6.19)	(6.21)
Share_Inst	−0.3770**	−0.3910**	−0.3850**
	(−2.21)	(−2.25)	(−2.23)
Her10	−0.2270**	−0.2260**	−0.2270**
	(−2.41)	(−2.39)	(−2.40)
Top2	−0.0278*	−0.0281*	−0.0265*
	(−1.83)	(−1.84)	(−1.80)
Year	Control	Control	Control
Industry	Control	Control	Control
_cons	0.0754	0.0754	0.0757
	(1.09)	(1.09)	(1.10)
F值	4.29	4.38	4.29
N	10477	10477	10477

注：* 表示在10%水平上显著，** 表示在5%水平上显著，*** 表示在1%水平上显著。

（二）改变计算异常正面语调的方法

我们在计算异常正面语调的模型中，借鉴 Huang 等（2014）的研究加入了管理层盈余预测（因为管理层盈余预测代表着管理层对未来绩效的一种预期，会影响战略信息披露的语调）作为控制变量，重新计算了异常正面语调 Abtone_2，进行了检验。表 7 - 7 列示了检验的结果。

从表 7 - 7 第一列结果可以看出，机构投资者持股比例与超额薪酬的交互项 Share_Inst × Overpay 与战略信息披露的异常正面语调 Abtone_2 在 10% 水平上显著负相关，相关系数为 -0.1720，这表明机构投资者持股比例能够负向调节超额薪酬 Overpay 与战略信息披露的异常正面语调 Abtone_2 的关系，即在机构投资者持股比例较高的企业中，超额薪酬 Overpay 与战略信息披露的异常正面语调 Abtone_2 正相关关系更小，机构投资者发挥了监督作用，抑制了管理层用战略信息披露来为自己薪酬做辩护的动机。与之前的主检验的结果相比没有发生显著性变化。

从表 7 - 7 第二列结果可以看出，董事会独立董事比例与超额薪酬的交互项 IndepR × Overpay 与战略信息披露的异常正面语调 Abtone_2 在 5% 水平上显著负相关，相关系数为 -0.0060，董事会独立董事比例能够负向调节超额薪酬 Overpay 与战略信息披露的异常正面语调 Abtone_2 的关系，即在董事会独立董事比例较高的企业中，超额薪酬 Overpay 与战略信息披露的异常正面语调 Abtone_2 正相关关系更小，独立董事发挥了监督作用，抑制了管理层用战略信息披露来为自己薪酬做辩护的动机。与之前的主检验的结果相比没有发生显著性变化。

从表 7 - 7 第三列结果可以看出，第二大股东持股比例与超额薪酬的交互项 Top2 × Overpay 与战略信息披露的异常正面语调 Abtone_2 负相关，相关系数为 -0.0011，但不显著。与之前的主检验的结果相比发生了显著性变化。

表 7－7　　高管超额薪酬与战略信息披露异常正语调 Abtone_2 回归结果

Dependent Variable：Abtone_2			
	1	2	3
Overpay	0.0056***	0.0057***	0.0053***
	(3.32)	(3.34)	(3.19)
Share_Inst × Overpay	－0.1720*		
	(－1.72)		
IndepR × Overpay		－0.0060**	
		(－2.56)	
Top2 × Overpay			－0.0011
			(－0.38)
Assets	－0.0028	－0.0030	－0.0029
	(－0.87)	(－0.91)	(－0.88)
Lev	－0.0376**	－0.0375**	－0.0372**
	(－2.07)	(－2.06)	(－2.05)
Turn_ceo	－0.0074	－0.0072	－0.0073
	(－0.98)	(－0.95)	(－0.97)
Growth	0.0990	0.0990	0.0980
	(1.16)	(1.16)	(1.15)
Acquisition	0.0079	0.0079	0.0078
	(1.03)	(1.03)	(1.02)
Crosslist	－0.0319	－0.0316	－0.0323
	(－1.27)	(－1.26)	(－1.28)
HHI	－0.0130	－0.0604	－0.0275
	(－0.02)	(－0.08)	(－0.04)
Refinance	－0.0021	－0.0024	－0.0023
	(－0.30)	(－0.34)	(－0.33)

续表

Dependent Variable: Abtone_2			
	1	2	3
Share_Mng	0. 0515**	0. 0512**	0. 0513**
	(2. 03)	(2. 02)	(2. 03)
Top1	-0. 0147	-0. 0161	-0. 0149
	(-0. 18)	(-0. 19)	(-0. 18)
Duality	-0. 0091	-0. 0092	-0. 0092
	(-1. 44)	(-1. 44)	(-1. 44)
Size_BD	-0. 0581***	-0. 0578***	-0. 0584***
	(-3. 71)	(-3. 70)	(-3. 74)
IndepR	-0. 0347**	-0. 0347**	-0. 0346**
	(-2. 55)	(-2. 55)	(-2. 54)
AuditC	0. 0226**	0. 0228**	0. 0227**
	(2. 30)	(2. 32)	(2. 30)
State	0. 0356***	0. 0353***	0. 0355***
	(5. 26)	(5. 22)	(5. 24)
Share_Inst	-0. 1710**	-0. 1740**	-0. 1720**
	(-2. 24)	(-2. 28)	(-2. 26)
Her10	-0. 0513	-0. 0498	-0. 0508
	(-0. 50)	(-0. 48)	(-0. 49)
Top2	-0. 0019*	-0. 0030*	-0. 0016*
	(-1. 86)	(-1. 89)	(-1. 85)
Year	Control	Control	Control
Industry	Control	Control	Control
_cons	0. 1840**	0. 1860**	0. 1860**
	(2. 34)	(2. 37)	(2. 36)
F 值	2. 97	2. 99	2. 95
N	8426	8426	8426

注：* 表示在 10% 水平上显著，** 表示在 5% 水平上显著，*** 表示在 1% 水平上显著。

（三）用前三名高管薪酬代替高管薪酬

我们用前三名高管薪酬来代替高管薪酬，重新计算了高管超额薪酬（Overpay_top3），重新进行了检验。表 7－8 列示了检验的结果，从第一列结果可以看出，机构投资者持股比例与超额薪酬的交互项 Share_Inst × Overpay_top3 与战略信息披露的异常正面语调 Abtone 在 5% 水平上显著负相关，相关系数为 －0. 1420，这表明机构投资者持股比例能够负向调节超额薪酬 Overpay_top3 与战略信息披露的异常正面语调 Abtone 的关系，即在机构投资者持股比例较高的企业中，超额薪酬 Overpay_top3 与战略信息披露的异常正面语调 Abtone 正相关关系更小，机构投资者发挥了监督作用，抑制了管理层用战略信息披露来为自己薪酬做辩护的动机。与之前的主检验的结果相比没有发生显著性变化。

从表 7－8 第二列结果可以看出，董事会独立董事比例与超额薪酬的交互项 IndepR × Overpay_top3 与战略信息披露的异常正面语调 Abtone 在 5% 水平上显著负相关，相关系数为 －0. 0031，董事会独立董事比例能够负向调节超额薪酬 Overpay_top3 与战略信息披露的异常正面语调 Abtone 的关系，即在董事会独立董事比例较高的企业中，超额薪酬 Overpay_top3 与战略信息披露的异常正面语调 Abtone 正相关关系更小，独立董事发挥了监督作用，抑制了管理层用战略信息披露来为自己薪酬做辩护的动机。与之前的主检验的结果相比没有发生显著性变化。

从表 7－8 第三列结果可以看出，第二大股东持股比例与超额薪酬的交互项 Top2 × Overpay_top3 与战略信息披露的异常正面语调 Abtone 在 10% 水平上显著负相关，相关系数为 －0. 0029，这表明第二大股东持股比例能够负向调节超额薪酬 Overpay_top3 与战略信息披露的异常正面语调 Abtone 的关系，即在第二大股东持股比例较高的企业中，超额薪酬 Overpay_top3 与战略信息披露的异常正面语调 Abtone 正相关关系更小，第二大股东发挥了制衡和监督作用，抑制了管理层用战略信息披露来为自己薪酬做辩护的动机。与之前的主检验的结果相比没有发生显著性变化。

表 7－8　用前三名高管薪酬计算高管超额薪酬的回归结果

Dependent Variable：Abtone			
	1	2	3
Overpay_top3	0.0084 *	0.0085 *	0.0083 *
	(1.71)	(1.74)	(1.70)
Share_Inst × Overpay_ top3	－0.1420 **		
	(－2.19)		
IndepR × Overpay_top3		－0.0031 **	
		(－1.96)	
Top2 × Overpay_top3			－0.0029 *
			(－1.81)
Assets	－0.0014	－0.0014	－0.0014
	(－0.46)	(－0.48)	(－0.45)
Lev	－0.0316 **	－0.0316 **	－0.0314 **
	(－1.99)	(－1.99)	(－1.98)
Turn_ceo	－0.0105	－0.0102	－0.0103
	(－1.50)	(－1.46)	(－1.48)
Growth	0.0121	0.0122	0.0120
	(1.44)	(1.46)	(1.43)
Acquisition	0.0128 *	0.0128 *	0.0127 *
	(1.74)	(1.74)	(1.73)
Crosslist	－0.0610 **	－0.0610 **	－0.0616 **
	(－2.32)	(－2.32)	(－2.34)
HHI	－0.0459	－0.086	－0.0581
	(－0.06)	(－0.11)	(－0.07)
Refinance	0.0121 *	0.0118 *	0.0119 *
	(1.74)	(1.71)	(1.71)
Share_Mng	0.0773 ***	0.0772 ***	0.0771 ***
	(3.09)	(3.09)	(3.08)

续表

Dependent Variable：Abtone			
	1	2	3
Top1	0.0911	0.0918	0.0894
	(1.16)	(1.17)	(1.13)
Duality	-0.0092	-0.0092	-0.0093
	(-1.46)	(-1.46)	(-1.47)
Size_BD	-0.0488***	-0.0484***	-0.0488***
	(-3.32)	(-3.29)	(-3.31)
IndepR	-0.0187*	-0.0187*	-0.0183*
	(-1.90)	(-1.91)	(-1.89)
AuditC	0.0291***	0.0293***	0.0290***
	(3.24)	(3.27)	(3.23)
State	0.0351***	0.0349***	0.0350***
	(5.32)	(5.30)	(5.31)
Share_Inst	-0.4070***	-0.4090***	-0.4080***
	(-4.59)	(-4.62)	(-4.61)
Her10	-0.1470	-0.1480	-0.1440
	(-1.50)	(-1.51)	(-1.47)
Top2	-0.0432**	-0.0440**	-0.0429**
	(-2.21)	(-2.23)	(-2.20)
Year	Control	Control	Control
Industry	Control	Control	Control
_cons	0.0635	0.0637	0.0636
	(0.86)	(0.86)	(0.87)
F 值	3.45	3.44	3.44
N	10673	10673	10673

注：* 表示在 10% 水平上显著，** 表示在 5% 水平上显著，*** 表示在 1% 水平上显著。

（四）用 PSM 的方法来为国有企业寻找配对样本重新检验

为了进一步验证国有企业和非国有企业结果的差异性不是由于一些未知因素的影响导致的，我们使用 PSM 的方法来为国有企业寻找与之匹配值最相近的非国有企业作为配对样本，重新进行了检验。表 7－9 列示了检验的结果，样本量由此降为 7746 个。

从第一列结果可以看出，机构投资者持股比例与超额薪酬的交互项 Share_Inst × Overpay 与战略信息披露的异常正面语调 Abtone 在10%水平上显著负相关，相关系数为 -0.1130，这表明机构投资者持股比例能够负向调节超额薪酬 Overpay 与战略信息披露的异常正面语调 Abtone 的关系，即在机构投资者持股比例较高的企业中，超额薪酬 Overpay 与战略信息披露的异常正面语调 Abtone 正相关关系更小，机构投资者发挥了监督作用，抑制了管理层用战略信息披露来为自己薪酬做辩护的动机。与之前的主检验的结果相比没有发生显著性变化。

从表7-9第二列结果可以看出，董事会独立董事比例与超额薪酬的交互项 IndepR × Overpay 与战略信息披露的异常正面语调 Abtone 在5%水平上显著负相关，相关系数为 -0.0048，董事会独立董事比例能够负向调节超额薪酬 Overpay 与战略信息披露的异常正面语调 Abtone 的关系，即在董事会独立董事比例较高的企业中，超额薪酬 Overpay 与战略信息披露的异常正面语调 Abtone 正相关关系更小，独立董事发挥了监督作用，抑制了管理层用战略信息披露来为自己薪酬做辩护的动机。与之前的主检验的结果相比没有发生显著性变化。

从表7-9第三列结果可以看出，第二大股东持股比例与超额薪酬的交互项 Top2 × Overpay 与战略信息披露的异常正面语调 Abtone 在10%水平上显著负相关，相关系数为 -0.0022，这表明第二大股东持股比例能够负向调节超额薪酬 Overpay 与战略信息披露的异常正面语调 Abtone 的关系，即在第二大股东持股比例较高的企业中，超额薪酬 Overpay 与战略信息披露的异常正面语调 Abtone 正相关关系更小，第二大股东发挥了制衡和监督作用，抑制了管理层用战略信息披露来为自己薪酬做辩护的动机。与之前的主检验的结果相比没有发生显著性变化。

表 7-9　　国有企业配对样本的公司治理变量系调节作用回归结果

Dependent Variable：Abtone			
	PSM		
	1	2	3
Overpay	0.0077 ***	0.0078 ***	0.0074 ***
	(4.84)	(4.93)	(4.56)
Share_Inst × Overpay	-0.1130 *		
	(-1.82)		
IndepR × Overpay		-0.0048 **	
		(-2.01)	
Top2 × Overpay			-0.0022 *
			(-1.74)
Assets	-0.0166	-0.0210	-0.0182
	(-0.06)	(-0.07)	(-0.06)
Lev	-0.0258	-0.0260	-0.0256
	(-1.57)	(-1.58)	(-1.55)
Turn_ceo	-0.0088	-0.0086	-0.0089
	(-1.16)	(-1.13)	(-1.16)
Growth	0.0248 **	0.0249 **	0.0250 **
	(2.11)	(2.12)	(2.13)
Acquisition	0.0159 *	0.0161 *	0.0158 *
	(1.77)	(1.79)	(1.76)
Crosslist	-0.0552 **	-0.0551 **	-0.0557 **
	(-2.34)	(-2.34)	(-2.36)
HHI	-0.0724	-0.0769	-0.0747
	(-0.56)	(-0.59)	(-0.57)
Refinance	0.0063	0.0059	0.0061
	(0.82)	(0.78)	(0.80)
Share_Mng	0.0113 ***	0.0113 ***	0.0112 ***
	(3.30)	(3.29)	(3.28)
Top1	0.0892	0.0888	0.0885
	(1.04)	(1.03)	(1.03)
Duality	-0.0051	-0.0051	-0.0050
	(-0.75)	(-0.75)	(-0.75)
Size_BD	-0.0407 **	-0.0402 **	-0.0406 **
	(-2.48)	(-2.46)	(-2.48)

续表

Dependent Variable：Abtone			
	PSM		
	1	2	3
IndepR	-0.0133***	-0.0052**	-0.0075**
	(-2.75)	(-2.30)	(-2.36)
AuditC	0.0270**	0.0273**	0.0269**
	(2.44)	(2.48)	(2.44)
State	0.0152***	0.0158***	0.0156***
	(7.56)	(7.53)	(7.55)
Share_Inst	-0.3600**	-0.3810***	-0.3690**
	(-2.52)	(-2.64)	(-2.54)
Her10	-0.1730	-0.1730	-0.1720
	(-1.61)	(-1.60)	(-1.60)
Top2	-0.0378**	-0.0481**	-0.0300**
	(-1.99)	(-2.01)	(-1.97)
Year	Control	Control	Control
Industry	Control	Control	Control
_cons	0.0510***	0.0508***	0.0509***
	(0.55)	(0.54)	(0.56)
F 值	3.86	3.93	3.85
N	7746	7746	7746

注：* 表示在 10% 水平上显著，** 表示在 5% 水平上显著，*** 表示在 1% 水平上显著。

第三节 本章小结

本章中，我们研究了机构投资者、独立董事和股权制衡等公司治理机制是否会显著影响高管的超额薪酬与战略信息披露语调之间的关系。机构投资者、独立董事和股权制衡等公司治理机制具有监督作用，能够抑制高管信息披露的机会主义行为。实证结果表明：机构投资者持股比例、独立董事比例和第二大股东持股比例能够负向调节战略信息披露异常正面语调与超额薪酬的正相关关系。同时这也表明随着机构投资者、独立董事和股权制衡等公司治理水平的不断提高，其可以如我们预期发挥监督作用，抑制管理者信息披露的机会主义行为，提高信息披露质量，使得管理者不能利用战略信息来为自己的超额薪酬做辩护。

第八章 研究结论、贡献与未来的研究方向

本章是对全书的总结。首先我们对本书的主要研究结论和启示进行总结，对主要贡献和政策建议进行了归纳；然后对本书研究的局限性进行了分析；最后在此基础上提出了未来值得进一步研究的方向和问题。

第一节 研究结论与政策建议

与先前主要研究信息披露的经济后果的文献不同，本书从高管薪酬辩护视角探讨了上市公司战略信息披露的动机，即考察了高管在获得超额薪酬时是否披露更多的战略信息，且在不同的股权性质的公司中，不同的机构投资者持股比例、独立董事比例和第二大股东持股比例各公司治理水平下，超额薪酬与战略信息披露之间的关系是否有所不同。本书以中国 2005—2016 年除去非金融类公司外的所有上市公司样本为基础，在控制了个体固定效应和内生性后，得到了以下结论：

一是在我国新兴市场制度背景下，管理者为了给自己的薪酬做辩护往往倾向于披露数量更多但质量较低的战略信息来迷惑信息使用者，即存在着上市公司管理者信息披露的印象管理行为。有关战略的信息属于软信息，大部分都是文字叙述性的信息，容易被操纵，可证实性较差，大篇幅的语言陈述为公司管理层进行印象管理提供了空间，为其薪酬辩护提供了机会。获得超额薪酬的高管，为了表现自己的虚假才能，可能会披露一些原本没有打算披露的战略信息，也可能会通过重复的语言陈述来强调和突出自己的战略能力。重复披露正面信息是印象管理的主要手段之一，它可以起到强调和突出的作用。由此，我们认为若获得超额薪酬，高管有可能通过战略信息披露进行印象管理，以此达到薪酬辩护的目的，即薪酬辩护假说。实证结果也表明，超额薪酬与战略信息披露水平和异常正语调显著正相关，且在国有企业当中两者的关系更强，符合薪酬辩护假说。此外，我们还发现在 2009 年“限薪令”之后超额薪酬与战略信息披露关系更强，这可能是因为 2009 年的“限薪令”更为严格地对中央企业负责人薪酬管理进行了规范，进而高管面临更大的辩护压力，这也与薪酬辩护假说一致。

二是当机构投资者持股比例较高、独立董事比例较高或股权制衡度较高时，管理层信息披露的印象管理动机得到了抑制，高管用战略信息披露展示自己虚假才能，从而为其高薪酬辩护的动机也得到了抑制。机构投资者拥有专业的职业分析师团队，其分析能力和信息挖掘能力远胜于一般参与者，具有一定的行业背景和信息优势，有较大的动机主动收集与企业有关的信息，信息解读能力较强，能够比较准确地把握公司的真实状况，识别出虚假、扭曲和含有噪音的信息。机构投资者对信息披露具有一定的监督作用，能够抑制管理者披露低质量的信息。而独立董事和股权制衡度同样可以抑制控制人和管理者信息披露的机会主义行为。实证结果验证了我们的预期，通过实证结果我们发现机构投资者持股比例、独立董事比例和第二大股东持股比例能够负向调节超额薪酬与战略信息披露（水平和异常正面语调）的关系。进一步我们发现，超额薪酬较高且战略信息披露较高的公司未来业绩更差，这与薪酬辩护假说一致，进一步排除了管理者才能信号假说。

鲜有国内外学者从高管薪酬辩护视角考察信息披露的动机，本书填补了这个空白，丰富了有关信息披露动机的文献，增强了我们对信息披露动机的理解。同时，本书的研究检验了管理者才能信号假说在中国这个典型的新兴的发展中市场的适用性。在英美等比较发达的资本市场中，高管进行信息披露更多的是高管才能的体现，而在中国可能是高管的自利行为，高管有可能通过信息披露展现虚假的才能，进行印象管理行为，而非真实的管理者才能信号。

本书在实务和政策层面的意义：

首先，建议监管层应了解管理层进行信息披露的动机，根据不同的情况制定和完善相应的信息披露准则，从而进一步加强对信息披露的监管，尤其是像战略信息等非财务信息披露的规范，以期能引导管理层的信息披露行为，缩小印象管理的空间。

其次，监管层除了对高管薪酬体系进行监督，还要留意高管的薪酬辩护迷惑行为，不能因为表面上的合理化而放松了对高管薪酬的监管，从而导致更加严重的薪酬操纵行为。

再次，应该发展和完善职业经理人市场，减小信息的不对称，使得市场能够更加准确地把握职业经理人的才能，抑制高管的印象管理行为。

最后，本书的结论也提请信息使用者关注上市公司信息披露的质量，识别公司的印象管理行为，从而提高决策的准确性。

第二节　研究局限与未来展望

一、本书的研究局限

我们从以下几方面对本书的研究局限和不足进行了总结：

第一，本书只是对战略信息披露的数量和语调进行了研究，并未对战略信息的其他特性比如可读性进行深入的探讨，比如高管在薪酬辩护时，战略信息披露的可读性是否更高。这有待于我们进一步的深入研究和探讨。

第二，有关公司治理机制的度量，本书通过选取部分公司治理变量来考察公司治理的有效性，但实际上公司治理结构设置合理不一定公司治理一定有效，这可能会对我们的结果有一定的影响。例如叶康涛等（2011）从独立董事公开发表质疑意见的角度研究了董事会的实际决策运行过程，这为我们以后更加准确地度量治理机制提供了思路。

二、未来的研究展望

尽管学者对于上市公司披露非财务信息的内在机制以及经济后果进行了大量有益探索，无论是研究内容还是研究方法，都有非常重要的理论价值和实践指导意义，但仍旧存在很多研究不足，有待改进和完善，值得后续学者继续研究探索。具体如下：

第一，本书并没有提供管理层进行战略信息披露的所有动机，而只是提供了一种可能的动机，因此是否还有其他的动机还有待我们更深入的研究。例如是否向上的盈余操纵更愿意披露正面的信息，向下的盈余操纵更愿意披露负面的信息等都是我们未来可以进一步研究的问题。

第二，本书只是对战略信息披露的数量和语调进行了研究，并未对战略信息的其他特性比如可读性进行深入的探讨分析，希望未来我们能够进行更加深入的研究，比如高管在薪酬辩护时，是否披露可读性更高的战略信息。

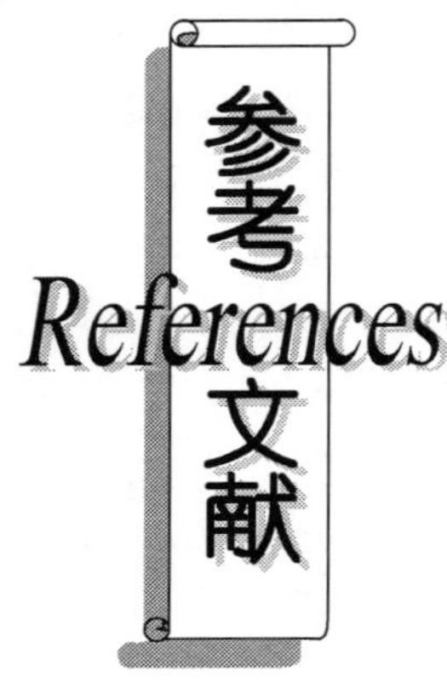

[1] 薄仙慧，吴联生．国有控股与机构投资者的治理效应：盈余管理视角［J］．经济研究，2009（2）：81－91.

[2] 蔡宏标，饶品贵．机构投资者、税收征管与企业避税［J］．会计研究，2015（10）：59－65.

[3] 陈德萍，陈永圣．股权集中度、股权制衡度与公司绩效关系研究——2007—2009年中小企业板块的实证检验．会计研究，2011（1）：38－43.

[4] 陈冬华，陈信元，万华林．国有企业中的薪酬管制与在职消费［J］．经济研究，2005（2）：92－101.

[5] 陈冬华，相加凤．独立董事只能连任6年合理吗？——基于我国A股上市公司的实证研究［J］．管理世界，2017（5）：144－157.

[6] 陈冬华，章铁生，李翔．法律环境、政府管制与隐性契约［J］．经济研究，2008（3）：60－72.

[7] 陈伟民. 独立董事职业背景与公司业绩 [J]. 管理世界, 2009 (3): 182-183.

[8] 陈信元, 汪辉. 股东制衡与公司价值: 模型及经验证据 [J]. 数量经济技术经济研究, 2004 (11): 102-110.

[9] 陈运森, 谢德仁. 董事网络、独立董事治理与高管激励 [J]. 金融研究, 2012 (2): 168-182.

[10] 陈运森, 谢德仁. 网络位置、独立董事治理与投资效率 [J]. 管理世界, 2011 (7): 113-127.

[11] 陈震, 丁忠明. 基于管理层权力理论的垄断企业高管薪酬研究 [J]. 中国工业经济, 2011 (9): 119-129.

[12] 陈震, 张鸣. 业绩指标、业绩风险与高管人员报酬的敏感性 [J]. 会计研究, 2008 (2): 47-54.

[13] 程书强. 机构投资者持股与上市公司会计盈余信息关系实证研究 [J]. 管理世界, 2006 (9): 129-136.

[14] 程新生, 刘建梅, 陈靖涵. 才能信号抑或薪酬辩护: 超额薪酬与战略信息披露. 金融研究, 2015b (12): 146-161.

[15] 程新生, 刘建梅, 程悦. 相得益彰抑或掩人耳目: 盈余操纵与 MD&A 中的非财务信息披露. 会计研究, 2015a (8): 11-18.

[16] 程新生, 谭有超, 刘建梅. 非财务信息、外部融资与投资效率——基于外部制度约束的研究 [J]. 管理世界, 2012 (7): 137-150.

[17] 程新生, 谭有超, 许垒. 公司价值、自愿披露与市场化进程——基于定性信息的披露 [J]. 金融研究, 2011 (8): 111-127.

[18] 戴亦一, 陈冠霖, 潘健平. 独立董事辞职、政治关系与公司治理缺陷 [J]. 会计研究, 2014 (11): 16-23, 96.

［19］杜胜利，翟艳玲．总经理年度报酬决定因素的实证分析——以我国上市公司为例［J］．管理世界，2005（8）：114－120.

［20］方红星，金玉娜．高质量内部控制能抑制盈余管理吗？——基于自愿性内部控制鉴证报告的经验研究［J］．会计研究，2011（8）：53－60.

［21］方军雄．高管超额薪酬与公司治理决策［J］．管理世界，2012（11）：144－155.

［22］方军雄．高管权力与企业薪酬变动的非对称性［J］．经济研究，2011（4）：107－120.

［23］方军雄．我国上市公司高管的薪酬存在粘性吗？［J］．经济研究，2009（3）：110－124.

［24］高凤莲，王志强．独立董事个人社会资本异质性的治理效应研究［J］．中国工业经济，2016（3）：146－160.

［25］高敬忠，周晓苏，王英允．机构投资者持股对信息披露的治理作用研究——以管理层盈余预告为例［J］．南开管理评论，2011（5）：129－140.

［26］高雷，张杰．公司治理、机构投资者与盈余管理［J］．会计研究，2008（9）：64－72.

［27］韩晴，王华．独立董事责任险、机构投资者与公司治理［J］．南开管理评论，2014，17（5）：54－62.

［28］何杰．独立董事、治理结构与中国契约型基金的绩效［J］．南开管理评论，2005（8）：41－48.

［29］何卫东．上市公司自愿性信息披露研究［R］．深圳证券交易所研究报告，2003.

［30］何威风，刘巍．公司为什么选择法律背景的独立董事？［J］．会计研究，2017（4）：45－51.

[31] 贺建刚，孙铮，周友梅. 金字塔结构、审计质量和管理层讨论与分析——基于会计重述视角 [J]. 审计研究，2013 (6)：68－75.

[32] 胡铭. 上市公司高层经理与经营绩效的实证分析 [J]. 财贸经济，2003 (4)：59－62.

[33] 胡奕明，唐松莲. 独立董事与上市公司盈余信息质量 [J]. 管理世界，2008 (9)：149－160.

[34] 胡元木. 技术独立董事可以提高 R&D 产出效率吗？——来自中国证券市场的研究 [J]. 南开管理评论，2012 (15)：136－142.

[35] 胡元木，刘佩，纪端. 技术独立董事能有效抑制真实盈余管理吗？——基于可操控 R&D 费用视角 [J]. 会计研究，2016 (3)：29－35.

[36] 黄海杰，吕长江，丁慧. 独立董事声誉与盈余质量——会计专业独董的视角 [J]. 管理世界，2016 (3)：128－143.

[37] 吉利，吴萌. 企业社会责任与高管薪酬辩护 [J]. 厦门大学学报（哲学社会科学版)，2016 (6)：116－125.

[38] 蒋弘，刘星. 股权制衡对并购中合谋行为经济后果的影响. 管理科学，2012，25 (3)：34－44.

[39] 江伟. 负债的代理成本与管理层薪酬——基于中国上市公司的实证分析 [J]. 经济科学，2008 (4)：110－123.

[40] 江伟. 行业薪酬基准与管理者薪酬增长——基于中国上市公司的实证分析 [J]. 金融研究，2010 (4)：144－159.

[41] 江向才. 公司治理与机构投资人持股之研究 [J]. 南开管理评论，2004，7 (1)：33－40.

[42] 李春涛，刘贝贝，周鹏，等. 他山之石：QFII 与上市

公司信息披露［J］. 金融研究，2018（12）：138－156.

［43］李峰森，李常青. 上市公司“管理层讨论与分析”的有用性研究. 证券市场导报，2008（12）：67－73.

［44］李刚，张海燕. 解析机构投资者的红利甄别能力［J］. 金融研究，2009（1）：165－178.

［45］李昊洋，程小可，姚立杰. 机构投资者调研抑制了公司避税行为吗？——基于信息披露水平中介效应的分析［J］. 会计研究，2018（9）：56－63.

［46］李祎，刘启亮，李洪. IFRS、财务分析师、机构投资者和权益资本成本——基于信息治理观视角［J］. 会计研究，2016（10）：26－33.

［47］李维安，李滨. 机构投资者介入公司治理效果的实证研究——基于 CCGINK 的经验研究［J］. 南开管理评论，2008，11（1）：4－14.

［48］李维安，李汉军. 股权结构、高管持股与公司绩效——来自民营上市公司的证据［J］. 南开管理评论，2006，9（5）：4－10.

［49］李维安，刘绪光，陈靖涵. 经理才能，公司治理与契约参照点——中国上市公司高管薪酬决定因素的理论与实证分析［J］. 南开管理评论，2010（2）：4－15.

［50］李维安，徐建. 董事会独立性，总经理继任与战略变化幅度［J］. 南开管理评论，2014（17）：4－13.

［51］厉以宁. “多股制衡”有利于公司治理［J］. 经贸导刊，2001（12）：21.

［52］李增泉. 激励机制与企业绩效——一项基于上市公司的实证研究［J］. 会计研究，2000（1）：24－30.

［53］梁权熙，曾海舰. 独立董事制度改革、独立董事的独

立性与股价崩盘风险［J］. 管理世界，2016（3）：144－159.

［54］梁上坤，陈冬，付彬等．独立董事网络中心度与会计稳健性［J］. 会计研究，2018（9）：39－46.

［55］林乐，谢德仁．投资者会听话听音吗？——基于管理层语调视角的实证研究［J］. 财经研究，2016，42（7）：28－39.

［56］刘慧龙，张敏，王亚平等．政治关联、薪酬激励与员工配置效率［J］. 经济研究，2010（9）：109－121.

［57］刘星，安灵．大股东控制、政府控制层级与公司价值创造．会计研究，2010，31（1）：69－78.

［58］刘亚伟，张兆国．股权制衡、董事长任期与投资挤占研究［J］. 南开管理评论，2016，19（1）：54－69.

［59］卢锐，魏明海，黎文靖．管理层权力、在职消费与产权效率——来自中国上市公司的证据［J］. 南开管理评论，2008（5）：85－92.

［60］卢锐，邢怡媛．股权分置改革、管理层薪酬业绩敏感性与机构投资者治理效应——基于中国上市公司的经验证据［J］. 上海立信会计学院学报，2011（5）：3－12.

［61］逯东，谢璇，杨丹．独立董事官员背景类型与上市公司违规研究［J］. 会计研究，2017（8）：55－61.

［62］陆瑶，朱玉杰，胡晓元．机构投资者持股与上市公司违规行为的实证研究［J］. 南开管理评论，2012（1）：13－23.

［63］罗宏，黄敏，周大伟等．政府补助、超额薪酬与薪酬辩护［J］. 会计研究，2014（1）：42－48.

［64］罗宏，宛玲羽，刘宝华．国企高管薪酬契约操纵研究——基于业绩评价指标选择的视角［J］. 财经研究，2014（4）：79－89.

[65] 罗进辉．独立董事的明星效应：基于高管薪酬—业绩敏感性的考察 [J]．南开管理评论，2014 (17)：62 - 73.

[66] 罗进辉，黄泽悦，朱军．独立董事地理距离对公司代理成本的影响 [J]．中国工业经济，2017 (8)：100 - 119.

[67] 罗进辉，向元高，林筱勋．本地独立董事监督了吗？——基于国有企业高管薪酬视角的考察 [J]．会计研究，2018 (7)：57 - 63.

[68] 罗昆．寻租抑或辩护：同业参照效应、超额薪酬增长与薪酬业绩敏感性 [J]．财贸研究，2015，26 (5)：131 - 138.

[69] 罗炜，朱春艳．代理成本与公司自愿性披露 [J]．经济研究，2010 (10)：143 - 155.

[70] 吕长江，赵宇恒．国有企业管理者激励效应研究——基于管理者权力的解释 [J]．管理世界，2008 (11)：99 - 109.

[71] 吕怀立，李婉丽．控股股东自利行为选择与上市公司股股权制衡关系研究——基于股权结构的内外生双重属性．管理评论，2010，22 (2)：19 - 28.

[72] 马忠，吴翔宇．金字塔结构对自愿性信息披露程度的影响：来自家族控股上市公司的经验验证 [J]．会计研究，2007 (1)：44 - 50.

[73] 毛世平．金字塔控制结构与股权制衡效应——基于中国上市公司的实证研究．管理世界，2009 (1)：140 - 152.

[74] 缪毅，胡奕明．内部收入差距、辩护动机与高管薪酬辩护 [J]．南开管理评论，2016，19 (2)：32 - 41.

[75] 孟庆斌，杨俊华，鲁冰．管理层讨论与分析披露的信息含量与股价崩盘风险——基于文本向量化方法的研究．中国工业经济，2017 (12)：132 - 150.

[76] 孟晓俊，肖作平，曲佳莉．企业社会责任信息披露与

资本成本的互动关系——基于信息不对称视角的一个分析框架［J］. 会计研究，2010（9）：25－29.

［77］牛建波，赵静. 信息成本、环境不确定性与独立董事溢价［J］. 南开管理评论，2012（15）：70－80.

［78］牛建波，吴超，李胜楠. 机构投资者类型、股权特征和自愿性信息披露［J］. 管理评论，2013，25（3）：48－59.

［79］潘飞，石美娟，童卫华. 高级管理人员激励契约研究［J］. 中国工业经济，2006（3）：68－74.

［80］曲亮，章静，郝云宏. 独立董事如何提升企业绩效——立足四层委托—代理嵌入模型的机理解读［J］. 中国工业经济，2014（7）：109－121.

［81］权小锋，吴世农，文芳. 管理层权力、私有收益与薪酬操纵［J］. 经济研究，2010（11）：73－87.

［82］全怡，陈冬华，黄俊. 多席位独立董事的精力分配与治理效应——基于声誉与距离的角度［J］. 会计研究，2016（12）：29－36.

［83］阮素梅，丁忠明，刘银国，杨善林. 股权制衡与公司价值创造能力“倒U形”假说检验——基于面板数据模型的实证［J］. 中国管理科学，2014，22（2）：119－128.

［84］沈艺峰，李培功. 政府限薪令与国有企业高管薪酬、业绩和运气关系的研究［J］. 中国工业经济，2010（11）：130－139.

［85］石美娟，童卫华. 机构投资者提升公司价值吗？——来自后股改时期的经验证据［J］. 金融研究，2009（10）：150－161.

［86］宋德舜. 国有控股、最高决策者激励与公司绩效［J］. 中国工业经济，2004（3）：91－98.

［87］宋渊洋，唐跃军．机构投资者有助于企业业绩改善吗？——来自2003—2007年中国上市公司的经验证据［J］．南方经济，2009（12）：56－68.

［88］隋静，蒋翠侠，许启发．股权制衡与公司价值非线性异质关系研究——来自中国A股上市公司的证据［J］．南开管理评论，2016，19（1）：70－83.

［89］孙光国，刘爽，赵健宇．大股东控制、机构投资者持股与盈余管理［J］．南开管理评论，2015，18（5）：75－84.

［90］孙蔓莉，蒋璐，孙健．业绩归因的自利性披露及市场反应研究——汇率单边升值情境下的纺织业表现［J］．会计研究，2013（4）：46－51.

［91］孙蔓莉，王化成，凌哲佳．公司报告归因倾向的拓展研究［J］．商业经济与管理，2007（1）：52－56.

［92］孙蔓莉，王化成，凌哲佳．关于公司年报自利性归因行为的实证研究［J］．经济科学，2005（2）：86－93.

［93］孙蔓莉．论上市公司信息披露中的印象管理行为［J］．会计研究，2004（3）：40－45.

［94］谭劲松，林雨晨．机构投资者对信息披露的治理效应——基于机构调研行为的证据［J］．南开管理评论，2016，19（5）：115－126.

［95］谭兴民，宋增基，蒲勇健．公司治理影响信息披露了吗？对中英资本市场的实证比较研究［J］．金融研究，2009（8）：171－181.

［96］唐清泉，朱瑞华，甄丽明．我国高管人员报酬激励制度的有效性——基于沪深上市公司的实证研究［J］．当代经济管理，2008（2）：59－65.

［97］唐松莲，袁春生．机构投资者角色发凡：2004—2007

年部分上市公司样本［J］. 改革，2012（1）：131－140.

［98］唐跃军，李维安，谢仍明．大股东制衡机制对审计约束有效性的影响［J］. 会计研究，2006（7）：21－29，93.

［99］唐跃军，吕斐适，程新生．大股东制衡、治理战略与信息披露——来自2003年中国上市公司的证据［J］. 经济学（季刊），2008（2）：647－664.

［100］佟岩，陈莎莎．生命周期视角下的股权制衡与企业价值［J］. 南开管理评论，2010（13）：108－115.

［101］万良勇，胡璟．网络位置、独立董事治理与公司并购——来自中国上市公司的经验证据［J］. 南开管理评论，2014（17）：64－73.

［102］万鹏，曲晓辉．董事长个人特征、代理成本与营收计划的自愿披露——来自沪深上市公司的经验证据［J］. 会计研究，2012（7）：15－23.

［103］王兵．独立董事监督了吗？——基于中国上市公司盈余质量的视角［J］. 会计研究，2007（1）：109－121.

［104］王克敏，王志超．高管控制权、报酬与盈余管理——基于中国上市公司的实证研究［J］. 管理世界，2007（7）：111－119.

［105］王琨，肖星．机构投资者持股与关联方占用的实证研究［J］. 南开管理评论，2005（2）：27－33.

［106］王奇波．机构投资者参与的控制权竞争研究［J］. 经济科学，2005（6）：54－64.

［107］王奇波．机构投资者参与的股权制衡研究［J］. 东北财经大学学报．2006（1）：32－40.

［108］王永海，王铁林，李青原．机构投资者参与公司治理积极性的分析［J］. 南开管理评论，2007，10（1）：4－7.

［109］汪玉兰，易朝辉．投资组合的权重重要吗？——基于机构投资者对盈余管理治理效应的实证研究［J］．会计研究，2017（5）：53－59.

［110］魏刚．高级管理层激励与上市公司经营绩效［J］．经济研究，2000（3）：32－39.

［111］魏刚，肖泽忠，Nick Travlos 等．独立董事背景与公司经营绩效［J］．经济研究，2007（3）：92－105.

［112］巫升柱．中国上市公司年度报告自愿披露影响因素的实证分析［J］．当代财经，2007（8）：121－124.

［113］吴联生，林景艺，王亚平．薪酬外部公平性、股权性质与公司业绩［J］．管理世界，2010（3）：117－126.

［114］吴文锋，吴冲锋，刘晓薇．中国民营上市公司高管的政府背景与公司价值［J］．经济研究，2008（7）：130－141.

［115］吴先聪，张健，胡志颖．机构投资者特征、终极控制人性质与大股东掏空——基于关联交易视角的研究［J］．外国经济与管理，2016，38（6）：3－20.

［116］吴晓晖，姜彦福．机构投资者影响下独立董事治理效率变化研究［J］．中国工业经济，2006（5）：105－111.

［117］吴育辉，吴世农．企业高管自利行为及其影响因素研究——基于我国上市公司股权激励草案的证据［J］．管理世界，2010（5）：141－149.

［118］肖继辉，彭文平．上市公司总经理报酬业绩敏感性研究［J］．财经研究，2004（12）：34－43.

［119］谢德仁，姜博，刘永涛．经理人薪酬辩护与开发支出会计政策隐性选择［J］．财经研究，2014（1）：125－134.

［120］谢德仁，林乐，陈运森．薪酬委员会独立性与更高的经理人报酬—业绩敏感度——基于薪酬辩护假说的分析和检验

[J]. 管理世界, 2012 (1): 121 - 140.

[121] 谢德仁, 林乐. 管理层语调能预示公司未来业绩吗? ——基于我国上市公司年度业绩说明会的文本分析 [J]. 会计研究, 2015 (2): 20 - 27.

[122] 辛清泉, 林斌, 王彦超. 政府控制、经理薪酬与资本投资 [J]. 经济研究, 2007 (8): 110 - 122.

[123] 薛爽, 肖泽忠, 潘妙丽. 管理层讨论与分析是否提供了有用信息? ——基于亏损上市公司的实证探索 [J]. 管理世界, 2010 (5): 130 - 140.

[124] 阎达五, 孙蔓莉. 深市 B 股发行公司年度报告可读性特征研究 [J]. 会计研究, 2002 (5): 10 - 17.

[125] 杨德明, 赵璨. 媒体监督、媒体治理与高管薪酬 [J]. 经济研究, 2012 (6): 116 - 126.

[126] 杨海燕, 韦德洪, 孙健. 机构投资者持股能提高上市公司会计信息质量吗? ——兼论不同类型机构投资者的差异 [J]. 会计研究, 2012 (9): 16 - 23.

[127] 杨青, 黄彤, TOMS Steven 等. 中国上市公司 CEO 薪酬存在激励后效吗? [J]. 金融研究, 2010 (1): 166 - 185.

[128] 姚颐, 刘志远. 机构投资者具有监督作用吗? [J]. 金融研究, 2009 (6): 128 - 143.

[129] 叶康涛, 陆正飞, 张志华. 独立董事能否抑制大股东的"掏空"? [J]. 经济研究, 2007 (4): 101 - 111.

[130] 叶康涛, 祝继高, 陆正飞等. 独立董事的独立性: 基于董事会投票的证据 [J]. 经济研究, 2011 (1): 126 - 139.

[131] 张必武, 石金涛. 董事会特征、高管薪酬与薪绩敏感性——中国上市公司的经验分析 [J]. 管理科学, 2005 (4): 32 - 39.

［132］张斌，王跃堂．业务复杂度、独立董事行业专长与股价同步性［J］．会计研究，2014（7）：36－42.

［133］张俊瑞，赵进文，张建．高级管理层激励与上市公司经营绩效相关性的实证分析［J］．会计研究，2003（9）：29－34.

［134］张天舒，陈信元，黄俊．独立董事薪酬与公司治理效率［J］．会计研究，2018（6）：155－170.

［135］张玮倩，乔明哲．媒体报道、薪酬辩护与盈余管理方式选择［J］．中南财经政法大学学报，2015（5）：98－107，159－160.

［136］张育军．中国证券市场监管能力和监管效率分析［J］．证券市场导报，2003（7）：4－14.

［137］张原，陈建奇．人力资本还是行业特征：中国行业间工资回报差异的成因分析［J］．世界经济，2008，31（5）：68－80.

［138］赵昌文，唐英凯，周静等．家族企业独立董事与企业价值——对中国上市公司独立董事制度合理性的检验［J］．管理世界，2008（8）：119－126，167.

［139］赵德武，曾力，谭莉川．独立董事监督力与盈余稳健性——基于中国上市公司的实证研究［J］．会计研究，2008（9）：55－63.

［140］赵洪江，夏晖．机构投资者持股与上市公司创新行为关系实证研究［J］．中国软科学，2009（5）：33－54.

［141］赵景文，于增彪．股权制衡与公司经营业绩［J］．会计研究，2005（12）：59－64，96.

［142］赵颖．中国上市公司高管薪酬的同群效应分析［J］．中国工业经济，2016（2）：114－129.

[143] 甄红线，王谨乐．机构投资者能够缓解融资约束吗？——基于现金价值的视角［J］．会计研究，2016（12）：51－57.

[144] 郑春美，李文耀．基于会计监管的中国独立董事制度有效性实证研究［J］．管理世界，2011（3）：184－185.

[145] 郑志刚，梁昕雯，黄继承．中国上市公司应如何为独立董事制定薪酬激励合约［J］．中国工业经济，2017（2）：174－192.

[146] 郑志刚，孙娟娟，Rui 等．任人唯亲的董事会文化和经理人超额薪酬问题［J］．经济研究，2012（12）：111－124.

[147] 支晓强，童盼．盈余管理、控制权转与独立董事变更——兼论独立董事治理作用的发挥［J］．管理世界，2005（11）：137－144.

[148] 周绍妮，张秋生，胡立新．机构投资者持股能提升国企并购绩效吗？——兼论中国机构投资者的异质性［J］．会计研究，2017（6）：67－74.

[149] 朱德胜，周晓珮．股权制衡、高管持股与企业创新效率［J］．南开管理评论，2016，19（3）：136－144.

[150] 朱滔．大股东控制、股权制衡与公司绩效［J］．管理科学，2007（5）：14－21.

[151] Aerts W, Cormier D, Magnan M. Corporate environmental disclosure, financial markets and the media: An international perspective [J]. Ecological Economics, 2008, 64 (3): 643－659.

[152] Aggarwal R, Erel I, Ferreira M, et al. Does governance travel around the world? Evidence from institutional investors [J]. Journal of Financial Economics, 2011, 100 (1): 154－181.

[153] Ahmed A S, Duellman S. Accounting conservatism and

board of director characteristics: An empirical analysis [J]. Journal of accounting and economics, 2007, 43 (2): 411 -437.

[154] Ajinkya B, Bhojraj S, Sengupta P. The Association between Outside Directors, Institutional Investors and the Properties of Management Earnings Forecasts (Digest Summary) [J]. Journal of accounting research, 2005, 43 (3): 343 -376.

[155] Albuquerque A. Peer firms in relative performance evaluation [J]. Journal of Accounting and Economics, 2009, 48 (1): 69 -89.

[156] Allen F, Qian J, Qian M. Law, finance, and economic growth in China [J]. Journal of financial economics, 2005, 77 (1): 57 -116.

[157] Almazan A, Hartzell J C, Starks L T. Active institutional shareholders and costs of monitoring: Evidence from executive compensation [J]. Financial Management, 2005, 34 (4): 5 -34.

[158] Amir E, Lev B. Value - relevance of nonfinancial information: The wireless communications industry [J]. Journal of accounting and economics, 1996, 22 (1): 3 -30.

[159] Athanasakou V. and Hussainey K.. Forward - Looking Performance Disclosure and Earnings Quality. Working Paper, 2010.

[160] Baik B O K, Farber D B, LEE S A M S. CEO Ability and Management Earnings Forecasts [J]. Contemporary Accounting Research, 2011, 28 (5): 1645 -1668.

[161] Balsam S, Bartov E, Marquardt C. Accruals management, investor sophistication, and equity valuation: Evidence from 10 - Q filings [J]. Journal of Accounting Research, 2002, 40 (4): 987 -1012.

[162] Barron O E, Kile C O, O'Keefe T B. MD&A quality as measured by the SEC and analysts' earning forecasts [J]. Contemporary Accounting Research, 1999, 16 (1): 75 – 109.

[163] Bean L A. The great "say on pay" debate [J]. Journal of Corporate Accounting & Finance, 2009, 20 (3): 13 – 17.

[164] Bebchuk L A, Fried J M, Walker D I. Managerial power and rent extraction in the design of executive compensation [R]. National bureau of economic research, 2002.

[165] Bebchuk L A, Fried J M. Executive compensation as an agency problem [R]. National Bureau of Economic Research, 2003.

[166] Bebchuk L, Grinstein Y. The growth of executive pay [J]. Oxford review of economic policy, 2005, 21 (2): 283 – 303.

[167] Bekey M.. Annual Reports Evolve Into Marketing Tools [J]. Financial Manager, 1990, 3 (1): 50 – 60.

[168] Bennedsen, M., Wolfenzon, D.. The Balance of Power in Closely Held Corporations. Journal of Financial Economics, 2000, 58 (1 – 2): 113 – 139.

[169] Bereskin F L, Cicero D C. CEO compensation contagion: Evidence from an exogenous shock [J]. Journal of Financial Economics, 2013, 107 (2): 477 – 493.

[170] Bizjak J M, Lemmon M L, Naveen L. Does the use of peer groups contribute to higher pay and less efficient compensation? [J]. Journal of Financial Economics, 2008, 90 (2): 152 – 168.

[171] Bizjak J, Lemmon M, Nguyen T. Are all CEOs above average? An empirical analysis of compensation peer groups and pay design [J]. Journal of Financial Economics, 2011, 100 (3): 538 – 555.

[172] Blacconiere W G, Frederickson J R, Johnson M F, et al. Are voluntary disclosures that disavow the reliability of mandated fair value information informative or opportunistic? [J]. Journal of Accounting and Economics, 2011, 52 (2): 235 -251.

[173] Bloch F, Hege U. Multiple shareholders and control contests [J]. Available at SSRN 2273211, 2003.

[174] Boulland R. and Dessaint O.. Announcing the Announcement, Working Paper, 2014.

[175] Boyd J, Smith B. The coevolution of the real and financial sectors in the growth process [J]. The World Bank Economic Review, 1996, 10 (2): 371 -396.

[176] Bozzolan S, Trombetta M, Beretta S. Forward - looking disclosures, financial verifiability and analysts' forecasts: A study of cross - listed European firms [J]. European Accounting Review, 2009, 18 (3): 435 -473.

[177] Brav A, Jiang W, Partnoy F, et al. Hedge fund activism, corporate governance, and firm performance [J]. The Journal of Finance, 2008, 63 (4): 1729 -1775.

[178] Brennan N M, Guillamon Saorin E, Pierce A. Impression management: developing and illustrating a scheme of analysis for narrative disclosures - a methodological note [J]. Accounting, auditing and accountability journal, 2009, 22 (5): 789 -832.

[179] Brick I E, Palmon O, Wald J K. CEO compensation, director compensation, and firm performance: Evidence of cronyism? [J]. Journal of Corporate Finance, 2006, 12 (3): 403 -423.

[180] Brickley J A, Lease R C, Smith C W. Ownership structure and voting on antitakeover amendments [J]. Journal of financial

economics, 1988, 20: 267 - 291.

[181] Brown, S. V., Tucker, J. W.. Large-sample evidence on firms' year-over-year MD&A modifications. Journal of Accounting Research, 2011, 49 (2): 309 - 346.

[182] Bryan S H. Incremental information content of required disclosures contained in management discussion and analysis [J]. Accounting Review, 1997, 72 (2): 285 - 301.

[183] Bushee B J, Noe C F. Corporate disclosure practices, institutional investors, and stock return volatility [J]. Journal of accounting research, 2000, 38 (supplement): 171 - 202.

[184] Bushee B J. The influence of institutional investors on myopic R&D investment behavior [J]. Accounting review, 1998, 73 (3): 305 - 333.

[185] Cai J, Walkling R A. Shareholders' say on pay: Does it create value? [J]. Journal of Financial and Quantitative Analysis, 2011, 46 (2): 299 - 339.

[186] Canarella G, Gasparyan A. New insights into executive compensation and firm performance: Evidence from a panel of "new economy" firms, 1996—2002 [J]. Managerial Finance, 2008, 34 (8): 537 - 554.

[187] Chaganti, R. and F. Damanpour. Institutional Ownership, Capital Structure, and Firm Performance [J]. Strategic Management Journal, 1991, 12 (7), 479 - 491.

[188] Chen J J, Liu X, Li W. The effect of insider control and global benchmarks on Chinese executive compensation [J]. Corporate Governance: An International Review, 2010, 18 (2): 107 - 123.

[189] Chen, X., Harford, J., Li, K. Monitoring: Which In-

stitutions Matter? [J]. Journal of Financial Economics, 2007, 86 (2): 279 -305.

[190] Cheng E C M, Courtenay S M. Board composition, regulatory regime and voluntary disclosure [J]. The international journal of accounting, 2006, 41 (3): 262 -289.

[191] Cheng Q, Luo T, Yue H. Managerial incentives and management forecast precision [J]. The Accounting Review, 2013, 88 (5): 1575 -1602.

[192] Chhaochharia V, Grinstein Y. CEO compensation and board structure [J]. The Journal of Finance, 2009, 64 (1): 231 -261.

[193] Chung R, Firth M, Kim J B. Institutional monitoring and opportunistic earnings management [J]. Journal of Corporate Finance, 2002, 8 (1): 29 -48.

[194] Church B K, Lynn Hannan R, Kuang X J. Information acquisition and opportunistic behavior in managerial reporting [J]. Contemporary Accounting Research, 2014, 31 (2): 398 -419.

[195] Conyon M J, He L. Executive compensation and CEO equity incentives in China's listed firms. ESSEC Business School working paper, 2008.

[196] Cole, C. J., Jones, C L.. The usefulness of MD&A disclosures in the retail industry. Journal of Accounting, Auditing & Finance, 2004, 19 (4): 361 -388.

[197] Core J E, Guay W, Larcker D F. The power of the pen and executive compensation [J]. Journal of Financial Economics, 2008, 88 (1): 1 -25.

[198] Core J E, Holthausen R W, Larcker D F. Corporate gov-

ernance, chief executive officer compensation, and firm performance [J]. Journal of financial economics, 1999, 51 (3): 371 -406.

[199] Cormier D, Magnan M. Environmental reporting management: a continental European perspective [J]. Journal of Accounting and public Policy, 2003, 22 (1): 43 -62.

[200] Cornelli F, Kominek Z, Ljungqvist A. Monitoring managers: Does it matter? [J]. The Journal of Finance, 2013, 68 (2): 431 -481.

[201] Cotter James F, Shivdasani Anil, Zenner Marc. Do Independent Directors Enhance Target Shareholder Wealth during Tender Offers? [J]. Journal of Financial Economics, 1997, 43 (2): 159 - 218.

[202] Crystal G S. Why CEO compensation is so high [J]. California Management Review, 1991, 34 (1): 9 -29.

[203] David P. , Kochhar R. , Levitas E. The effect of institutional investors on the level and mix of CEO compensation [J]. Academy of Management Journal, 1998 (2): 200 -208.

[204] Davis A K, TAMA-SWEET I. Managers' Use of Language across Alternative Disclosure Outlets: Earnings Press Releases versus MD&A [J]. Contemporary Accounting Research, 2012, 29 (3): 804 -837.

[205] Dechow P M, Sloan R G, Sweeney A P. Causes and consequences of earnings manipulation: An analysis of firms subject to enforcement actions by the SEC [J]. Contemporary accounting research, 1996, 13 (1): 1 -36.

[206] Dechow, Patricia M. , Richard G. Sloan, and Amy P. Sweeney. Detecting Earnings Management. The Accounting Review

70, no. 2 (1995): 193 -225.

[207] Demerjian P R, Lev B, Lewis M F, et al. Managerial ability and earnings quality [J]. The Accounting Review, 2013, 88 (2): 463 -498.

[208] Del Guercio D, Seery L, Woidtke T. Do boards pay attention when institutional investor activists "just vote no"? [J]. Journal of Financial Economics, 2008, 90 (1): 84 -103.

[209] Dhaliwal D S, Li O Z, Tsang A, et al. Voluntary nonfinancial disclosure and the cost of equity capital: The initiation of corporate social responsibility reporting [J]. The accounting review, 2011, 86 (1): 59 -100.

[210] Dhaliwal D S, Radhakrishnan S, Tsang A, et al. Nonfinancial disclosure and analyst forecast accuracy: International evidence on corporate social responsibility disclosure [J]. The Accounting Review, 2012, 87 (3): 723 -759.

[211] Edwards J S S, Weichenrieder A J. Ownership concentration and share valuation [J]. German Economic Review, 2004, 5 (2): 143 -171.

[212] El -Gazzar S. M. Predisclosure Information and Institutional Ownership: A Cross -Sectional Examination of Market Revaluations during Earnings Announcement Periods [J]. The Accounting Review, 1998, 73 (1): 119 -129.

[213] Ertimur Y, Sletten E, Sunder J. Large shareholders and disclosure strategies: Evidence from IPO lockup expirations [J]. Journal of Accounting and Economics, 2014, 58 (1): 79 -95.

[214] Falato A, Li D, Milbourn T. To each according to his ability? The returns to CEO talent [J]. Washington University in St

Louis working paper, 2010.

[215] Faulkender M, Yang J. Inside the black box: The role and composition of compensation peer groups [J]. Journal of Financial Economics, 2010, 96 (2): 257 - 270.

[216] Feldman, R., Govindaraj, S., Livnat, J., Segal, B.. Management's tone change, post earnings announcement drift and accruals. Review of Accounting Studies, 2010, 15 (4): 915 - 953.

[217] Firth M, Fung P M Y, Rui O M. Corporate performance and CEO compensation in China [J]. Journal of Corporate Finance, 2006, 12 (4): 693 - 714.

[218] Firth M, Leung T Y, Rui O M. Justifying top management pay in a transitional economy [J]. Journal of Empirical Finance, 2010, 17 (5): 852 - 866.

[219] Fracassi C, Tate G. External networking and internal firm governance [J]. The Journal of Finance, 2012, 67 (1): 153 - 194.

[220] Francis J, Nanda D, Olsson P. Voluntary disclosure, earnings quality, and cost of capital [J]. Journal of accounting research, 2008, 46 (1): 53 - 99.

[221] Francis, J., Schipper, K., Vincent, L.. The relative and incremental explanatory power of earnings and alternative (to earnings) performance measures for returns. Contemporary Accounting Research, 2003, 20 (1): 121 - 164.

[222] Gabaix X., Landier A. Why has CEO pay increased so much? [J]. The Quarterly Journal of Economics, 2008, 123 (1), 49 - 100.

[223] Gao H, Luo J, Tang T. Effects of managerial labor mar-

ket on executive compensation: Evidence from job – hopping [J]. Journal of Accounting and Economics, 2015, 59 (2): 203 – 220.

[224] Gaver J J, Im S M. Funding Sources and Excess CEO Compensation in Not – for – Profit Organizations [J]. Accounting Horizons, 2014, 28 (1): 1 – 16.

[225] Gillan S L, Starks L T. Corporate governance proposals and shareholder activism: The role of institutional investors [J]. Journal of financial Economics, 2000, 57 (2): 275 – 305.

[226] Glosten L R, Milgrom P R. Bid, ask and transaction prices in a specialist market with heterogeneously informed traders [J]. Journal of financial economics, 1985, 14 (1): 71 – 100.

[227] Graham J R, Harvey C R, Rajgopal S. The economic implications of corporate financial reporting [J]. Journal of accounting and economics, 2005, 40 (1): 3 – 73.

[228] Grossman S J, Hart O D. Disclosure laws and takeover bids [J]. Journal of Finance, 1980: 323 – 334.

[229] Grossman S J. The informational role of warranties and private disclosure about product quality [J]. Journal of law and economics, 1981: 461 – 483.

[230] Guillamon – Saorin E, Garcia – Osma B, Jones M J. Misleading impressions in annual results press release headlines, Working Paper, 2010a.

[231] Guillamón – Saorin E. , Garcia Osma B. and Pierce A. . Impression Management in Press Releases: Bias in Narrative Disclosures, Working Paper, 2010b.

[232] Hall B J, Liebman J B. Are CEOs really paid like bureaucrats? . [J] The Quarterly Journal of Economics, 1998, 113

(3): 653 -691.

[233] Hanley K W, Hoberg G. Litigation risk, strategic disclosure and the underpricing of initial public offerings [J]. Journal of Financial Economics, 2012, 103 (2): 235 -254.

[234] Hartzell J C, Starks L T. Institutional investors and executive compensation [J]. Journal of Finance, 2003, 58 (6): 2351 - 2374.

[235] Haubrich J G. Risk aversion, performance pay, and the principal - agent problem [J]. Journal of Political Economy, 1994, 102 (2): 258 -276.

[236] Healy, P. M., K. G. Palepu, Information asymmetry, corporate disclosure, and the capital markets: A review of the empirical disclosure literature [J]. Journal of Accounting and Economics, 2001 (31): 405 -440.

[237] Holderness C G, Sheehan D P. The role of majority shareholders in publicly held corporations: An exploratory analysis [J]. Journal of financial economics, 1988 (20): 317 -346.

[238] Holmstrom B, Milgrom P. Aggregation and linearity in the provision of intertemporal incentives [J]. Econometrica: Journal of the Econometric Society, 1987, 55 (2): 303 -328.

[239] Hooghiemstra R. Letters to the shareholders: A content analysis comparison of letters written by CEOs in the United States and Japan [J]. The international journal of accounting, 2010, 45 (3): 275 -300.

[240] Huang X, Teoh S H, Zhang Y. Tone management [J]. The Accounting Review, 2014, 89 (3): 1083 -1113.

[241] Hussainey K, Schleicher T, Walker M. Undertaking

large – scale disclosure studies when AIMR – FAF ratings are not available: the case of prices leading earnings [J]. Accounting and Business Research, 2003, 33 (4): 275 –294.

[242] Jensen M C, Meckling W H. Theory of the firm: Managerial behavior, agency costs and ownership structure [J]. Journal of financial economics, 1976, 3 (4): 305 –360.

[243] Jensen M C, Murphy K J, Wruck E G. Remuneration: Where we've been, how we got to here, what are the problems, and how to fix them. Harvard NOM Working Paper, 2004.

[244] Jensen M C, Murphy K J. Performance pay and top – management incentives [J]. Journal of political economy, 1990, 98 (2): 225 –264.

[245] Jensen M C. Agency cost of free cash flow, corporate finance, and takeovers [J]. American Economic Review, 1986, 76 (2): 23 –329.

[246] Jo H, Kim Y. Disclosure frequency and earnings management [J]. Journal of Financial Economics, 2007, 84 (2): 561 –590.

[247] Johnson M F, Porter S L, Shackell – Dowell M B. Stakeholder pressure and the structure of executive compensation. working paper, 1997.

[248] Kaplan, S. N.. Top Executive Rewards and Firm Performance: A Comparison of Japan and the United States [J]. Journal of Political Economy, 1994, 102 (3): 510 –546.

[249] Karamanou I, Vafeas N. The association between corporate boards, audit committees, and management earnings forecasts: An empirical analysis [J]. Journal of Accounting Research, 2005,

43 (3): 453 -486.

[250] Karpoff J M. Public versus private initiative in Arctic exploration: The effects of incentives and organizational structure [J]. Journal of Political Economy, 2001, 109 (1): 38 -78.

[251] Kato T, Long C. Executive compensation, firm performance, and corporate governance in China: Evidence from firms listed in the Shanghai and Shenzhen Stock Exchanges [J]. Economic Development and Cultural Change, 2006, 54 (4): 945 -983.

[252] Kimbrough M D, Wang I Y. Are seemingly self - serving attributions in earnings press releases plausible? Empirical evidence [J]. The Accounting Review, 2014, 89 (2): 635 -667.

[253] Klein A. Audit committee, board of director characteristics, and earnings management [J]. Journal of accounting and economics, 2002, 33 (3): 375 -400.

[254] Koh P S. On the association between institutional ownership and aggressive corporate earnings management in Australia [J]. The British Accounting Review, 2003, 35 (2): 105 -128.

[255] Kothari S P, Li X, Short J E. The effect of disclosures by management, analysts, and business press on cost of capital, return volatility, and analyst forecasts: A study using content analysis [J]. The Accounting Review, 2009, 84 (5): 1639 -1670.

[256] Kubo K. Executive compensation policy and company performance in Japan [J]. Corporate Governance: An International Review, 2005, 13 (3): 429 -436.

[257] Lang M. and Lundholm R.. Voluntary disclosure and equity offerings: reducing information asymmetry or hyping the stock? [J]. Contemporary Accounting Research, 2000, 17 (4):

623 - 662.

[258] La Porta R. , de Silanes F. L. , Shleifer A. and Vishny R. W. . Law and Finance [J]. Journal of Political Economy, 1998, 106 (6): 1113 - 1155.

[259] La porta R. , F. Lopez - de - Silanes, A. Shleifer and R. W. Vishny. Corporate Ownership Around the World. Journal of Finance, 1999 (54): 471 - 517.

[260] Leary M R, Kowalski R M. Impression management: A literature review and two - component model [J]. Psychological bulletin, 1990, 107 (1): 34.

[261] Lev, B. , Thiagarajan, S. R. . Fundamental information analysis. Journal of Accounting research, 1993, 31 (2): 190 - 215.

[262] Lewellen W G, Park T, Ro B T. Self - serving behavior in managers' discretionary information disclosure decisions [J]. Journal of accounting and Economics, 1996, 21 (2): 227 - 251.

[263] Li F. Annual report readability, current earnings, and earnings persistence [J]. Journal of Accounting and economics, 2008, 45 (2): 221 - 247.

[264] Li F. The information content of forward-looking statements in corporate filings—A naïve Bayesian machine learning approach [J]. Journal of Accounting Research, 2010, 48 (5): 1049 - 1102.

[265] Lim S, Matolcsy Z, Chow D. The association between board composition and different types of voluntary disclosure [J]. European Accounting Review, 2007, 16 (3): 555 - 583.

[266] Loughran, T. , McDonald, B. . When is a liability not a liability? Textual analysis, dictionaries, and 10 - Ks. The Journal of

Finance, 2011, 66 (1): 35 - 65.

[267] Luo H, Liu B, Zhang W. The monitoring role of media on executive compensation [J]. China Journal of Accounting Studies, 2013, 1 (2): 138 - 156.

[268] Main B G M, Johnston J. Remuneration committees and corporate governance [J]. Accounting and Business Research, 1993, 23 (supl): 351 - 362.

[269] Mather P, Ramsay A. Do board characteristics influence impression management through graph selectivity around CEO changes? [J]. Australian Accounting Review, 2007, 17 (42): 84 - 95.

[270] Maury, B., Pajuste, A.. Multiple Large Shareholders and Firm Value. Journal of Banking & Finance, 2005, 29 (7): 1813 - 1834.

[271] Meek G K, Roberts C B, Gray S J. Factors influencing voluntary annual report disclosures by US, UK and continental European multinational corporations [J]. Journal of international business studies, 1995, 26 (3): 555 - 572.

[272] Merkl - Davies D M, Brennan N M, McLeay S J. Impression management and retrospective sense - making in corporate narratives: A social psychology perspective [J]. Accounting, Auditing & Accountability Journal, 2011, 24 (3): 315 - 344.

[273] Merkl - Davies D M, Brennan N M. Discretionary disclosure strategies in corporate narratives: incremental information or impression management? [J]. Journal of accounting literature, 2007 (27): 116 - 196.

[274] Merkley K J. Narrative disclosure and earnings performance: Evidence from R&D disclosures [J]. The Accounting Review,

2014, 89 (2): 725 - 757.

[275] Milgrom P R. Good news and bad news: Representation theorems and applications [J]. The Bell Journal of Economics, 1981, 12 (2): 380 - 391.

[276] Mitra S, Cready W M. Institutional stock ownership, accrual management, and information environment [J]. Journal of Accounting, Auditing & Finance, 2005, 20 (3): 257 - 286.

[277] Morse A, Nanda V, Seru A. Are incentive contracts rigged by powerful CEOs? [J]. The Journal of Finance, 2011, 66 (5): 1779 - 1821.

[278] Murphy K J, Sandino T. Executive pay and "independent" compensation consultants [J]. Journal of Accounting and Economics, 2010, 49 (3): 247 - 262.

[279] Murphy K J. Corporate performance and managerial remuneration: An empirical analysis [J]. Journal of accounting and economics, 1985, 7 (1): 11 - 42.

[280] Muslu V, Radhakrishnan S, Subramanyam K R, et al. Forward - looking MD&A disclosures and the information environment [J]. Management Science, 2015, 61 (5): 931 - 948.

[281] Nadkarni S, Herrmann P O L. CEO personality, strategic flexibility, and firm performance: The case of the Indian business process outsourcing industry [J]. Academy of Management Journal, 2010, 53 (5): 1050 - 1073.

[282] Neu D, Warsame H, Pedwell K. Managing public impressions: environmental disclosures in annual reports [J]. Accounting, organizations and society, 1998, 23 (3): 265 - 282.

[283] Neu D. Trust, impression management and the public

accounting profession [J]. Critical Perspectives on Accounting, 1991, 2 (3): 295 - 313.

[284] Osma B G, Guillamón - Saorín E. Corporate governance and impression management in annual results press releases [J]. Accounting, Organizations and Society, 2011, 36 (4): 187 - 208.

[285] Osma B G, Noguer B G A. The effect of the board composition and its monitoring committees on earnings management: Evidence from Spain [J]. Corporate Governance: An International Review, 2007, 15 (6): 1413 - 1428.

[286] Pagano, Marco, Alisa Roell. The Choice of Stock Ownership Structure: Agency Costs, Monitoring, and the Decision to Go Public. Quarterly Journal of Economic, 1998 (113): 187 - 225.

[287] Park Y W, Shin H H. Board composition and earnings management in Canada [J]. Journal of corporate Finance, 2004, 10 (3): 431 - 457.

[288] Parrino R, Sias R W, Starks L T. Voting with their feet: Institutional ownership changes around forced CEO turnover [J]. Journal of financial economics, 2003, 68 (1): 3 - 46.

[289] Pava, M. L., Epstein, M. J.. How good is MD&A as an investment tool? . Journal of accountancy, 1993, 175 (3): 51 - 53.

[290] Peasnell K V, Pope P F, Young S. Board monitoring and earnings management: do outside directors influence abnormal accruals? [J]. Journal of Business Finance & Accounting, 2005, 32 (7 - 8): 1311 - 1346.

[291] Prowse S D. Institutional investment patterns and corporate financial behavior in the United States and Japan [J]. Journal of Financial Economics, 1990, 27 (1): 43 - 66.

[292] Rajgopal S , J. Jiambalvo, and M. Venkat achalam. Institutional Ownership and the Extent to Which Stock Prices Reflect Future Earnings [J]. Contemporary Accounting Research, 2002, 19 (1): 117 -136.

[293] Ramalingegowda S, Yu Y. Institutional ownership and conservatism [J]. Journal of Accounting and Economics, 2012, 53 (1): 98 -114.

[294] Thomas R S. The evolving role of institutional investors in corporate governance and corporate litigation [J]. Vand. L. Rev. , 2008 (61): 299.

[295] Robinson E, Nguyen H T, Isom S, et al. Wages, wage violations, and pesticide safety experienced by migrant farmworkers in North Carolina [J]. NEW SOLUTIONS: A Journal of Environmental and Occupational Health Policy, 2011, 21 (2): 251 -268.

[296] Rogers, J. L. , Van Buskirk, A. , Zechman, S. L. C. . Disclosure tone and shareholder litigation. The Accounting Review, 2011, 86 (6): 2155 -2183.

[297] Ronald W Masulis, Emma Jingcheng Zhang. How valuable are independent directors? Evidence from external distractions [J]. Journal of Financial Economics, 2018: 2 -29.

[298] Ross S A. Compensation, incentives, and the duality of risk aversion and riskiness [J]. The Journal of Finance, 2004, 59 (1): 207 -225.

[299] Schleicher T, Walker M. Share price anticipation of earnings and management's discussion of operations and financing [J]. Accounting and Business Research, 1999, 29 (4): 321 -335.

[300] Schrand C M, Walther B R. Strategic benchmarks in

earnings announcements: The selective disclosure of prior – period earnings components [J]. The Accounting Review, 2000, 75 (2): 151 – 177.

[301] Shleifer A. Understanding regulation [J]. European Financial Management, 2005, 11 (4): 439 – 451.

[302] Shleifer, A., Vishny, R. W.. Large Shareholders and Corporate Control. The Journal of Political Economy, 1986, 94 (3): 461 – 488.

[303] Shleifer A, Vishny R W. A survey of corporate governance [J]. The journal of finance, 1997, 52 (2): 737 – 783.

[304] Skinner D J. Earnings disclosures and stockholder lawsuits [J]. Journal of Accounting and Economics, 1997, 23 (3): 249 – 282.

[305] Skinner D J. Why firms voluntarily disclose bad news [J]. Journal of accounting research, 1994, 32 (1): 38 – 60.

[306] Smith M, Taffler R J. The chairman's statement – A content analysis of discretionary narrative disclosures [J]. Accounting, Auditing & Accountability Journal, 2000, 13 (5): 624 – 647.

[307] Smith, M. P.. Shareholder Activism by Institutional Investors: Evidence from CalPERS [J]. The Journal of Finance, 1996, 51 (1): 227 – 252.

[308] Stanton P, Stanton J, Pires G. Impressions of an annual report: an experimental study [J]. Corporate Communications: An International Journal, 2004, 9 (1): 57 – 69.

[309] Subramanian R, Insley R G, Blackwell R D. Performance and readability: A comparison of annual reports of profitable and unprofitable corporations [J]. Journal of Business Communication,

1993, 30 (1): 49 -61.

[310] Sun Y. Do MD&A Disclosures Help Users Interpret Disproportionate Inventory Increases? [J]. The Accounting Review, 2010, 85 (4): 1411 -1440.

[311] Sun, Y.. Inventory increases, MD&A disclosures, and firm performance. AAA Financial Accounting and Reporting Section (FARS) Meeting. 2007.

[312] Tama - Sweet, I.. Do managers alter the tone of their earnings announcements around stock option grants and exercises?. University of Oregon, 2010.

[313] Taylor L A. CEO wage dynamics: Estimates from a learning model [J]. Journal of Financial Economics, 2013, 108 (1): 79 -98.

[314] Teclock, P. C., Saar - Tsechansky, M., Macskassy, S. More than words: Quantifying language to measure firms' fundamentals. The Journal of Finance, 2008, 63 (3): 1437 -1467.

[315] Thomas R S, Martin K J. The effect of shareholder proposals on executive compensation [J]. University of Cincinnati Law Review, 1999, 67 (4): 1021 -1081.

[316] Tosi H L, Werner S, Katz J P, et al. How much does performance matter? A meta - analysis of CEO pay studies [J]. Journal of Management, 2000, 26 (2): 301 -339.

[317] Trueman B. Why do managers voluntarily release earnings forecasts? [J]. Journal of accounting and economics, 1986, 8 (1): 53 -71.

[318] Van Essen M, Otten J, Carberry E J. Assessing managerial power theory: A meta - analytic approach to understanding the de-

terminants of CEO compensation [J]. Journal of Management, 2015, 41 (1): 164 - 202.

[319] Vanstraelen A, Zarzeski M T, Robb S W G. Corporate nonfinancial disclosure practices and financial analyst forecast ability across three European countries [J]. Journal of International Financial Management & Accounting, 2003, 14 (3): 249 - 278.

[320] Wahal S, McConnell J J. Do institutional investors exacerbate managerial myopia? [J]. Journal of corporate Finance, 2000, 6 (3): 307 - 329.

[321] Wang K, Sewon O, Claiborne M C. Determinants and consequences of voluntary disclosure in an emerging market: Evidence from China [J]. Journal of International Accounting, Auditing and Taxation, 2008, 17 (1): 14 - 30.

[322] Wang, M., Hussainey, K.. Voluntary forward - looking statements driven by corporate governance and their value relevance. Journal of Accounting and Public Policy, 2013, 32 (3): 26 - 49.

[323] Westphal J D., Graebner M E. A matter of appearances: How corporate leaders manage the impressions of financial analysts about the conduct of their boards [J]. Academy of Management Journal, 2010, 53 (1): 15 - 44.

[324] Xie B, Davidson W N, DaDalt P J. Earnings management and corporate governance: the role of the board and the audit committee [J]. Journal of corporate finance, 2003, 9 (3): 295 - 316.

[325] Xu, N., X, Li, Q. Yuan, and K. C. Chan. Excess Perks and Stock Price Crash Risk: Evidence from China [J]. Journal of Corporate Finance, 2014 (25): 419 - 434.

[326] Zhou D.. The Blame Game, Working Paper, 2014.